本书为2021年度国家社科基金艺术学一般项目"宋代婴戏图盛行与两宋不举子救助关系研究"（项目批准号21BF101）阶段性成果

张廷波 著

图像学视角下的人口形态与历史情境
—— 以宋代美术图像为中心的考察

中国社会科学出版社

图书在版编目（CIP）数据

图像学视角下的人口形态与历史情境：以宋代美术图像为中心的考察 / 张廷波著. -- 北京：中国社会科学出版社，2024.9. -- ISBN 978-7-5227-3782-9

Ⅰ. C924.25

中国国家版本馆 CIP 数据核字第 2024HT4128 号

出 版 人	赵剑英
责任编辑	李凯凯
责任校对	郝阳洋
责任印制	李寡寡
出　　版	中国社会科学出版社
社　　址	北京鼓楼西大街甲 158 号
邮　　编	100720
网　　址	http://www.csspw.cn
发 行 部	010-84083685
门 市 部	010-84029450
经　　销	新华书店及其他书店
印　　刷	北京明恒达印务有限公司
装　　订	廊坊市广阳区广增装订厂
版　　次	2024 年 9 月第 1 版
印　　次	2024 年 9 月第 1 次印刷
开　　本	710×1000　1/16
印　　张	21
插　　页	2
字　　数	298 千字
定　　价	108.00 元

凡购买中国社会科学出版社图书，如有质量问题请与本社营销中心联系调换
电话：010-84083683
版权所有　侵权必究

前　言

在中国艺术史研究领域，宋代美术永远是一个值得不断探寻与考证的神秘世界。尽管学界涉足宋代艺术史研究的学者，队伍已颇为庞大，然而却总会伴随史学研究的日趋深入与不断完善而呈现出这样或那样的不足与缺憾。甚至在新的观点与视角产生之后，便会对学界多年形成的惯性研究产生不断的质疑与挑战。正如英国哲学家卡尔·波普尔所说，不可能有一部"真正如实表现过去"的历史，只能有各种历史的解释，而且没有一种解释是最后的解释。然而，我们仍然期待能够从自己看到的图像背后，寻觅更多不一定是完全真实，但更可能是相对贴切的信息，这或许真心正是历史研究魅力之所在。

我近年所进行的艺术史研究，基本围绕宋代美术。对于所涉及问题的选择，亦是源于我在阅读与考察过程中，认为学界现有之若干研究存在不同程度的缺漏与误读。毫无疑问，对艺术史流传至今的一件或一类图像进行深入解读，须将之回置于特定社会历史之下，并尽可能进行情境还原。还原结果虽未必能等同于历史本身，但看图说话式研究，却显然会对历史产生或多或少的误解，进而为学界带来更多困扰。尽管学界都在试图规避上述研究误区，但不少学者仍旧习惯于以现代人对某一图像的直观理解，进行想当然的诠释与解读。对于宋代婴戏图的研究，也多半如此。因而，在抽丝剥茧与层层推演之后，我认为多年以来学界对于宋代婴戏图形成的研究误读与错误诠释，便开始不断呈现于当下之研究。学界对两宋传世数量颇为可观的"妇人乳婴"形象所进行的研究，

· 1 ·

前　言

亦存在同样误区。

毋庸置疑，无论古今，人类的生存与繁衍均被视为人类社会之首要问题。也正因如此，近些年，人类的发展问题日益受到不同学科研究者们的共同关注。然而，在图像学研究领域，对该问题的关注程度却仍显不足。众所周知，在医疗条件并不发达的古代社会，宗教、巫术都曾扮演过祛病避瘟、护佑生命、保育幼儿的重要使命。

而对于中国古代美术史研究而言，图像也曾发挥过同样效用，然而却未能引起学界的充分关注。事实上，美术史早已向我们不断证明，图像一直都在不断试图干预着人类的生存与繁衍状态。这也成为我近年一系列文章研究之主体。伴随研究的不断深入与细化，图像宣教在中国人口发展史中所彰显出的价值与作用也愈发明确。如早已为学界所了解的，宋代在以皇室为主要赞助形态之下的美术创作体系，实际就在不断尝试以官方干预的形式力图确保政权与统治的稳固与久远。其中最为常见的形式便是图像宣教。然而，具体到学界的实际研究，多数解读却流于表面。又如学术界至今仍未充分意识到，相较于其他历史时期，宋代婴戏题材之所以如此盛行，原因也多源于人口增殖困境之下的图文宣教。

然而，问题探究得越深入复杂便越会使我们感到，在各种证据链尚不确凿与完善的情况下，研究又常会陷入自相矛盾与反复的自我质疑之中。艺术史研究，越是尝试接近难以捉摸的真相，或者说越是渴望还原图像所处的真实社会与历史背景，便越难体会真正的时代情境。在这样的处境之下，我们的研究便不得不通过大胆猜测才能继续前行。当然，对于严肃的史学研究者而言，任何猜测都不可能是毫无根据的臆断，因为图像本身正在"说话"。

本书收录的宋史与宋画研究文章，仅是笔者一段时期内研究的总结与回望。其存在意义与学术价值，并不在于证明鄙人之研究已经看似形成了系统且完整的框架与结构。恰恰相反，将一段时间内的研究文章结集出版，更是期望自己的研究能够得到同道的斧正与纠错。在我看来，对于历史研究而言，不断地探讨与完善过程已远胜于对错之争。本书现有的粗浅研究，如果能够，哪怕只是一定程度上能够使得学界对于某一问题的研究更加深入、细化、完整，并在某些问题纠结之处引发若干思考与探讨，那便是本书之莫大荣幸。而对于问题研究的阶段性整理，或许亦是对于下一步研究之更好肇端。

目录

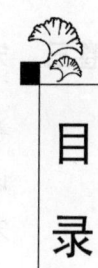

卷一 宋代婴戏图盛行原因重考

卷首语 / 3
多子祈福还是生子不举
　　——两宋婴戏图盛行原因考证 / 5
宋代婴戏图发展形态与两宋人口政策调整变化关系史证 / 18
宋代婴戏图为何无法进入历代藏家鉴藏视野原因考证 / 41
两宋摩睺罗由民间到内廷形态演变原因考证 / 57
宋代生子不举与婴戏图图文宣教救助关系考 / 72

卷二 "妇人乳婴"形象身份考

卷首语 / 87
南宋李嵩画作中"妇人乳婴"形象身份考证 / 89
宋代乳母高度职业化与两宋生子不举关系考证 / 110
乳婴育儿还是驱病避瘟
　　——宋代李嵩《骷髅幻戏图》图像功用新探 / 131
宋代美术史中系列"妇人乳婴"形象史学探源及
　　身份考证 / 159

目 录

卷三 宋代风俗画中的情景叙事

卷首语 / 189
试论学界对"风俗画"概念阐释之模糊性 / 191
宋代商品社会发展与民间风俗画创作兴盛关系考证 / 196
宋代风俗画创作情境构建中的三种审美因素 / 208
宋代理学与两宋风俗画中配景创作形态的关系 / 228
宋代风俗画中配景的形态演变及历史原因 / 242

卷四 从形象到历史

卷首语 / 259
两宋人物画中配景的发展轨迹及演进形态 / 261
李唐在两宋人物画情景构建及形态演变过程中的
  史学贡献 / 274
南宋阎次平《四季牧牛图》的情景构建及
  图像寓意 / 284
"张择端"美术知识的生成及概念阐释 / 298
由《清明上河图》看东西方绘画空间叙事中的
  时间差异性 / 307

参考文献 / 324

卷一 宋代婴戏图盛行原因重考

卷首语

　　本卷之研究，围绕目前学界对于宋代以婴戏图为主的婴戏题材之史学误读开启讨论。系统探讨了图像形成的史学原因、历史情境、社会因素、形态样式、政策法令、创作目的与性质功用。通过对一种图像类型的多重角度考证，试图纠正学界长期以来的史学误读。

　　宋代婴戏图迥异于其他历史时期的爆发式增长，一度引起学界广泛关注。梳理现有研究，多数学者近乎众口一词地认为，宋代婴戏图在美术史上呈现出的快速增长是源于宋代从民间到官方均普遍存在着早生多养、多子多福等美好祈愿。然而，令人感到费解的却是，宋代民间实际广泛存在着极为严重的生子不举现象。于是，我们不禁要问，若果真是由于期盼多子早生才引发了婴戏图在两宋特定历史时期内的反常式急速增长，学界又该如何去解释民间严重的不举子问题呢？有鉴于此，笔者对宋代婴戏图的盛行原因进行了深入翔实的考证，所获结论却与学界早已普遍形成的观点大相径庭。某种程度上，笔者之研究很可能已颠覆学界共识，抑或更有可能是对史学误读的一次纠正。

　　然而，伴随研究的深入与细化，在层层抽丝剥茧之后会发现，对于宋代婴戏图的盛行进行细致考证，则又引发出更为有趣的史学认知。沿着时间的足印对宋代婴戏图的发展变化曲线进行勾勒，则会惊喜地发现其与两宋人口变化曲线呈明显反方向发展趋势。即当北宋人口以每年近乎10%的速度迅速增长时，宋代婴戏图几乎未见发展。而靖康之难后，宋代人口数量由徽宗时的一亿两千余万急速下降到不足五千万后，南宋

卷一　宋代婴戏图盛行原因重考

婴戏图却呈现爆发式增长状态。与之相伴的，则是由官方自上而下人口增殖政策的不断推行与深化，以及多数御用画家的普遍参与。由此引起的宋代婴戏图发展史学问题之考证，很大程度诠释了学界的诸多困惑。

　　源于上述考证，对宋代婴戏图创作性质的解读与探究便水到渠成地成为将问题深入与细化之关键所在。宋代婴戏图虽存世数目庞大，但深入考察两宋之后历代收藏大家的藏品著录，却几乎未见一幅婴戏图之记载。那么其创作目的便值得我们深入考察。而伴随婴戏图研究的越发深入，我们似乎亦有必要对宋代诸如摩睺罗、瓷儿枕与婴戏图进行一并分析。那么，其盛行于两宋的创作性质与图像功能便逐渐清晰，进而浮出水面。

多子祈福还是生子不举
——两宋婴戏图盛行原因考证

考察宋代民间不举子现象，其严重程度超乎我们今天所能想象。从平民百姓到中产之家，弃婴杀子的普遍程度已至朝野震惊，甚至到了官方不得不强力干预的地步。在这种时代背景与社会情境下，宋代婴戏图却出乎意料地广为传播，大量流传，这的确耐人寻味。其原因莫非真如学界广泛认为的，婴戏图在宋代的爆发式增长是源自宋人强烈的多子祈福心愿？若真如此，宋人既然强烈祈盼早生多养、连生贵子，民间又为何会存在严重不举子现象？而婴戏图在这种看似矛盾的环境中广泛传播，更是令人费解。本文试图拨开迷雾，透析现象背后有可能被误读的史实。

宋代婴戏图的流传之广与数量之巨已引起学界广泛关注。但系统梳理会发现，多数研究者或关注于婴戏图的艺术风格；或探讨画中人物服装配饰；或视之若今日吉庆年画；或将婴戏图笼统纳入风俗画研究范畴；或因喜庆氛围而直观注解为多子祈福寓意；更多的则是通过婴戏图画面构成元素的直接观感，辅以喜庆热烈氛围，诠释其流传原因是宋人渴盼多子多孙多富贵……以上解读大多未能将图像置于当时历史文化与社会背景下进行考证。

本文试将宋代婴戏图置身两宋社会历史发展的大背景，结合社会学、历史学及民俗学领域信息作为有效佐证，梳理宋代婴戏图的历史成因与图式内涵。推证宋代民间普遍存在着的严重"不举子"现象是造成宋代婴戏图相较于其他历史时期得以爆发式增长与广泛流传的主要原因。

一 宋代"不举子"与朝野救助

直至今天，在中国民间，尤其是有着较为浓厚养儿防老、传宗接代思想的广大乡村地区，多子多孙多福气仍旧是一种极具代表性的观念。但自古以来，当家庭不堪重负难以养活众多子女时，堕胎杀婴事例又时有发生。翻阅宋史，或因战乱灾荒，或因土地流失，或因重男轻女，或因经济贫困，或因挂丁钱赋税，或因无有效避孕方法，或因家中人口众多、女子厚嫁、兄弟担心争夺家产，甚或仅是因为"讳举五月子"等迷信思想，使得宋代民间不举子现象屡见不鲜。"鄂渚间田野小人，例只养二男一女，过此则杀之，尤讳养女"①"近闻黄州小民贫者生子多不举，初生便于水盆中浸杀之"。广西"生子不养，溺之于水，名曰淹儿"。福建路是宋代溺婴最严重的地区，"闽人不喜多子，以杀为常"。②类似记载在有关宋代文献中大量存在。溺婴、杀子，将小儿遗弃于寺庙门前、道路两侧、桥头岸边，溺死于水盆，抛弃于荒野的现象比比皆是。更有甚者如朱熹之父朱松在其《韦斋集》卷十《戒杀子文》中所记其家乡婺源"多只育两子，过是不问男女，生辄投水盆中杀之"，③又载当时妇人杀子情形之重，竟有一妇人杀四五胎甚至十数小儿之案例，这在今日看来几乎难以想象。苏东坡说"轼向在密州，遇饥年，民多弃子"，并引王天麟言"岳鄂间田野小人例只养二男一女，过此辄杀之。尤讳养女……初生辄以冷水浸杀，其父母亦不忍，率尝闭目背面，以手按之水盆中，咿嘤良久乃死。"④

两宋三百余年，连年战乱、兵戈不断，宋时赋税又是以人丁数为主的挂丁钱，尤其南宋偏安江南，战事频繁，统治阶层自然希望民间人丁

---

① 刘婷玉:《宋代弃婴习俗研究》，硕士学位论文，山东师范大学，2008年。
② 郑强胜:《宋代基层社会问题探析》，《中州学刊》2001年第5期。
③ 朱松:《戒杀子文》，《韦斋集》卷十，四库全书本，第12页。
④ 苏轼:《与朱鄂州书一首》，《苏东坡全集》卷三十，中国书店1986年版，第519页。

兴旺。今天我们几乎见不到宋代有任何关于节制生育的记载,对于人丁兴旺的鼓励甚至成为考核与奖掖地方官员政绩的重要依据。而对于不举子现象所造成的社会影响以及因此所导致的劳动力不足、兵源锐减、赋税减少、男女比例失调等社会问题,显然使两宋政府倍感焦虑。因此便不得不采取一切所能想到的措施试图干预并阻止。具体措施主要包括:法令禁止弃婴,颁布胎养令,设福田园、居养院、养济院,置慈幼局,立养子法,设举子仓,鼓励民间收养等。①

不举子现象应是由来已久,且历朝法令均对之进行了惩戒与处罚。如早在秦朝便有"擅杀子,黥为城旦舂",若为"人奴擅杀子,城旦黥之,畀主"之律令。②至宋代,翻阅宋史关于禁止弃婴杀子的律令更是比比皆是,惩戒力度亦超乎前代。如:《宋史·太宗本纪》载"丙寅,诏继母杀子及妇者同杀人论。"③苏东坡在《与朱鄂州书一首》中指出北宋时规定"故杀子孙,徒二年"④。

《宋史·宁宗本纪》:"辛未,申严民间生子弃杀之禁,仍令有司月给钱米收养。"徽宗大观年间下一诏令,认为不举子之俗"残忍薄恶,莫此之甚,有害风教,当行禁止"⑤。即使有着较为严苛的律法,对弃杀幼婴有明确的惩罚规定,但对于民间广泛存在的不举子现象,其遏制惩戒作用似乎仍旧见效甚微。

立法之外,从北宋到南宋,从政府到民间,无论是北宋的福田园、居养院,还是南宋的养济院、婴儿局、慈幼局、慈幼庄。宋代始终未曾停止对遗弃婴孩的救助行为。如南宋时的慈幼局每年可收养婴儿竟达两万余,⑥尽管这一数字已十分惊人,但对于整个南宋治下的广大领土而

---

① 刘婷玉:《宋代弃婴习俗研究》,硕士学位论文,山东师范大学,2008年。
② 《睡虎地秦墓竹简·法律答问》,载刘海年等编《中国珍稀法律典籍集成》甲编第1册,科学出版社1994年版,第571页。
③ 脱脱等:《宋史》卷四《太宗本纪》,上海古籍出版社1986年版,第257页。
④ 苏轼:《与朱鄂州书一首》,《苏东坡全集》卷三十,第172页。
⑤ 脱脱等:《宋史》卷四《太宗本纪》,第258页。
⑥ 彭伯春:《从两宋婴戏绘画的比较看其繁荣的原因》,《美术研究》2015年第1期。

卷一　宋代婴戏图盛行原因重考

言，设置于一地的慈幼局所收养的弃婴或仅为冰山之一角。而婴儿局则是湖州通判袁甫于南宋宁宗嘉定末年在湖州（今浙江吴兴）创立的。慈幼庄则是宁宗嘉定十年（1217）江东转运使真德秀于建康府创办。此类收养救济弃婴的机构多为地方性质的官办慈善设置，对于所在之地或许能有一定收效，然而虑及全国之大，则为杯水车薪。

除具体举措，宋代文人及士大夫阶层也考虑到了文字所拥有的宣传教化功效。为限制民间普遍的不举子陋习，宋代许多知识分子均不遗余力地宣讲杀子弃婴因果业报。甚至还创作出许多鬼怪神异故事，希望以此感化并警醒世人，从心理源头杜绝不举子。如宋代洪迈所撰《夷坚志》中的"何侍郎"案，讲述了有阳间妇人杀害婴孩，前后积攒数百案件，阴司一时无法审断，邀请何侍郎去往幽冥地府协助审判，何判处众妇人重新投胎人间作母猪，使之不断产崽，频繁生养以赎罪孽。而在《苏东坡全集》卷七四中也记载了苏轼在给友人的书信中提到："神山乡百姓石揆者，连杀两子。去岁夏中，其妻一产四子，楚毒不可堪忍，母子皆毙。报应如此，而愚人不知。"[①]为尝试尽最大可能阻止杀子弃婴现象，文献中记录了颇多类似因果报应的故事。然而，尽管文字确实具有很强的感染力，但两宋民间百姓识字者并不多，而仅靠口口相传，或说书艺人坊间自发式流传对于矫正严重的不举子陋习显然无济于事。因此，在宋代普遍不举子的社会环境与历史背景下，这类因果报应故事似乎也收效甚微。

在这种历史背景与社会环境下，我们是否可以尝试做以下大胆推断：宋代社会存在着的严重不举子现象应是两宋婴戏图广泛流传的重要诱因。宋代婴戏图的爆发式增长与流传，实际是一种自上而下、层层推进的政府行为，其目的是试图以此补救不举子的措施，从而尝试从精神层面感召百姓杜绝杀子弃婴现象（图1）。

---

① 苏轼：《与朱鄂州书》，《苏东坡全集》卷七四，中国书店1986年版，第14页。

图1 传（宋）苏汉臣《百子嬉春图》

绢本设色，26.6cm×27.7cm，故宫博物院藏

二 婴戏图在宋代的盛行

　　黄宾虹在《虹庐画谈》中认为宋画"一人、二婴、三山、四花、五兽、六神佛"。[①] 这一论断在凸显宋代婴戏图创作盛况的同时，也在某种程度上否定了郭若虚"若论佛道人物，仕女牛马，则近不及古；若论山水树石，花鸟禽鱼，则古不及近"的说法。[②] 这说明进入宋代后，无论是婴戏图的留存数量、创作规模、参与画家还是绘画质量，均为其他朝代所无法比肩。

　　考察婴戏图的史学演进，隋唐之前，尚无明确有关婴戏画迹的文献

[①] 黄宾虹：《虹庐画谈》，上海书画出版社2007年版，第26页。
[②] 郭若虚：《论古今优劣》，载《图画见闻志》卷一，载王伯敏、任道斌主编《画学集成》（六朝—元），河北美术出版社2002年版，第322页。

卷一 宋代婴戏图盛行原因重考

记载。但在山东临沂金雀山汉墓帛画（约公元前165年）①、山东两城山汉画像石《母子图》、陕西绥德贺家沟砖窑梁汉墓画像石《母子图》等早期遗迹中已有儿童形象出现。在传为宋人摹本的东晋顾恺之《女史箴图》中也有儿童形象。到隋唐时期，孩童形象已呈现出较为成熟的面貌。据画史记载，唐代人物画家张萱、周昉均以精工仕女婴孩闻名。如《宣和画谱》载张萱："善画人物……又能写婴儿，此尤为难。盖婴儿形貌态度自是一家，要于大小岁数间，定其面目髫稚。世之画者不失之于身小而貌壮，则失之于似妇人。"②传唐代张萱所作《捣练图》《虢国夫人游春图》中均有年幼少女，人物形象生动，比例协调，已具有较高艺术水准。可见，婴戏图应是伴随人物画同步发展的。然而，唐代婴孩图并未发展成独立画科，常作为人物画，尤其是仕女画的一部分存在。至五代，以周文矩《宫中图》为例，婴戏图虽仍未独立，但相较隋唐已有较大进步。

两宋婴戏图在经历了画史的不断完善与演进之后，逐渐进入了画史创作高峰。考察两宋留存的众多画迹，如苏汉臣《秋庭婴戏图》（图2）、佚名《冬日戏婴图》、刘松年《傀儡婴戏图》（图3）、李嵩《骷髅幻戏图》《货郎图》等婴戏题材，画中带有明显季节性、写实性、现实感与记录式因素。此类作品较为真实地记录了宋时孩童生活状态，成为学界考证两宋历史的有效图证，将之归为风俗画范畴并无不妥。③但存世作品中，还有为数众多不具有明显季节性因素，并在画中置入枣树、石榴、荷叶、莲蓬、山羊、百子等明显具有多子、早生、吉祥寓意的婴戏图。对于这类作品，部分学者认为也属于风俗画。另有一种观点则认为此类作品近乎现代年画，属装饰性绘画。以上观点主要是通过对画面

---

① 周永军：《千年风采！艺术佳作——记〈金雀山汉墓壁画〉》，《山东档案》1996年第6期。

② 卢辅圣主编：《中国书画全书》第二册，上海书画出版社1993年版，第77页。

③ 《大不列颠百科全书》定义"风俗画"[genre painting]为："自日常生活取材，一般用写实手法描绘普通人工作或娱乐的图画……风俗画的主题几乎一成不变地是日常生活中的习见情景，它排除想象的因素和理想的事物，而把注意力集中于对类型，服饰和背景机敏的观察。"

的图像解读来诠释其广泛流传的史学原因，却并未将婴戏图置于宋代特定历史情境下进行史学考证，其结论则失于偏颇。

图2　（宋）苏汉臣《秋庭婴戏图》　　　图3　（宋）刘松年《傀儡婴戏图》
绢本设色，197.8cm×108.4cm，　　　　绢本设色，120.3cm×77.2cm，
台北"故宫博物院"藏　　　　　　　　　台北"故宫博物院"藏

查阅画史，即使在资本主义萌芽出现，民间绘画市场高度发达的明清两代，婴戏图创作整体上或临仿两宋，或延续宋代早已成熟的图式，但其创作规模、艺术水准、传播范围仍无法与宋代相比。另外，对于以汉民族文化为主导的中国广大民间，漫长的封建社会与传统思想所造就的重男轻女、早生贵子、多子多孙多福气等根深蒂固观念历朝历代皆有。但只有宋代婴戏图出现近乎爆发式增长，这一独特现象背后所蕴含的历史与社会原因已引起学界广泛关注。其中有一种颇具代表性的声音，认

· 11 ·

为是由宋人对于多子祈福的强烈愿望造成了对具有多子与吉祥寓意婴戏图像的普遍欢迎，这种异乎寻常的喜爱成为宋代婴戏图广泛流传的主要原因。对此，本文将宋代婴戏图置于两宋社会大背景下进行史学考证，认为上述观点对于诠释两宋婴戏图兴盛原因缺乏足够说服力。①

三 婴戏图是对不举子陋习的矫正

纵观两宋，不仅难以见到有关限制生育的法令文献，相反，为鼓励生养、善待婴孩、严禁不举子，宋代政府几乎使尽浑身解数。对于宋代皇室利用婴戏图进行宣教与祈福，目前已有不少学者留意到这一点。②对于两宋皇室而言，他们一向有着较高的文化修养，且宋代多数皇帝具有很高的艺术欣赏水准。而从历代画院的设置目的看，皇家画院除满足皇家赞助人精神性的装饰与愉悦目的外，还有另一重要目的，即宣传与教化。换言之，画院设置很大程度上是为了有效推行统治者的法令政策与巩固政权而提供宣教服务。尤其两宋画院正是古代画院发展的巅峰期，不论建制、院画家、创作规模均为画史之最。因此，当用尽各种举措仍旧无法抑制严重的民间不举子陋习时，赵宋皇室有可能会想到利用图画这一宣教工具来唤起民众怜子之心，从而有效杜绝杀婴弃子行为。

恰如上文所述，宋代之外的其他历史时期也存在不举子现象，为何唯有两宋出现了婴戏图的爆发式增长？对此本文认为，首先，从图式形态演进的角度考证，宋代婴戏图在画史上彰显出独特历史面貌。而明清时期的婴戏图无论人物造型、创作手法与审美格调等方面与两宋相比显然差距甚远。其次，从美术史的流传形态看，元明清的人物画创作不仅在图式面貌、创作规模、画家队伍、技术水平等层面难与两宋媲美，甚

---

① 对于宋代婴戏图产生原因的类似解释可谓比比皆是，本文不再赘举。
② 如黄小峰就曾专门探讨了宋代皇室利用百子图进行政治性的祈福、宣传与教化功能。见黄小峰《儿戏与沙场：13—16世纪婴戏图中对战争的回响》《公主的婚礼：〈百子图〉与南宋婴戏绘画》等文。

至在很大程度上是对两宋图式的模仿与抄袭。还有一点更为重要,即相较于明清,甚至历史上任何其他时期的画院规模与院画家编制,在中国绘画史上,似乎只有宋代的画院才可能拥有如此庞大的御用官方创作规模,同时还有数量庞大的民间画工,他们共同组织起具有惊人创造力的能够从事某一专题创作的画家队伍。

相较而言,在没有多媒体传播的古代社会,图画所具有的一目了然、直观易懂特点是其他宣教手段达不到的。刘婷玉阐述了南宋皇子早夭现象极为普遍,造成皇室企图用婴戏图祈福多子。[①] 同时由于严重的不举子,也试图从政府角度推动婴戏图广泛流传的现象。以宁宗朝为例,1210年之前,宁宗所生六个皇子均不过周岁即先后夭折,以至于在嘉泰三年(1203)九月,下诏祭祀感生帝、太子星、庶子星。无论是政府对收养弃子的救助行为,还是皇室祈求多子,此一时期的婴戏图广为盛行,均与此有关。[②]

四 宋代官方推广婴戏图的假设

如上所述,梳理历代画院发展史,唯有宋代画家队伍有可能承担起自上而下的官方大规模专题创作活动。翻阅史料,宋代见于记载而专擅婴戏题材创作的画家亦不在少数。如北宋时汴梁有因擅绘婴儿而被称为"杜孩儿"者,南宋邓椿《画继》卷六中载其"常为画院众工购求,以应宫禁之需";北宋另一擅画"照盆孩儿"的画家刘宗道,"以手指影,影亦相指,形影自分"。[③] 每创新稿都会画成数百本一次抛售,以防别人模仿。宋代最为我们所熟知擅长"婴戏"题材者应为苏汉臣。元代夏文彦《图绘宝鉴》记其"释道人物臻妙,尤善婴儿",其所绘婴戏图"深得其状貌而更尽其情,着色鲜润,体度如生,熟玩之不啻相与言笑者"。

[①] 刘婷玉:《宋代弃婴习俗研究》,硕士学位论文,山东师范大学,2008年。
[②] 施莉亚:《李嵩〈骷髅幻戏图〉研究》,硕士学位论文,南京师范大学,2012年。
[③] 邓椿:《画继》卷六,载王伯敏、任道斌主编《画学集成》(六朝—元),第653页。

卷一　宋代婴戏图盛行原因重考

清代厉鹗《南宋院画录》记其："苏汉臣作婴儿，深得其状貌，而更尽神情，亦以其专心为之也……婉媚清丽，尤可赏玩，宜其称隆于绍隆间也。"① 仅苏汉臣一人，传其所绘婴戏题材见于著录者便有70余件。其中著名者有：《百子婴戏图》（故宫博物院藏）、《婴戏图》（天津艺术博物馆藏）、《秋庭婴戏图》（台北"故宫博物院"藏）、《货郎图》和《杂技婴戏图》等。婴戏题材在南宋时更是几乎呈现爆发式增长，涌现出像李嵩、陈宗训、苏焯、刘松年、王逸民、王藻等婴戏图名家。两宋之外，中国绘画史任何时期恐怕都难以找到如此众多专擅婴戏题材的创作者。

在上述画家中，除一位类似绰号的"杜孩儿"难以确知其真实身份外，其他画家均为御用性质的院画家，尤以南宋居多。而南宋也恰是宋代"不举子"现象最为普遍与流行的时期。所见大量有关宋代不举子的记载多半发生于南宋。且南宋时期无论是政府还是民间对于婴戏图的救助力度也超越北宋。因此，这也使我们有理由假设，宋代婴戏图的创作应是在皇家指令与干预之下进行的一种具有明显政策性、规模化、有组织、有计划且有明显目的指向性的艺术生产活动。

此外我们还不应忘记宋代院画家多出身民间，他们在被遴选入画院之前也是众多市井街巷卖画者之一员。当他们因某一题材或专长被招入画院后，这无疑是对大量民间画家的激励，以至被竞相仿效（图4）。与此同时，院画家与民间画工也多有互动与借鉴，如邓椿在《画继》中就记载了常有画商贩卖民间画家杨威的作品，"威必问所往，若至都下，则告之曰：汝往画院前易也，如其言，院中人必争出取之，获价必倍"。② 尤其婴戏图创作，院画家对此题材应不如民间画工熟悉，因此争相取购民间画作以作仿效之用也就更不足为奇。如上文所述北宋"京师杜孩儿"，因擅绘婴戏得名，虽仅留下一个类似绰号的名字，但名声极

---

① 厉鹗辑：《南宋院画录》卷二，浙江人民美术出版社2015年版，第268页。
② 邓椿：《画继》"小景杂画"，载王伯敏、任道斌主编《画学集成》（六朝—元），第661页。

大，其画"画院众工必专求之，以应宫禁之需"。① 对于宋代民间画工数目之巨，南宋邓椿在《画继》中用"车载斗量"形容。显然，两宋大量存在的民间画家也同样成为婴戏图重要创作力量。一方面，皇家的倡议为他们提供了表现的机会与动力，他们也希望通过专注于这一题材而跻身院画家之列。如我们所熟知的李唐与李嵩，② 他们都是曾流落于民间后又进入画院的成功案例，而曾为木工的李嵩后来也恰恰是以善绘货郎婴戏图而闻名。另一方面，即使无缘进入画院，大量民间画工仿效杨威及杜孩儿在画院前卖画，等待院中人争出取之，也可获价必倍。

图4　（宋）佚名《小庭婴戏图》
绢本设色，26cm×25cm，故宫博物院藏

---

① 施莉亚：《李嵩〈骷髅幻戏图〉研究》，硕士学位论文，南京师范大学，2012年。
② 夏文彦《绘图宝鉴》记载："李嵩，钱塘人，少为木工，颇远绳墨，后为李从训养子，工画人物道释。得从训遗意，尤长界画，光、宁、理三朝画院待诏。"

五 婴戏图的流行是自下而上还是自上而下

从社会心理学的角度考证，当一个社会到处充斥着溺子杀婴的现象，应没有几个家庭还愿意主动购买婴戏图张贴于家中。毫无疑问，任何普通百姓都不愿看到悬挂的孩童婴戏图而联想起被自己遗弃甚至亲手杀害的骨肉。即便没有不举子现象的父母，恐怕也不会去张贴婴戏图以刺激周围有不举子行为的邻居或亲友。更不愿有这样一个物件在时时提醒自己以及周围的任何相关人等去触碰各自内心最羞愧的隐痛。他们宁愿将这种羞于启齿的经历深埋心底，永远不去触碰。而对于最广大的市民而言，周围的环境是不会使他们对婴戏题材产生强烈主动观赏热情的（图5）。

图5 传（宋）陈宗训《婴戏图》

绢本设色，23.7cm×24.2cm，故宫博物院藏

因此从图像传播的角度看，宋代婴戏图并没有被普通民众接纳的社会心理基础。显然，家中的婴戏图无疑是在往不举子者伤口上不断撒盐，使原本就已终日沉浸于自责、恐惧、愧疚与内心隐痛的父母更为睹物思情，愧悔难当，甚至可能终日置身强烈恐惧之中。一个合理的解释便是，有一种自上而下的，有效的外部力量驱使这一题材广泛流传于民间。其实用的宣传作用明显超越其精神性的观赏用途。这些孩童画像的不断出现恰恰是为了提醒为人父母者，须遵循传统的多子多孙多福气的思想，杜绝杀婴弃子，以免置自己于终生愧疚、自责与恐惧之中。

紧抓民众内心情感，从精神性的内心感召入手，尝试有组织、有规模、有针对性地通过绘制纯真可爱、憨态可掬的孩童形象，并自上而下广泛传播于民间，是有可能减少不举子行为的。这种直观易懂的图像流传，其目的并不在于装饰与美化，而是一种政策性的辅助宣传手段。其所能起到的精神感召与宣教作用，是对实体慈善机构的补充与支持。通过上文的分析，已让我们有理由假设，宋代婴戏图的大肆流行应是一种自上而下，具有明确规模化与目的指向性的官方创作活动。

结　语

认为宋代婴戏图的流传是由于宋人有着强烈的祈求多子多孙、早生多养愿望，这是一种不假思索的认识，是以现代人的观念揣度宋人的错误观点。

本文并不否认宋代民间普遍存在着生子传嗣、养儿防老、重男轻女的传统观念，也不否认其主流地位。只是在讨论婴戏图盛行的原因时，对这些主流观念已有很多引述。本文仅就另一种可能的解释，借助历史学者的研究成果，提出一个假设，即婴戏图在宋代的流行，可能与官方有意识地提倡，以矫正"不举子"之陋习有关。

宋代婴戏图发展形态与
两宋人口政策调整变化关系史证

  宋代婴戏图迥异于历代的爆发式增长，一度引起学界研究者的广泛关注。然而，多数学者只是依据宋代婴戏图的多子吉祥寓意，将之看图说话式解释为其流行原因是宋代民间普遍存在早生多子愿望。而忽略了将图像置于特定历史情境之下，进行图像还原与史学解读。一方面，两宋民间严重的生子不举现象，使本文对上述解释产生了怀疑。另一方面，宋代婴戏图的发展形态又与两宋人口变化曲线，有着高度的呼应与契合。本文将宋代婴戏图置于特定历史语境，联系两宋政府根据人口变化而出台的重要举措，尝试考察宋代婴戏图发展形态与两宋人口变化之间的关系，进而探讨图像背后有可能被忽略的史学信息。

  从北宋到南宋，人口发展轨迹呈现明显抛物线形态。北宋人口数量以平均每年1%的速度匀速增长，从立国之初的九百多万发展至徽宗时的一亿两千余万。而此时的宋代婴戏图发展却较为缓慢，我们所能举出的北宋婴戏图画家也不过见于史册的几位，图像资料相较于南宋更是少得多。靖康之难后，宋代人口发展曲线在抵达抛物线顶端后急剧下降，宋室南渡后，人口数量已不足五千万。于是，自中央到地方，为增殖人口鼓励生育，南宋各级政府几乎想尽所有办法。此时，婴戏图却呈现爆发式增长，难道这只是一种偶然与巧合？南宋不仅留下了大量婴戏图像资料，且呈现出鲜明的时代趋同化特点。已有史料证明，南宋院画家中，参与婴戏图创作者不在少数。即使如刘松年、马远等以山水著名的画家，也均不同程度涉猎婴戏题材，而专门从事婴戏货郎创作者亦不在少数。可见，南宋时，该题材实际已呈现出有序组织及规模化创作意味。这一明显反常的图像发展形态，所蕴含的史学因素显然耐人寻味，倘若没有幕后驱动因素，上述史学现象几乎难以实现。

一 宋代婴戏图发展背后被忽略的历史隐情

宋代人口政策与人口动态早已成为学界研究热点。我们的研究习惯于期待从留存的文献中寻觅最为可信的证据，以期能对令我们着迷的两宋有更多了解。然而，当对宋代人口发展相关文献的注解进入瓶颈时，从图像的角度切入，进而尝试探讨一些在宋史研究中仍未能被充分解读，或者说仍未达成共识的问题，或许能够开辟新的研究空间。恰如巫鸿所言，"每个历史研究者都面对着'两个历史'，一者是研究者试图重构与解释的历史；另一个便是他所面对的学术史，他所做的历史重构和解释将会成为这部学术史的一部分。一个有价值的历史研究应该对这两个历史都作出贡献。同时这两个历史也都永远不会结束。"①

黄宾虹在《虹庐画谈》中谈及宋画时认为，"一人、二婴、三山、四花、五兽、六神佛"。② 这正说明宋代婴戏图无论存世数量、创作盛况、参与画家、规模体例与绘画品质都远非其他朝代可比。而梳理学界相关宋代婴戏图研究，几乎多数学者都认为这只是一种带有明显吉祥、多子、早生寓意的吉庆图像。学者一般认为它如同今日所见产自全国各地的多子祈福类年画，充满着宋代人们对于多子多福、吉庆有余、早生富贵等美好愿望的期待与祝福。

然而，事实果真如此吗？当我们对宋代历史进行深入研究后，便会越发疑惑，许多问题最终逐渐呈现出的真相与我们原本预想的答案甚至

---

① [美]巫鸿著，郑岩等编：《礼仪中的美术》，生活·读书·新知三联书店2016年版，自序。

② 黄宾虹：《虹庐画谈》，上海书画出版社2007年版，第26页。

大相径庭。宋史研究不同于其他时代者，正在于两宋美术极为广泛的涉猎性与严谨的写实态度，为我们留下了许多可资信赖的历史图像，进而成为我们从中探究宋史的重要推理依据。翻阅两宋历史，我们几乎见不到任何关于节制生育的政策，对人口增殖的考量甚至成为考核地方官员的重要依据。然而，两宋官方激励人口增殖政策实际推行得并不顺利，原因在于民间普通家庭带有自发式调控性质的计产育子情况十分普遍，二者实际形成严重对立态势。

北宋时，人口增长稳定，婴戏图发展却未见起色。靖康之难后，人口直线下降，除连年战争导致的人口减少原因外，长江以南，普通家庭鲜有不溺婴杀子者。生子不举现象在南宋，几乎到了现代人无法想象之境地。南宋政府面对赋税、徭役、兵源以及劳动力急剧减少的状况，不得不极力推行各种人口刺激政策。宋代婴戏图也几乎在同一时期呈现出爆发式增长态势，达到了这一艺术样式在美术史上最为集中的聚集式发展时期。①

尽管学术界也的确意识到了上述问题，但多数学者却只是看图说话式依据图像内容就画论画。进入南宋后，婴戏图的爆发式增长难道真如多数研究者所认为的，是由于南渡之后普通家庭为了期盼多子多孙而产生的祝福类图像吗？若真如此，又该如何去解释南宋民间严重的生子不举现象？上述看似矛盾的问题，成为本文关注的探究重点。因为这不仅仅只是关涉一种图像的发展过程中呈现出的难以解释的艺术史学问题；更为重要者还在于，看似一个简单的图像，其背后实际蕴含着更为重要的人口学、社会学与历史学因素。毫无疑问，学术界尽管一直在找寻内中原因，但对于婴戏图在南宋一百多年中的爆发式增长，其理解显然已出现偏差。

二 人口增殖国策与民间计产育子冲突

梳理与宋代人口政策相关文献，我们始终见不到两宋政府出台任何

---

① 参见拙文《多子祈福还是不举子：宋代婴戏图盛行原因补证》，《新美术》2020年第7期。

关于限制生育之举措。换言之，两宋人口发展史，实际构成的正是一部鼓励人口增殖的历史。"宋政府推行以增殖人口为基本取向的人口政策。以婚育政策、救助政策、移民政策和城乡二元管理体制为主要内容，宋代人口政策特点鲜明。"① 然而，由于宋代客观历史条件等诸多因素影响之下，人口政策一直处于不断调整与变化之中。但是无论如何调整，我们所能见到的往往如方建新所言，"通观宋人关于生育的有关论述，我们还没有看到有人提出过节制生育的主张，也没有丝毫节育、少育的想法。相反，都是生子越多越好以及如何多生多育。"②

大肆激励与渲染多生多育的背后，很有可能隐含着问题的另一面。"宋代制定人口政策的出发点在于充实税源，广开兵源，征发徭役和差役。对于人口与赋役的关系，宋代最高统治者和士大夫阶层有着清醒认识。"③ 然而某种意义上，留存给我们相关刺激生育的文献越多，则越有可能在向我们证明着宋代民间的生子不举现象已经威胁到政权的稳固与长治久安。换言之，宋代统治者在制定人口政策时，有着极为明确的目标与定位，鼓励生育与维系人口的可持续性增长始终被统治者视为确保国家与社会安全的重要保障。宋元之际马端临的《文献通考》讲得明白："为国之要，在于得民。民多，则田垦而税增，役众而兵强。……然则因民之众寡为国之强弱，自古而然矣。"④ 人口数量多寡实际已成为考量国家综合实力的关键性砝码，更直接关系到税赋、军事与国力。

然而，值得特别一提的是，宋代人口政策呈现出极为鲜明的时代特点，即人口增殖政策与民间节育行为的对立十分强烈。⑤ 宋代民间始终存在较为明显的以家庭为单位，自发式人口调控行为。类似文献我们在研究宋代人口问题时几乎司空见惯，如，"闽人不喜多子，以杀为常"；"鄂渚间田野小人，例只养二男一女，过此则杀之，尤讳养女"；又有

---

① 曾育荣、张其凡：《关于宋代人口政策的若干问题》，《江汉论坛》2008年第2期。
② 方建新：《宋人的生育观念和生育情况析论》，《浙江学刊》2001年第4期。
③ 曾育荣、张其凡：《关于宋代人口政策的若干问题》，《江汉论坛》2008年第2期。
④ 马端临：《文献通考》卷十一《户口二·考一一八》，中华书局2011年版，第178页。
⑤ 曾育荣、张其凡：《关于宋代人口政策的若干问题》，《江汉论坛》2008年第2期。

"近闻黄州小民贫者生子多不举,初生便于水盆中浸杀之";广西"生子不养,溺之于水,名曰淹儿……"①除直接且严重的生子不举外,宋代民间还普遍出现了堕胎、避孕、绝育等控制生育的做法。②恰如美国学者伊沛霞所认为的,在宋代大多数已婚妇女从 20 岁到 45 岁这段年龄中,经常处在怀孕期,却并不意味着能够养活许多孩子。除经常被人们忽略的幼年期夭折的孩子,还有妊娠中止,亦有流产者,宋代妇人大多怀孕在 10 次甚至更多。因此,宋代普通家庭计产育子的情况是十分严重的。③

笔者近年一直专注于宋代婴戏图爆发式增长与两宋人口变化之间关系研究,发现当我们愈深入考察宋代生子不举问题时,便会发现类似文献诚然不少。如《苏东坡全集》中记载了宋代民间生子不举的严重与残忍,"轼向在密州,遇饥年,民多弃子",并引王天麟言:"岳鄂间田野小人例只养二男一女,过此辄杀之。尤讳养女……初生辄以冷水浸杀,其父母亦不忍,率尝闭目背面,以手按之水盆中,咿嘤良久乃死。"④《文献通考》亦有相关记载,"奸臣虐用其民,诛求过数,丁盐、绸绢最为疾苦",故"愚民宁杀子而不愿输,生女者又多不举。"⑤

三 两宋人口发展形态差异

北宋在立国之初,由于之前连年战乱导致人口锐减,致使土地大面积荒芜,无人耕种。而此时长乱初定,人心思安。政府也在大力开垦农田,鼓励生产。如太宗时,为鼓励开垦,出台法令吸引百姓耕种拓荒,并减免赋税,"宜令本府设法招诱,并令复业,只计每岁所垦田亩桑枣

---

① 郑强胜:《宋代基层社会问题探析》,《中州学刊》2001 年第 5 期。
② 李伯重:《堕胎、避孕与绝育:宋元明清时期江浙地区的节育方法及其运用与传播》,《中国学术》2001 年第 3 期。
③ [美]伊沛霞:《内闱——宋代妇女的婚姻和生活》,胡志宏译,江苏人民出版社 2010 年版,第 152 页。
④ 苏轼:《与朱鄂州书一首》,《苏东坡全集》卷三十,中国书店 1986 年版,第 1519 页。
⑤ 马端临:《文献通考》卷十一《户口二·考一一六》,第 1628 页。

输税，至五年复旧。旧所逋欠。悉从除免"。①《宋史》亦载此时"县令、佐能招徕劝课。致户口增羡。野无旷土者，议赏"②。因此，北宋时农民便有了相对充足的田地可以耕种，生活获得基本保障。加之北宋早中期，政权相对稳定，无甚大战乱，且整体轻徭薄赋。又经历代皇帝努力，至仁宗时农民收入已相对可观。如天圣年间（1023—1032）规定，"流民能自复者，三年后收赋……既而又与流民限，百日复业，蠲赋役，五年减旧赋十之八。"③

如此一来，便大大刺激了百姓的积极性。一方面，北宋政府减免赋税，家庭与个人负担有了明显减轻。加之战乱不多，民心思安，为开垦闲置荒地，家庭急需劳动力，于是民间便有了生育主动性。故而文献记载民间生子不举现象，北宋较之南宋明显少得多。另一方面，放眼全国，人口的发展呈现稳步上升趋势，加之耕地资源相对充足，因而即便民间存在生子不举现象，亦不会引起北宋政府的较大恐慌。

然而，靖康之难成为两宋人口发展史上的重要转折点，中原的失守导致北方百姓大量南迁，《宋史》载，"高宗南渡，民从之者如归市"。④"中原士民扶携南渡，不知其几千万人。"⑤ 然而，南迁未能为身处水深火热中的百姓带来安宁与福祉。相反，人口的大量涌入不仅导致长江以南人满为患，同时也导致耕地严重不足。"建炎以来，江、浙、湖、湘、闽、广，西北流寓之人遍满。"⑥ 随之而来的便是流民遍地、民不聊生。加之南渡以后，长江以南天灾、战乱、瘟疫几乎从未间断，而耕地又本就不宽裕。上述情况下，普通家庭养活新生儿便十分困难，流民、弃婴、不举子也就成为南宋民间广泛存在的现象。

---

① 司义祖整理：《宋大诏令集》卷一八五"招谕开封流民诏"条，中华书局2009年版，第176页。
② 脱脱：《宋史》卷一七三《食货志上一·农田》，中华书局1985年版，第1621页。
③ 脱脱：《宋史》卷一七三《食货志上一·农田》，第1621页。
④ 脱脱：《宋史》卷一七八《食货志上六·振恤》，第1782页。
⑤ 李心传：《建炎以来系年要录》卷八十六"绍兴五年闰二月壬戌"条，广雅书局百部丛书本。
⑥ 庄绰：《鸡肋编》卷上，中华书局1983年版，第36页。

卷一 宋代婴戏图盛行原因重考

学界依据现有史料基本达成共识，即生子不举现象在进入南宋之后愈演愈烈，几乎呈现出普遍化，甚至近乎失控的状态。这一现象并非仅限于贫穷之家，即使富裕家庭生子不举现象也普遍存在。当然，内中原因是多方面的，除贫穷导致的无力抚养外，南宋还广泛存在女子厚嫁、担心弟兄分割财产、重男轻女、讳举五月子等思想，都不同程度地导致溺婴弃子问题。整个南宋，长江以南生子不举普遍较为严重。《宋会要》中记载东南数州，有"男多则杀其男，女多则杀其女"[1]。南宋理学大家朱熹之父朱松《韦斋集》卷十《戒杀子文》中记载江西婺源地区"多止育两子，过是不问男女，辄投水盆中杀之"。[2] 荆湖北路与福建路尤其严重，宋时文献对此有明确记载，"建、剑、汀、邵四州为尤甚"。[3] 即使如江浙等经济发达地区生子不举现象也很普遍。史料载，"浙东衢、严之间，田野之民，每忧口众为累，及生其子，率多不举"，[4] 如处于浙江西部的严州，[5] 生子不举之风尤盛。"生子往往不举，规脱丁口，一岁之间，婴孺夭阏，不知其几。"[6]

与此同时，我们还需留意另一关键因素，即从宋初开始中国人口变化整体呈现新的动态与趋势，即南北方人口密度的倒置（见表1）。胡道修就认为，"宋初人口的分布与唐天宝时已显著不同，其最大的特点为北方人口的减少和南方人口的增加。"[7] 当然，从北宋到南宋，江南人口已逐渐呈现出分布不均的情况。江浙、福建、川蜀之地呈现人多地少的

---

[1] 徐松辑：《宋会要·刑法二之五十八》，（台北）世界书局1975年版，第298页。
[2] 朱松：《韦斋集》卷十《戒杀子文》，四库全书本，第612页。
[3] 郑兴裔：《郑忠肃奏议遗集》卷上《请禁民不举子状》，影印文渊阁四库全书本，上海古籍出版社1987年版，第1140册，第205页。
[4] 刘琳、刁忠民、舒大刚、尹波等校点：《宋会要辑稿·刑法二之一四七》，上海古籍出版社2014年版，第618页。
[5] 宋代严州府位于浙江省西部，钱塘江流域。北、东、南分别与浙江的杭州、金华、衢州接壤，西与安徽的徽州相依。今主要属杭州市的桐庐县、淳安县和建德市。
[6] 吕祖谦：《吕东莱文集》卷三《为张严州作乞免丁钱奏状》，中华书局1986年版，第10—11页。
[7] 胡道修：《宋代人口的分布与变迁》，《宋辽金史论丛》第2辑，中华书局1991年版，第216页。

情况。"天下之民，常偏聚而不均。吴、蜀有可耕之人，而无其地。荆、襄有可耕之地，而无其人"。① 整体上，中国人口发展至南宋，趋于向南流动与聚集的状态，并呈现日趋严重之态势。然而，靖康之后的北方人口大量南迁则更加剧了土地资源的分配危机。其最直接的结果便是，长江以南人口分布密度显著增加，而人均可耕种土地面积却伴随人口的增长急剧减少。然而，以人头税为主要征收形式的挂丁钱赋税却依旧如初。综合上述种种原因，联系两宋人口发展形态所产生的明显变化，其最终后果便是导致南宋民间严重的弃婴杀子。

表1　　　　　　两宋人口户数增长概况比较一览②　　　　单位：户

北宋			南宋		
纪年	公元年	总户数	纪年	公元年	总户数
太祖开宝九年	976	3090504	高宗绍兴二十九年	1159	11091885
太宗至道三年	997	4132576	高宗绍兴三十二年	1162	11139854
太宗天禧四年	1020	9716712	孝宗隆兴二年	1164	11243977
真宗天禧五年	1021	8677677	孝宗乾道二年	1166	12335450
真宗天圣七年	1029	10162689	孝宗乾道五年	1169	11633233
仁宗嘉祐八年	1063	12462317	孝宗淳熙二年	1175	12501400
英宗治平三年	1066	12917221	孝宗淳熙九年	1182	11432813
神宗熙宁八年	1075	15684529	孝宗淳熙十六年	1189	12907438
神宗熙宁十年	1077	14245270	光宗绍熙四年	1193	12302873
神宗元丰六年	1083	17211713	宁宗开禧三年	1207	12669310
哲宗元祐六年	1091	18655093	宁宗嘉定十一年	1218	12669684
徽宗崇宁元年	1102	20264307	理宗景定五年	1264	5696989
徽宗大观四年	1110	20882258	端宗德祐二年	1276	11746000

---

① 《苏轼文集》卷九《御试制科策》，中华书局1986年版，第293页。
② 根据杜环《论政和以后宋代婴戏图兴盛的原因》，硕士学位论文，扬州大学，2010年；吴松弟《宋代人口史》，上海古籍出版社2008年版，第91、97页。

卷一　宋代婴戏图盛行原因重考

图1　（南宋）佚名《扑枣图》　　　　图2　传（宋）苏汉臣《冬日婴戏图》
绢本设色，138.6cm×101.6cm，　　　　绢本设色，196.2cm×107.1cm，
台北"故宫博物院"藏　　　　　　　　台北"故宫博物院"藏

四　以南宋为主的不举子救助

由于人口多寡直接关系到一国之赋税、兵源与劳动力，因此有宋一代，鼓励人口增长成为一项基本国策，并为历代君主所承续。中央政府考核地方各级官员时最被看重的政绩之一便是当地人口增殖程度。"地官之职，掌户口版籍，实赋税力役之所自出，民事之先务也。"[①]"亲民之官，莫若守令。户口登耗之责，守令之先务也。"[②] 然而，恰如曾育

[①] 刘琳、刁忠民、舒大刚、尹波等校点：《宋会要辑稿·食货十二之三、六九之七九》，第1671、1692页。

[②] 刘琳、刁忠民、舒大刚、尹波等校点：《宋会要辑稿·食货十二之六、六九之八十》，第1678、1696页。

荣、张其凡研究所认为的，"民间不举子之风的盛行与避孕、堕胎等节育行为的出现，与宋政府所倡导的人口增殖政策格格不入。"①

对于原本就面临严重内忧外患的南宋政权而言，民间愈演愈烈的生子不举足以引起从中央到地方的恐慌与焦虑。当然，严重的溺婴杀子现象实际也引起了民间广泛关注。宋代民间流传着各种关于溺婴杀子因果报应的神怪传说，正是一种典型的民间劝诫干预。如洪迈《夷坚志》中的"何侍郎"案，讲述了阳间妇人溺婴杀子累计数百案例，阴司一时难以裁决，邀何侍郎往冥界协助审判，何判处众妇人重新投胎作母猪，使其不断生养以赎罪孽。又有《苏东坡全集》卷七四载："神山乡百姓石揆者，连杀两子。去岁夏中，其妻一产四子，楚毒不可堪忍，母子皆毙。报应如此，而愚人不知。"②

我们今天所能见到的宋代不少人口政策，实际也是围绕生子不举而出台。通常而言，以律法的形式进行惩处，是对不举子最基本也是最本能的应激式反应。系统梳理两宋相关生子不举救助文献，由于北宋能够保持每年1%的人口匀速增长，因此基本未见专门用于不举子救助甚至是鼓励人口生育的迫切性政策。对于不举子，北宋最常见者仍是直接而粗暴的律法惩戒。如宋代学者陈缚良记载，官方对不举子者"弃之者，徒二年；杀者，徒三年"；"收生人共犯，虽为从，杀者与同罪"；"地方及邻保知而不报，杀者，徒一年；弃者，减一等"。③ 相较于北宋，南宋则明显复杂且具体得多，基本构成惩罚、劝诫、激励、救助四位一体的完整救助体系。

自南渡之后，南宋便时刻处于宋金对峙、内忧外患的环境，无论从兵源、赋税、劳动力、人口基数等层面考量，刺激人口增长直接关系到政权的稳定与国家的长治久安。因此，为了能够对民间生子不举进一步

---

① 曾育荣、张其凡：《关于宋代人口政策的若干问题》，《江汉论坛》2008年第2期。
② 苏轼：《与朱鄂州书》，《苏东坡全集》卷七四，第1769页。
③ 陈傅良：《止斋先生文集》卷四十四《桂阳军告谕百姓榜文》，见《全宋文》第126册，四部丛刊正编本，台湾商务印书馆1967年版，第329页。

形成威慑力，政府惩治溺婴杀子行为的力度在北宋基础上有了进一步加大，如范成大（1126—1193）指出新法明令，"杀子之家，父母、邻保与收生之人，皆徒刑编置"。即便如此，仍旧收效甚微，"赏罚具著如此，而此风未珍"。① 而南宋最值得我们关注者，恰恰在于对生子不举行为的救助力度远胜北宋。具体而言，包括：法令禁止弃婴，颁布胎养令，设福田园、居养院、养济院，置慈幼局，立养子法，设举子仓，出台宣传告示，鼓励民间收养等。

从时间演进层面看，南宋人口政策的越来越细化与灵活是明显的。如绍兴八年（1138）下令，"乡村五等、坊郭七等以下贫乏之家，生男女不能养赡者，每人支免役宽剩钱四千"。② 然而，政策的出台并未能起到立竿见影的效果，民间溺婴杀子之风依旧屡禁不绝，甚至愈演愈烈。于是，到绍兴十一年（1141）又紧接着推出新的人口激励政策，"乡村之人，无问贫富，凡孕妇五月，即经保申县，专委县丞注籍，其夫免杂色差役一年。候生子日，无问男女，第三等已下给义仓米一斛。"③ 很显然，上述规定不仅仅只是一种救助式保护行为，更大程度上还带有鼓励与刺激意味。到绍兴十五年（1145）户部又规定："民间生子不举者，已降指挥于常平或免役宽剩钱人支四千。缘免役宽剩钱所收微细，窃虑州县留滞，欲令诸路常平司行下州县，于见管常平、义仓米内改支米一石。"④ 刘馨珺研究认为，相较于北宋，南宋时长江以南的许多地方有着更为灵活积极的做法，例如政府对产妇的济助，便从钱四千变为米一石。⑤ 还有如湖南桂阳（今属湖南郴州市）做法则更为灵活："军委司法，县委丞簿充提督官；军请寄居一员，每乡请诚悫慈良寄居或士子一

---

① 黄淮编：《历代名臣奏议》卷一〇八《仁民》，上海古籍出版社1989年版，第9页。
② 《建炎以来系年要录》卷一一九"绍兴八年五月戊戌"条，广雅书局百部丛书本；又见马端临《文献通考》卷十一《户口二·考一一六》，第152页。
③ 《皇宋中兴两朝圣政》卷二十七"绍兴十一年三月乙巳"条，（台北）文海出版社1967年影印本，第72页。
④ 徐松辑：《宋会要·刑职官四十三之二十八》，第316页。
⑤ 刘馨珺：《鬼怪文化与性别：从宋代堕胎杀婴谈起》，《学术研究》2013年第3期。

员充收支官；军令本学保明士两员，每都请谨审不欺士人两员充附籍官。妇人有孕五月，供附籍官，至生子日赴收支官请米七斗，周岁再支三斗，兵籍半之。军据提督月申，半年类聚申提举司。"①

图3 （南宋）佚名《百子图》

绢本设色，28.7cm×31.2cm，克利夫兰艺术博物院藏

由上述考证可以看出，南渡后，除在全国范围内整体推出人口激励政策外，南宋政府还会根据各地实际情况制定更为细致灵活也更具针对性的救助措施。如乾道五年（1169）时，由于福建路生子不举现象尤为严重，几乎到了令人惊愕的地步，于是又针对福建路专门出台新法规，"应福建路有贫乏之家生子者……每生一子，给常平米一硕、钱一贯，助其养育。余路州军依此施行。"② 与民间生子不举相伴而生的一系列社会问题，也成为困扰政府的棘手难题。如南宋民间除溺婴杀子外，还存

---

① 解缙等：《永乐大典》卷七五一三《举子仓》引"桂阳志"条，中华书局1986年版，第1729页。
② 刘琳、刁忠民、舒大刚、尹波等校点：《宋会要辑稿·食货五九之四五》，第526页。

在较为严重的弃婴遗孤现象，且数量较大。对此南宋政府又专门出台了救助被遗弃孤儿的政策法令。如淳熙八年（1181）规定，"遗弃小儿为人收养者，于法不在取认之限，听养子之家申官附籍，依亲子孙法。"同年又明文诏令，"诏申严建、剑、汀、邵四州不举子之禁"[①]。

还需注意的是，政府在律法惩戒层面也不断进行着法令条文的细化与调整。如宋慈所著《洗冤录》便有明确记载，规定刑律惩处堕胎分成人形与未成形，依月份大小而对弃婴杀子者进行不同程度的惩戒："堕胎者，准律未成形杖一百，堕胎者徒三年。律云堕，谓打而落，谓胎子落者。按五藏神论：怀胎一月如白露；二月如桃花；三月男女分；四月形像具；五月筋骨成；六月毛发生；七月动右手，是男于母左；八月动

图4　（南宋）李嵩《市担婴戏图》

绢本水墨，24.2cm×25.7cm，克利夫兰艺术博物院藏

---

① 马端临：《文献通考》卷十一《户口二·考一一六》，中华书局2011年版，第1628页。

左手，是女于母右；九月三转身；十月满足。"① 为确保法令的顺利有效执行，朝廷甚至对地方官也有严苛要求，不仅要求地方官吏张贴榜文告示公知于乡野，且要定时进行巡查，以确保法律的执行与宣传。"诸生子孙而杀或弃之罪赏条约，州县乡村粉壁晓示，每季举行监司巡历常点检。"②

然而，不争的事实却是南宋集惩罚、劝诫、激励、救助四位一体的不举子救助体系，所能起到的作用并不明显。南渡之后，弃婴杀子之风依旧严重，甚至愈演愈烈。

人口整体发展仍显迟滞，远未达到北宋时期平均每年1%的增长速度，甚至还不断出现人口严重的负增长（见表2）。尤其是在一系列惩罚、劝诫、激励政策之后，面对日益增加的弃婴遗孤，不得不设立专门的救助性福利机构，并设专门官员与办事人员对生子不举进行直接救助。"庆元元年（1195），置广惠仓"，"诏诸路提举司置，修胎养令"。③《永乐大典》中记载南宋在各地创设了专门收养弃儿的慈幼局、举子仓、婴儿局等机构。④ 并于江南各地开辟专门用于贫困之家赡养抚育幼子的举子田。南宋生子不举最严重地区福建路的建、剑、汀州多地均开辟出了举子田。⑤

表2　　　　　　　　　南宋以后人口年平均负增长一览⑥

纪年	公元年	户口总数变化（户）	年平均增长率（‰）
孝宗乾道八年	1172	11852580—11730699	-1.03
孝宗淳熙三年	1176	12501400—11761213	-59.2

---

① 宋慈著，杨奉琨校译：《洗冤录校译》卷二《妇女·小儿尸并胞胎》，群众出版社1980年版，第33页。
② 谢深甫等：《庆元条法事类》卷七《职制门·监司巡历敕令格式申明旁照法》"职制令"，（台北）新文丰出版社1976年版，第69页。
③ 《两朝纲目备要》卷四"庆元元年五月丙午"条，（台北）文海出版社1967年影印本，第162页。
④ 解缙等：《永乐大典》卷一九七八一《慈幼局、婴儿局》，第1572页。
⑤ 刘琳、刁忠民、舒大刚、尹波等校点：《宋会要辑稿·食货六二之五十》，第556页。
⑥ 根据吴松弟《宋代人口史》，第91、97页。

续表

纪年	公元年	户口总数变化（户）	年平均增长率（‰）
孝宗淳熙五年	1178	12176807—11976123	-16.5
孝宗淳熙八年	1181	12130901—11567413	-46.5
孝宗淳熙九年	1182	11567413—11432813	-11.6
孝宗淳熙十年	1183	11432813—11156184	-24.2
孝宗淳熙十五年	1188	12376529—11876373	-40.4
光宗绍熙元年	1190	12907438—12355800	-42.7
理宗景定五年	1264	5768996—5696989	-19.3

综上所述，为杜绝不举子陋习，刺激人口增殖，南宋政府出台了更为细致灵活、具体可行的各种政策。不仅明确规定了对于弃婴杀子的具体惩处条款，还颁布了官赎鬻子、胎养法、劝谕上户收养义子的保育婴幼法。[①] 而从中央到地方，从庙堂到乡野，当为刺激生育阻止生子不举想尽各种办法却仍旧收效甚微时，我们需要考虑到，在两宋皇帝几乎都醉心书画，画院机制高度健全，创作队伍极为可观，组织大规模专题创作又切实可行的情境下，图像的宣教作用不可能不被想到并使用。

五 婴戏图形态演进背后的图像功能

除上文所述不举子具体救助措施外，笔者认为图像宣教救助作用是学界研究宋代不举子救助措施中被严重忽略的。图像直观易懂、生动传神的特点，实际最易起到宣教效果。尤其对于古代社会而言，民间普通百姓识字者并不多，因此图像简便直观，便于流通的特点自然会被广泛应用。尤其是在两宋画院极为发达的情况下，图像宣教不仅具有可能性，且具有可行性。对于两宋皇家而言，应是十分善于利用画院进行舆论引导与图像宣教的。这样的例子有很多，如我们熟悉的李唐《采薇图》、

---

① 王德毅：《宋代的养老与慈幼》，《宋史研究论集》，（台北）鼎文书局1972年版，第371—401页。

刘松年《中兴四将图》、闫次平《四季牧牛图》，以及佚名作品《望贤迎驾图》《折槛图》等。因此，宋代官方不可能不想到利用图像进行不举子救助。笔者甚至认为，宋代图像宣教的救助贡献很可能并不亚于鬼怪、婴灵等因果传说的心理干预效果。依据现有史料整体分析，宋代对于不举子之救助，图像的宣教功能应该有两种形式。其一为图像恐吓，如地狱变相、十殿阎罗、地狱审判、因果报应等；另外一种便是图像感化，这主要体现在宋代摩睺罗、瓷儿枕与婴戏图的广泛流行。① 目前学界也有研究者意识到宋代对于不举子救助，有用到图像进行教化者。如张纵与赵澄的文章就认为对于弃婴杀子的救助而言，宋代不仅有"口头、文字故事流传，还有以图像照映死后审判的。"② 他们的研究关注到了我们今天所见不少宋代地狱变相、十殿阎罗图应与不举子有关，却忽略了宋代广泛盛行的婴戏图应该同样是从恐吓之外的感化渠道进行着不举子救助。

从政策的推行及时间分布看，短短几十年间，南宋从一开始的法令限制、惩戒，到实物救助，再到鼓励领养，直至设立专门的慈善救助机构，可以说每项措施的出台都是对于救助力度的逐步加大与细化。且从一开始较为生硬的法令限制与惩罚，逐渐转向更具感召力与人性化的救助、教化与劝诫。于是，恰如上文所言，在两宋以文治天下，几乎所有皇帝都钟情书画，画院机制又十分成熟的情境下，图文宣教不可能不被纳入统治者对于生子不举的救助视野之内。众所周知，宋代画院设置的最直接目的便是为统治阶级，即为皇室服务。而其服务的范围又可分为带有布置宫室的装饰性用途，与带有图像宣教的政治意图。某种程度上，院画家在皇室授意之下所从事创作活动而完成的图像宣教用途，其重要性远胜于装点宫室的欣赏性用途。因为图像宣教甚至关涉到政权的稳固与国家的长远利益。

与此同时，我们看到的恰恰正是从北宋到南宋，由南宋初到南宋中后期，宋代婴戏图发展形态的明显变化。此一时期不仅成为中国美术史

---

① 对于宋代摩睺罗、瓷儿枕的传播与流行原因，笔者将另文专述。
② 张纵、赵澄：《流失海外的〈十王图〉之考释》，《艺术百家》2003年第4期。

卷一 宋代婴戏图盛行原因重考

上迥异于历代婴戏图急速增长的重要时期，且呈现出极为鲜明的时代特点，如：参与人数众多，创作体貌多样，图绘形式灵活，画幅尺寸偏小，题材寓意明确，流传范围广泛等。细数南宋院画家，颇具影响且耳熟能详者几乎都参与到了婴戏图创作中，如李唐、刘松年、马远、苏汉臣、李嵩、王逸民、王藻、苏焯、陈宗训……这使我们有更充分理由相信，婴戏图在南宋的爆发式增长，应不可能只是一种图像形态的简单史学流传与演进。其更大的可能应该是在官方，甚至皇室主导之下，由上而下，有组织，成规模，数量可观的图像传播行为。其目的正在于以图像宣教的形式，对民间严重的生子不举现象进行干预与劝诫。

图5　（南宋）李嵩《骷髅幻戏图》团扇
绢本水墨，26.3cm×26.5cm，故宫博物院藏

除却大量佚名作品，根据《宣和画谱》《图画见闻志》《画继》《南

宋院画录》《石渠宝笈》《故宫书画录》等文献记载，宋代见于著录的婴戏图画家，包括南宋邓椿《画继》中所载"杜孩儿"，元代夏文彦《图绘宝鉴》所载"照盆孩儿"等以绰号闻名于当时而被记录者，宋代有明确记载而从事婴戏图创作者不少于 17 位。其中宫廷画家 14 位，占总人数的 82.3%。宋代婴戏图见于著录者仅苏汉臣一人便有 70 余件，加之其他画家作品总数应不少于 130 件。笔者较为详细地通过《宋画全集》《中国艺术史全集》以及李飞《吉祥百子（中国传统婴戏图）》、蒲松年《中国娃娃——喜庆欢乐的婴戏图》等文献，共搜集到宋代传世婴戏图 59 件。[①] 尽管其中有不少婴戏图的创作者已难以明确考证，但依据宋代院体画风典型创作样式，从绘画形制、体例与风格考察，其中 56 件应为典型院画风格，约占总数的 95%。而这 56 件作品中仅有不超过 5 件是在苏汉臣之前的北宋之作。依据笔者上述考察所形成的统计数据，我们可以大致推断宋代传世婴戏图多数为宋室南渡之后，以院画家为创作主体而完成的（见表 3）。

表3　　　　文献著述中有明确记载的宋代婴戏图画家及作品

画家	活动年代	代表作品
田景	北宋早期	《二童子下棋图》
毛文昌	北宋神宗时期	《村童入学图》
高克明	北宋真宗时期	《村学图》
陈垣	北宋神宗时期	《村学图》《小儿击瓮图》
勾龙爽	北宋神宗时期	善婴孩，得其态度，无可信作品
苏汉臣	北宋至南宋	《秋亭婴戏图》《冬日戏婴图》《长春百子图》《杂技戏孩图页》等
刘松年	南宋孝、光、宁朝	《傀儡婴戏图》《诱鸟图》

---

① 根据人民美术出版社（荣宝斋）2000 年出版的《婴戏图》，2007 年西泠印社出版李飞编著《吉祥百子（中国传统婴戏图）》，上海辞书出版社 2009 年出版蒲松年《中国娃娃——喜庆欢乐的婴戏图》，浙江大学出版社 2008 年出版《宋画全集》所收录宋代婴戏图。

续表

画家	活动年代	代表作品
陈宗训	南宋高宗时期	《秋庭戏婴图》《蕉石婴戏图》
马远	南宋光、宁朝	《蟋蟀居壁图》
徐世荣	南宋宁宗时期	工界画兼婴儿,类苏汉臣
王逸民	南宋光、宁朝	《村通闹学图》
李嵩	南宋光、宁、理朝	《货郎婴戏图》《骷髅幻戏图》《市担婴戏图》《童子弈棋图》等
王藻	南宋宁、理朝	《童乐图》《归牧图》
苏焯	南宋孝、光、宁朝	《端阳戏婴图》

六 人口变化曲线与婴戏图盛衰比较

对于宋代婴戏图创作而言,尽管两宋之间也出现了如苏汉臣般以婴戏题材为主的重要画家。但整体看,无论参与画家,存世作品数量,创作形制样式,整体绘画质量,在朝野之间的图像流行程度,南宋均远盛北宋。除个别如苏汉臣所绘《秋亭婴戏图》、佚名《冬日戏婴图》等巨幅立轴,我们今天所见婴戏图多以扇面或小品形式为主,这恰是南宋典型创作样式。① 而这种明显的形制变化,或许正说明了宋代婴戏图从北宋带有明显欣赏意味的巨制形式,转向了南宋以简便易行、易于传播的小画幅、批量式、导向性、宣教式、规模化创作形态。换言之,两宋出现了宋代婴戏图创作性质与用途上的根本改变,即从尺幅巨大,精工细作的欣赏性用途,转向了图式灵活、便于流通的图像宣教用途。换言之,图像创作动机的直接改变,应是引起两宋婴戏图像形态明显改观的真正原因。这也是学界研究中有所忽略的问题与现象。

鉴于上文之有效阐释,我们现可将论述重点回归于本文论证中心,即:两宋人口变化曲线与宋代婴戏图发展形态之比较。尽管国内学者对

---

① 参见拙文《试析两宋风俗画中配景形态演变及历史成因》,《四川戏剧》2021年第1期。

两宋人口增长的统计有一定出入，但整体仍趋于一致。以较为乐观的研究统计来看，曾育荣、张其凡的研究认为，自宋太祖开宝九年（976）至徽宗大观四年（1110），共计134年时间里，北宋人口基本以平均每年千分之十一的比率呈高速增长状态。① 这一人口增长速度显然是十分可观的。即使依据吴松弟相对保守的统计，以每户平均5.4口计算，吴先生认为"自太平兴国五年（980）至大观三年（1109），北宋籍户数在129年间由642万增加到2088万户，人口增至约1亿1275万，年平均增长率达到千分之九点二"。② 因此，学界目前基本形成普遍共识，即宋代人口增长规模所形成的人口发展峰值，至北宋末年全国人口总数历史性地达到并突破一亿大关，成为中国人口发展历程中重要转折与里程碑。③而问题的关键，依旧被锁定于婴戏图的发展高峰为何会是在南宋。相较于北宋每年1%左右的人口增长率而言，吴松弟认为南宋人口出现了发展极为缓慢的状态。究其原因，一是受战争影响；二是两浙路、江南西路、江南东路、福建路，以及包括四川地区等充分开发区域，出现人稠地狭，生计不易，导致人口增长率下降。其中生子不举成为上述地区极为显著的状况，直接影响到了南宋人口的持续性增长。④

《宋史·地理志》也表明，自绍兴三十二年（1162）以后，南宋人口发展基本呈现停滞状态。⑤ 漆侠先生也认为，相较于北宋人口的持续性增长，因女真贵族的入侵引起的人口锐减至宋室南迁以后趋于明显。尤其到南宋光宗绍熙四年（1193），已有文献明确记载人口数量减少。⑥

---

① 曾育荣、张其凡：《关于宋代人口政策的若干问题》，《江汉论坛》2008年第2期。
② 吴松弟：《中国人口史·辽宋金元时期》，复旦大学出版社2000年版，第349页。
③ 参见何炳棣《宋金时中国人口总数的估计》，《明初以降人口及其相关问题（1368—1953）》一书"附录五"，生活·读书·新知三联书店2000年版；范文澜《论中国封建社会长期延续的原因》，大众书局1951年版；漆侠《宋代经济史》（上），上海人民出版社1987年版，第46页；王育民《中国人口史》，江苏人民出版社1995年版，第297页。
④ 吴松弟：《南宋人口的发展过程》，《中国史研究》2001年第4期。
⑤ 李娜：《〈全宋文〉墓志所见南宋特定人群平均死亡年龄研究》，硕士学位论文，云南民族大学，2018年。
⑥ 漆侠：《宋代经济史》（上），第278页。

卷一 宋代婴戏图盛行原因重考

从本文表1也可以清晰看出，北宋人口户数自开国便保持稳定增长态势，从宋太祖立国之时的三百多万户增至徽宗时的两千余万户，人口增长了近七倍。反观南宋，南渡之后，高宗时有一千一百余万户，至南宋末年仍是一千一百余万户，其间虽有增减，但整体未见人口增加，而是日益减少。梳理南宋人口变化态势，一百余年间不仅少见人口有大规模增长的情况，相反却出现了多次人口暴跌的时期（见表2）。尤其宁宗至理宗朝的三四十年间，人口竟从一千二百余万户锐减至五百余万户。

在中国美术史上，无论创作体例、创作队伍、风格样式、画院成熟度，还是图像的谨严写实程度，唯有宋代具备组织大规模创作活动，并将一种绘画样式进行批量生产与广泛传播之现实可能。但是，上文已述，对于北宋而言，在确保人口能够以较为可观的比率匀速增长的前提下，即便民间偶有生子不举现象，从政府层面考量，显然也无须出台一系列惩罚、劝诫、激励、救助，以至于图文宣教等多管齐下的完整应对措施。与之相对应的，便是北宋时期婴戏图创作相对低迷。从北宋初至徽宗朝，宋代婴戏图发展明显趋于平静缓慢状态。然而，对于南宋，以靖康之难（1127）为分水岭，伴随中国整个北方地区沦入金兵之手，人口数量也随之急剧减少。据《宋史》记载，南渡以后，南宋人口甚至到了"绍兴以来，户口凋疏"的程度。然而，由于贫穷、战乱、灾荒、瘟疫，民间生子不举依然十分普遍。[①] 这对于终日焦虑于如何应对北方游牧民族入侵，并严重依赖挂丁税作为财政来源的南宋政权而言，无疑是令人恐慌的。

从乾道七年（1171）一直到南宋接近尾声的宁、理、度朝，人口整体呈现迟滞发展状态。王育民先生将南渡之后的人口发展分为三个阶段，即：南渡初期中国南方人口的损耗阶段；南宋初年人口的缓慢恢复阶段；南宋中后期人口的发展停滞阶段。[②] 面对人口锐减所带来的政治、军事、赋税、劳动力等困境，对于原就偏安江南的南宋政权而言，鼓励、刺激

---

① 脱脱等：《宋史》卷一七三《食货志上一·农田》，第1621页。
② 王育民：《中国历史地理概论》下册，人民教育出版社1988年版，第151页。

生育，以提高人口出生率无疑已成为南宋政府首先要考虑的具有战略性意义的关键性问题。恰在此时，婴戏图创作自南渡之后便开始呈现明显上升趋势，至光、宁、理朝接近历史高峰，呈现出迥异于历代的爆发式增长状态。因此笔者认为，宋代婴戏图应是围绕宋代人口的起伏波动而发生变化的（见图6）。杜环的研究则认为，宋代婴戏图的增长是伴随政和之后，宋代人口急剧减少而呈现大幅度增长趋势的。[①] 鉴于本文考证，我们有充分理由相信，宋代婴戏图实际已经成为南宋政府在诸多刺激人口政策之下的一个重要图像宣教方式。而当我们考虑到宋代民间多数百姓不识字，文字告示在某种程度上远不及图像宣教来得直观明了时，图像宣教便如同今日的广播、电视、报纸及海报宣传。当它在官方组织之下，由院画家为创作主体大量绘制，又通过自上而下的传播渠道进入民间后，南宋政府便期待当人们看到憨态可掬的孩童时心生怜爱，从而通过图像的广泛宣教有效减少溺婴杀子、弃幼遗孤。

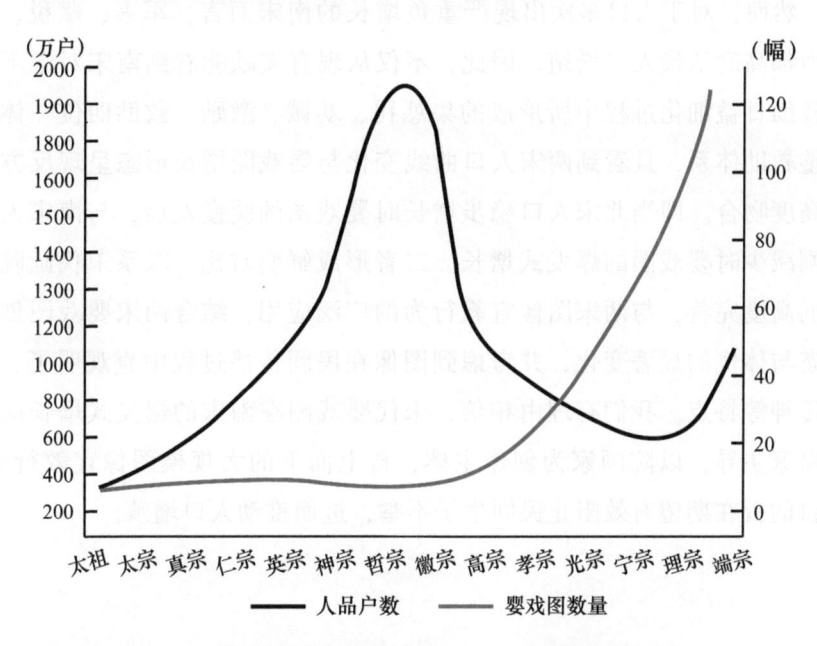

图6 宋代婴戏图发展形态与两宋人口户数变化曲线比较

[①] 杜环：《论政和以后宋代婴戏图兴盛的原因》，硕士学位论文，扬州大学，2010年。

结　语

　　由北宋进入南宋，人口曲线发生了明显的抛物线式变化。主要表现在，北宋自立朝伊始便保持了一百三十年的每年1%人口增长率，至靖康之难后，这一趋势戛然而止。取而代之的便是南渡之后，人口从徽宗时的一亿两千余万断崖式减少至五千万。这显然严重威胁到了风雨飘摇中的南宋政权。两宋之际，人口锐减原因当然是多方面的，除战争、自然灾害、瘟疫等因素外，以家庭为单位广泛存在着的生子不举现象也在发挥关键作用。尽管北宋文献中亦不乏计产育子记录，然而由于北宋能够基本保持1%的人口匀速增长，因此计产育子并未引起当政者较大恐慌。而北宋对于不举子的应对措施，更多的也只是停留在律法惩处与劝诫层面。

　　然而，对于人口多次出现严重负增长的南宋而言，军事、赋税、劳动力都高度依赖人口增殖。因此，不仅从现有文献能看到南宋对于不举子救助日益细化过程中所形成的集惩罚、劝诫、激励、救助四位一体的完整救助体系，且看到两宋人口曲线变化与婴戏图增长形态呈现反方向的高度吻合。即当北宋人口稳步增长时婴戏图的缓慢发展，与南宋人口急剧减少时婴戏图的爆发式增长，二者形成鲜明对比。联系宋代画院体系的高度完善，与两宋图像宣教行为的广泛应用，结合两宋婴戏图创作形态与体例的显著变化，并考虑到图像在民间传播过程中直观明了、生动传神等特点。我们有理由相信，宋代婴戏图在南宋的爆发式增长应是由皇家主导，以院画家为创作主体，自上而下的大规模图像宣教行为，其目的旨在期望有效阻止民间生子不举，进而推动人口增殖。

宋代婴戏图为何无法进入历代藏家鉴藏视野原因考证

尽管学界已普遍注意到宋代婴戏图创作规模、传世作品极为可观，并留存下大量史料文献可供研究者考察。然而，梳理两宋之后历代收藏大家的藏品著录，却几乎未见一幅宋代婴戏图。换言之，既然宋代婴戏图存世数量极大，却为何难以进入历代收藏家的视野？对该问题的考察与讨论，或许能够在更大程度上拓展学界对于宋代婴戏图创作形态与史学价值的深入研究。而由图入史，则或可在更大空间内辅证宋史研究。

宋代婴戏图迥异于历代的爆发式增长，已引起学界广泛关注。梳理已有研究现状，绝大多数研究者均认为，宋代婴戏图的广泛流行是由于两宋民间普遍存在着早生多养、多子多福的美好祈盼。若真如此，又该如何解释宋代民间严重的生子不举现象呢？因此，宋代婴戏图的大肆流行，更大可能应是一种在官方主导之下的图像宣教行为。其目的则在于通过大量婴戏图像在民间的广泛传播，起到心理干预与感化宣传作用。然而，自宋代开始，历代收藏大家的藏品著录序列中，几乎无人问津宋代婴戏图。这不得不让我们更加深思婴戏图在宋代盛行的创作意图与绘画性质。对历代收藏状态的有效梳理，或许有助于我们对宋代婴戏图进行更为全面的学理考证。而由图入史，则可以探究图像背后有可能被我们忽略的史学信息。

一　宋代婴戏图的创作盛况

黄宾虹在《虹庐画谈》中谈及宋画时认为宋代绘画"一人、二婴、三山、四花、五兽、六神佛"。① 这生动说明在宋代这一学界公认的中国绘画高峰期，出现了迥异于历代的婴戏图爆发式增长状态。而从流传作品考察，宋代婴戏图无论存世数量、创作盛况、参与画家、规模体例与绘画品质，均远非其他时代可比。

梳理婴戏图的发展历程，隋唐之前尚无明确相关婴戏图之文献记载。目前所见较早孩童图像史料，则为汉代出土的墓室帛画及画像石，如山东两城山汉代画像石、临沂金雀山汉墓帛画，以及陕西绥德贺家沟汉墓画像石。而从真正意义上的卷轴本绘画流传体系考察，东晋顾恺之的《女史箴图》中已有了儿童形象。发展至唐代，对于孩童形象的描绘，无论比例、神态、体貌、创作样式及图式语言都呈现出较为成熟的状态。如《宣和画谱》载张萱："善画人物……又能写婴儿，此尤为难。盖婴儿形貌、态度自是一家，要于大小岁数间，定其面目髫稚。世之画者，不失之于身小而貌壮，则失之于似妇人。"② 然而，目前尚未见到唐代可信的专门婴戏图，仅见于《宣和画谱》中载有韩滉《村童戏蚁图》。③ 梳理传世作品，则在张萱所作《捣练图》与《虢国夫人游春图》中可见年幼少女形象。整体看，此时儿童形象已姿态生动，比例协调，形貌特征与成年人有明显差异，具备了较高的艺术水准。到五代时，相较于隋唐又有较大进步，周文矩《宫中图》中孩童形象体貌生动，憨态可掬，却仍是仕女人物画的依附，并未见婴戏图呈现独立门类之迹象。

由此可见，可信史学状态应是，直到五代时，婴戏图仍未发展成独立绘画门类。孩童形象仍是作为人物画，尤其是仕女画的一部分。而到

---

① 黄宾虹：《虹庐画谈》，上海书画出版社2007年版，第26页。
② 俞剑华注释：《宣和画谱》，江苏美术出版社2007年版，第139—140页。
③ 俞剑华注释：《宣和画谱》，第154页。

宋代，婴戏图却呈现出极为明显的爆发式增长状态。尤其北宋末到南宋这段时期，宋代婴戏图呈现出中国绘画史上其他任何时期均无法比拟的发展速度。参与画家、存世数量、艺术品质、创作规模均为史学界所瞩目。此时不仅出现了苏汉臣、李嵩、苏焯、陈宗训等专事婴戏图创作的名家，即使如李唐、刘松年、马远、闫次平等以山水、人物著名的画家，也不同程度地涉猎婴戏题材。整体看，无论是民间艺人，还是皇家画院，两宋专门从事婴戏货郎创作者不在少数。宋代除大量佚名作品，根据《宣和画谱》《图画见闻志》《画继》《南宋院画录》《石渠宝笈》《故宫书画录》等文献记载，包括南宋邓春《画继》中所载"杜孩儿"，元代夏文彦《图绘宝鉴》所载"照盆孩儿"等以绰号闻名者，目前史料可见两宋有明确记载从事婴戏图创作者不少于17位。而宋代婴戏图见于著录者仅苏汉臣一人便有70余件，加之其他画家作品总数应不少于130件。

纵观整个婴戏图史学发展脉络，即使在资本主义萌芽出现民间绘画与商品画市场高度发达的明清两代，婴戏图创作状态仍旧远不及两宋。明清婴戏图，或临仿两宋，或延续宋代早已成熟的图式样本，其创作规模、艺术水准、传播范围均无法与宋代相比。然而，尽管宋代婴戏图有着如此辉煌的发展高峰期，但当我们从图像流传的研究视角考证宋代婴戏图的形态演进时，却发现历代收藏大家几乎无人问津婴戏图画。换言之，宋代婴戏图尽管存世数量巨大，却始终未能进入后世收藏大家的视野。

二　两宋婴戏图的藏鉴形态梳理

宋代婴戏图创作之盛，以至于参与画家、形制规模与创作体例在两宋均呈现近乎爆发式的状态，且存世数量甚至被黄宾虹认为仅次于宋代人物画的发展规模。那么，以记录传世经典的《宣和画谱》，理应对宋代婴戏图有所著录。然而，笔者仔细梳理了《宣和画谱》中各绘画门类

卷一 宋代婴戏图盛行原因重考

的入谱数目,除唐代韩滉有一幅《村童戏蚁图》,[①] 两宋画家中并未见一幅婴戏图入谱。即使如供奉于徽宗画院专以创作婴戏图而著名的院画家苏汉臣,也未能跻身《宣和画谱》。《宣和画谱》所录作品数据见表1。

表1　　　《宣和画谱》著录历代画家及作品数据统计　　　（幅）

绘画门类	宋代之前		宋代	
道释	39	1034	10	146
人物	30	379	3	125
山水	13	360	28	748
兽畜	19	221	8	103
花鸟	16	771	30	2016
宫室	3	37	1	34
番族	5	133	0	0
墨竹	1	1	11	147
蔬果	3	5	3	20
龙鱼	1	19	7	98
总计	130	2960	101	3437

不唯于此,就学界目前研究状态看,尽管宋代婴戏图存世数量、流传广度与参与画家均极为可观,但历代重要书画品评著述却很少有关宋代婴戏图的记载。不仅官方编纂的《宣和画谱》不见有关宋代婴戏图之记载,亦如郭忠恕《图画见闻录》、李廌《德隅斋画品》同样不曾专门记述婴戏图画。

仍以《宣和画谱》为例,画谱共录宋代之前画家136人,宋代画家121人。其中不乏李公麟、李成、范宽、郭熙、王诜、黄筌、徐熙

---

① 俞剑华注释:《宣和画谱》,第154页。

· 44 ·

等名家名迹，却始终未见一位专以婴戏图著名的画家入谱。著录的6497幅作品中，仅唐代韩滉一幅婴戏图。肖伟将《宣和画谱》中所载画家及作品进行了大致梳理，亦未见有专门婴戏题材绘画。尽管《宣和画谱》存在着明显贵古贱今、贵远贱近的问题，但画谱中所录同时代名家并不在少数。北宋画家中，尤以李公麟最受欢迎，美国学者伊沛霞为此专门做过统计，她计算《宣和画谱》中仅李公麟一人入谱作品竟有107件之多，① 著名者有《写职贡图》《写韩幹马图》《写东丹王马图》《临韦偃牧放图》《摹吴道玄护法神像》《摹唐李昭道海岸图》《摹北庑赞华蕃骑图》等。② 我们都清楚，李公麟的作品在美术史上以高古典雅的白描著称，其绘画水准被普遍认为是两宋高雅艺术之典范，代表了宋代绘画的美学高度。此外，《宣和画谱》还记载了内府中藏有驸马都尉王诜作品共计35件，著名者如《柳溪渔捕图》《渔村小雪图》《江山渔乐图》《渔乡曝网图》等，目前传世则有《渔村小雪图》，从其传世作品我们亦能够体味到王诜山水画高古雅趣、秀润含蓄的审美高度。

此外，《宣和画谱》中还记载了如许道宁《写李成夏峰平远图》、燕萧《写李成履薄图》、黄筌《写李思训踏锦图》《写薛稷双鹤图》等名家名迹。整体看，尽管入谱宋代画家为数众多，且从上述列举的画家及作品看，他们基本能够代表宋代绘画高古典雅、谨严写实的审美高度。尤其通过传世李公麟《写职贡图》《写韩幹马图》《写东丹王马图》《临韦偃牧放图》，以及王诜的《渔村小雪图》，可知能够入谱的画家及画作，艺术格调与审美高度成为《宣和画谱》选择的重要依据。若非如此，即使画家存世作品数量众多，亦不会被纳入著录体系。因此，尽管宋代婴戏图创作状态、参与画家、传世作品均为其他时代所无法比拟，但即使如苏汉臣般婴戏图创作名家，仍未能有幸入谱。

除内府收藏外，宋元时期的大收藏家同样为数众多，如南宋权臣贾

---

① ［美］伊沛霞：《宋徽宗》，韩华译，广西师范大学出版社2018年版，第97页。
② 肖伟：《〈宣和画谱〉绘画著录及递藏研究》，博士学位论文，南京艺术学院，2018年。

卷一 宋代婴戏图盛行原因重考

似道。至于皇室内部宗亲的收藏，如赵令畤、赵令穰、赵德麟、赵与懃等，也皆以传世精品为主。笔者翻阅了相关文献著述，他们的藏品中也同样没有婴戏图。如史料载皇室成员赵与懃的收藏不下千本，黄宾虹评价他："赵与懃是宋代皇室后代，富于书画收罗不下千本，名卷多至三百外。"① 周密的《云烟过眼录》中对其所收藏品进行了一次记录，其中书法作品179件，名画213件。② 肖伟对赵与懃的收藏进行了详细记录，著名者如梁元帝《蕃客入朝图》、范琼《大悲观音像》、孙位《春龙起蛰图》、郭忠恕《楼居仙图》、关仝《仙游图》、徐熙《鸡竹图》、钟隐《棘鹖柘条铜觜》《荧惑像》、灵惠《应感公像》、孙知微《雪钟馗》、张南本《火佛像》、黄筌《寒龟曝背图》、勾龙爽《补陀观音像》、张图《紫薇朝会图》、包鼎《乳虎》《披发观音变相》、赵公祐《正坐佛》、石恪《玉皇朝会图》、厉归真《渡水牛出林虎》、戚化元《归龙入海图》、赵昌《菡萏图》、李伯时《长带观音》、李赞华《千角鹿》、徐熙《牡丹图》等，并无婴戏图。③

仍以苏汉臣为例，即使在近千年后的今天，我们仍能见到为数可观的传为苏汉臣所作婴戏图。足可想见，在宋代时，苏汉臣作品应该数量较大。然而，当我们今天翻阅两宋绘画著录时，却几乎见不到有关苏汉臣婴戏图的记载。反观宋代之后的文献，却能够见到更多有关苏汉臣的记载。如元代夏文彦《图绘宝鉴》记其："释道人物臻妙，尤善婴儿。"其所绘婴戏图"深得其状貌而更尽其情，着色鲜润，体度如生，熟玩支不诋相与言笑者"。清代厉鹗《南宋院画录》记其："苏汉臣作婴儿，深得其状貌，而更尽神情，亦以其专心为之也……婉媚清丽，尤可赏玩，宜其称隆于绍隆间也。"④ 清代谢堃《书画见闻录》评苏汉臣："彩色荷花数枝，婴儿数人，皆赤身系红肚兜，戏舞花侧。"如此重要的婴戏图

---

① 《赵兰坡所藏书画目录》，载黄宾虹、邓实编《美术丛书》，江苏古籍出版社1997年版，第2936页。
② 周密：《云烟过眼录》，载卢辅圣主编《中国书画全书》第二册，第137页。
③ 肖伟：《〈宣和画谱〉绘画著录及递藏研究》，博士学位论文，南京艺术学院，2018年。
④ 厉鹗：《南宋院画录》卷二。

名家，至少到南宋末年时仍然未见到其进入收藏家鉴藏序列，这显然是一个值得深入探讨的问题。

由此，我们或可作如下大胆推断：宋代婴戏图创作，其宣教目的远胜于审美用途。在宋代对于书画鉴藏与品评都有着极高要求的社会背景下，像苏汉臣般以婴戏图著名的院画家，尽管也能够进入到为皇室服务的画家队伍中，但对其使用却并不在于装饰与美化之目的。我们都很清楚，宋代皇家画院之所以受到皇室高度重视，呈现出异常繁荣之景象，正是缘于其存在用途有二：其一为装点宫室，其二便是图文宣教。苏汉臣等婴戏画家的存在，显然是为了后者。因此，对于皇家画院而言，他们基本是见用而不见重的。

《宣和画谱》道释叙论云："'志于道，据于德，依于仁，游于艺'。艺也者，虽志道之士所不能忘，然特游之而已。画亦艺也，进乎妙，则不知艺之为道，道之为艺"。[①] 可见宋代时，唯有具备较高精神性审美的图绘样式，才会被称为"艺"。而对于真正意义上的艺术品而言，其鉴藏与品评标准也是处于实用目的之外，或可称之为实用目的之上的。

众所周知，对于统治者而言，皇家画院的设置并非仅为装点宫室。尤其当政权与统治受到一定程度威胁时，为了使政权稳定，画院以及画师们便有了另外一种更为务实的服务目的，即图文宣教。宋代画院中，尤其南宋众多画家都参与到了婴戏图创作中，更有专事该题材者。却未见一幅婴戏作品，能够有幸进入历代收藏家的藏品著录序列。那么，宋代婴戏图以及宋代婴戏图创作者的存在价值与创作目的，显然不是纯粹意义上的审美与装饰功用。图文宣教的实用功能，或许才是宋代婴戏图存在之最终目的。于是，其图文宣教的内在驱动性因素，便值得我们充分关注。

[①] 俞剑华注释：《宣和画谱》，第23页。

三　两宋之后婴戏图藏鉴状态概述

　　在对宋代婴戏图创作目的与驱动因素做出阐释之前，我们仍需大致考察宋代之后，婴戏图是否能够进入历代收藏大家的品鉴名录。元代周密《志雅堂杂钞》中详细抄录了宋高宗题款的绘画作品，其数量颇为可观，但未见一件婴戏图。[①] 同样在元代，鲜于枢的《困学斋杂录》不仅记录了鲜于枢本人的重要收藏，还记录了当时的大收藏家乔篑成家藏法书名画，亦未见婴戏图。[②] 再看元代的皇室内府收藏，如皇室成员元顺宗之女，仁宗之姐鲁国大长公主祥哥剌吉的收藏虽无专门著录文献记载，但同时代袁桷的《清荣居士集》中《皇姑鲁国大长公主图画奉教题》录其收藏颇多，其中与《宣和画谱》所载一致者便有41件。在其收藏目录中，同样未见婴戏图。

　　元代收藏大家柯九思网罗天下名迹，与其同时代的诗人甘立曾作诗形容他："好买扁舟载图画"，[③] 据此可以想见柯九思收藏名画数量之巨。我们熟知的李成和王晓《读碑窠石图》、文同《墨竹图》都曾是其重要藏品。对于上述大收藏家而言，藏品的品级与格调显然是最被看重的。而像婴戏图般带有明显民间审美意趣的图画样式，是难以进入其收藏序列的。元代另有京口（今江苏镇江市）人郭天赐，周密的《云烟过眼录》中记载郭天锡收藏甚富，《宣和画谱》所录卢楞伽《罗汉图》、边鸾《躑躅孔雀图》、范宽《雪景图》、董羽《龙图》等名作都曾是其藏品。元代汤垕的《画鉴》中记录了郭天锡过眼、收藏的画作以及他所接触的别人收藏之作，除一幅曾被《宣和画谱》著录的唐代韩滉《村童戏蚁图》外，别无婴戏图。翻阅可见文献，该图也许是我们所能见到的唯一

[①] 周密：《志雅堂杂钞》，载卢辅圣主编《中国书画全书》第二册，第158—170页。
[②] 鲜于枢：《困学斋杂录》，影印文渊阁《四库全书》本，第29页。
[③] 甘立《春日有怀柯博士二首》其一：阊阖城外乱莺啼，笠泽春深水满陂。好买扁舟载图画，布帆东下若耶溪。

一幅进入历代收藏大家藏品序列的婴戏图作品。但作者为唐代韩滉，画风以朴拙天趣、古雅厚重为世人所赏，与宋代婴戏图有显著区别。

　　元代收藏大家还有乔篑成（号仲山），所藏画作之多堪比北宋宫廷藏品，且不少即是《宣和画谱》著录之佳品。其藏品数量、质量均可媲美同时代元代内府收藏。此外，元代陶宗仪《辍耕录·庄蓼塘藏书》还记载了庄蓼塘收藏富甲一方，"江南藏书多者止三家，庄其一也"。但他们的藏品中同样没有婴戏图。① 元代内府收藏至元文宗时已经达到堪与宋徽宗、宋高宗、金章宗媲美之境地，如元文宗在艺术方面的爱好以及为元代内府书画收藏所作贡献，使得他被认为是可以与宋代徽宗、高宗及金代章宗相媲美之帝王。但内府收藏名录中，仍不见有关于婴戏图之记载。

　　由此亦可见，在两宋广为流传的婴戏图，尽管存世数量巨大，也在历史的滚滚洪流中随着时代步伐不断流传于后世，却几乎无一能够进入历代收藏大家挑剔的视野。上述收藏大家的多数藏品，不仅常见于各种专门的书画著录文献，且由于钤有他们的收藏鉴赏印而不断出现于美术史中。如今，我们尚能据此进行系统考辨。整体分析，总结历代大收藏家的藏品著录，能够最终进入他们收藏序列的作品，应该依次具有以下几大要素：(1) 符合个人收藏喜好；(2) 创作者的身份；(3) 作品质量与格调；(4) 相似作品稀有程度；(5) 作品流传渠道；(6) 图像用途及功用。其中个人喜好与创作者身份是为重要前提，作品格调与稀有程度具有决定性作用，而这些却都是宋代婴戏图所不具备的。

　　一方面，在宋人的收藏中，近世或当世画家并不在少数。如李公麟、王晋卿、范宽、李成、徐熙、许道宁等不在皇家画院体系内的文人画家最受追捧。院画家便稍落下风，如郭熙、李唐、黄筌等。如对于皇家富贵而言，在宋代的很多藏家眼中，他们更加钟情于自然率真的徐熙，认为其作品更为可贵。在此情境下，院画家所绘婴戏图，尽管传世数量巨大，却难

---

① 陶宗仪：《南村辍耕录》卷二十七，上海古籍出版社2012年版，第302页。

入宋代收藏大家刁钻挑剔的视野。另一方面，在宋代之后的历代收藏大家著录中，婴戏图也基本难以成为他们的藏品。由此可见，尽管如黄宾虹所认为宋画"一人、二婴、三山、四花、五兽、六神佛"，宋代婴戏图虽盛行于世，且数量庞大，但始终未能进入历代收藏大家的藏品序列。

以上所陈述之史实，构成了本文所提出的值得学界深入探讨之课题。即：究竟是什么原因造成了宋代极为盛行的婴戏图，在流传过程中始终进入不了重要收藏家的藏品序列？而且尽管婴戏图在两宋达到了其他历史时代难以企及的创作盛况，却在历代书录画谱中难以寻觅痕迹。即使如苏汉臣般的婴戏图名家，也只能在离两宋较远的年代才被逐渐记起。而事实上，其作品的真伪程度已经值得我们怀疑了。

于是，我们便会很自然地对宋代，这个本就令人着迷的时代再次投来追索的目光。不禁试图询问，究竟是什么原因使得婴戏图在两宋广为流传？笔者较为详细地通过《宋画全集》《中国艺术史全集》，以及李飞著《吉祥百子（中国传统婴戏图）》、蒲松年著《中国娃娃——喜庆欢乐的婴戏图》等文献，共搜集到宋代传世婴戏图59件。尽管其中有不少婴戏图的创作者已难以明确考证，但依据宋代院体画风典型创作样式，从绘画形制、体例与风格考察，其中56件应为典型院画风格，约占总数的95%。那么宋代婴戏图在两宋这个特定历史时期内，其存在动机究竟是为了宫室装点还是图文宣教？通过上文的分析，答案显然已经逐渐清晰。

宋代婴戏图的广泛传播，显然不是为了装点宫室。上文的分析使我们逐渐明了，历代收藏大家在品评与鉴藏传世绘画名迹时，会将作品的美学高度与审美品格置于首位。而从传世作品看，这恰恰是宋代婴戏图所不具备的。因此，在历代收藏家眼中，宋代婴戏图究竟是一种怎样的图像身份，便是我们进一步讨论之问题关键所在。

也正缘于此，宋代婴戏图便越发引起了笔者们的研究兴趣。它的创作目的，它的大肆流传，它能够在两宋绘画有着极高审美品格与美学高度的夹缝中肆意生长，且还会有如此众多的院画家对其趋之若鹜，这都让我们感到好奇。而欲解开这个看似复杂、实则有趣的问题，仍需我们回到两宋特定的历史语境与社会背景之中。①

四　宫室装点还是图文宣教

　　梳理两宋婴戏图创作形态，大致可分为两种创作样式。其一如苏汉臣《秋庭婴戏图》《冬日戏婴图》、刘松年《傀儡婴戏图》、李嵩《骷髅幻戏图》《市担货郎图》等婴戏题材，画中带有明显季节性、写实性、现实感与记录式因素。此类作品能够较为真实地描绘宋时孩童生活状态，成为学界考证两宋历史的有效图证，将之归为风俗画范畴亦无不妥。但存世作品中，更有为数众多不具有明显季节性因素，并将画中置入枣树、石榴、荷叶、莲蓬、山羊、百子等明显具有多子、早生、吉祥寓意的婴戏图。对于这类作品，部分学者认为也属于风俗画，则显然不够严谨。另有一种普遍性观点认为，此类作品近乎现代年画，属装饰性绘画。

　　假使真如多数学者所认为，宋代婴戏图是一种祝福类装饰性绘画，其大肆流行，是由于宋代民间广泛存在着期盼早生多养、多子多福的祈福愿望。并认为婴戏图的存在，就如同我们今日所见年画，带有明显吉庆用途。那么，这一图像用途便已决定了以院画家为创作主体的宋代婴戏图，不具备登入大雅之堂，进入历代收藏大家视野的资格，甚至只是起到装饰宫殿的作用。

　　然而，本文观点却与学界广泛流行的看法相左。笔者认为，宋代婴戏图的大肆传播实际并非由于宋代民间普遍期盼早生多养。恰恰相反，宋代婴戏图之所以呈现出迥异于历代的爆发式增长与广泛传播，正是由于两宋民间极为严重的生子不举现象。

　　两宋民间不举子之严重程度，甚至已经威胁到了两宋政府的赋税、

---

① 详细可见元汤垕《画鉴》中所记元内府所藏，又有王恽在元军攻破临安城时，恰好调官都下任翰林待制。至元十三年，因闲暇无事，与张易（字仲一，忻州人，元十三年三月以枢密副使知秘书监事）商量得到允许，得以观看此南宋内府藏品三百余幅。其所作《书画目录》又名《元破临安所得故宋书画目》。

卷一 宋代婴戏图盛行原因重考

兵役、人口发展与劳动力资源。使得原本就已面对严重内忧外患的两宋政权更加雪上加霜,以至于不得不想尽一切办法进行惩戒、阻止、救助。生子不举现象虽然由来已久,秦律中亦有"擅杀子,黥为城旦舂""人奴擅杀子,城旦黥之,畀主"的记载。① 然而,正如刘馨珺所指出,从两汉魏晋至六朝时期,虽也有"生子不举"现象,但多数情况是由于家庭不和、妻妾妒忌,或为政治斗争中避免子贵母死,或为求自保,或夺嫡立储等原因。真正由于经济、赋税、风俗、产育观念、制度礼教,甚至迷信思想而导致生子不举者,两宋较为突出。②

纵观中国历代,宋代成为历史上不举子的严重时期。以南宋为例,长江以南几乎大半个中国,弃婴杀子程度到了今人难以想象之地步。《宋会要辑稿》中记载东南数州,"男多则杀其男,女多则杀其女"。朱熹之父朱松《韦斋集》中记载江西婺源"多止育两子,过是不问男女,辄投水盆中杀之"③。《苏东坡全集》载,"岳鄂间田野小人,例只养二男一女,过此辄杀之。尤讳养女,以故民间少女多鳏夫。"④ 南宋范成大记述处州生子不举之严重,"山瘠地贫,生男稍多便不肯举,女则不问可知。村落间至无妇可娶,买于他州,计所夭杀不知其几。"⑤ 类似记载,在宋代所留存文献中并不鲜见,甚至大量存在。整体上,宋代生子不举之严重程度已经达到了无论是在朝官员,还是在野布衣都十分恐慌之境地。⑥

尽管宋代民间严重的弃婴溺子现象正逐渐引起学界关注,但至今仍未见学者将之与两宋婴戏图的广泛流传进行直接联系。试想,如果真如学者们所认为,宋代婴戏图的大肆流行是由于两宋民间普遍存在多生早养、多子多福愿望,那么又该如何去解释两宋民间严重的生子不举现

---

① 《睡虎地秦墓竹简·法律答问》,载刘海年等编《中国珍稀法律典籍集成》甲编第1册,科学出版社1994年版,第571—572页。
② 刘馨珺:《鬼怪文化与性别:从宋代堕胎杀婴谈起》,《学术研究》2013年第3期。
③ 朱松:《韦斋集》卷十《戒杀子文》,四库全书本,第12页。
④ 苏轼:《苏东坡全集》卷七四《与朱鄂州书》,第14页。
⑤ 黄淮、杨士奇编:《历代名臣奏议》卷一〇八《仁民》,第9页。
⑥ 徐松辑:《宋会要辑稿·刑法二之五八》,(台北)世界书局1975年版。

象呢？

显而易见，宋代民间既已存在如此严重的生子不举现象，学界目前却仍旧普遍认为宋代婴戏图的大肆流行是由于两宋民间期盼多子多生，显然不具备说服力。上文已述，两宋民间的生子不举甚至已经严重威胁到政权的稳固与国家的长治久安。因此，从中央到地方，便想尽各种办法以惩戒、阻止、救助弃婴溺子。具体措施包括：法令禁止弃婴，颁布胎养令，设福田园、居养院、养济院，置慈幼局，立养子法，设举子仓，鼓励民间收养等。[1]

除上述具体救助措施外，图文宣教同样受到从统治者到各级政府，以及民间救助力量的重视。他们共同期待，能够以因果报应传说、心理教化、图文宣教等方式感化更多父母，进而阻止严重的生子不举现象。如宋代洪迈《夷坚志》中的"何侍郎"案，便讲述了阳间妇人杀害婴孩，前后累积数百案件，阴司一时难以裁决，便邀请何侍郎往冥界协助审判。何于是判处众妇人重新投胎做母猪，使之不断产崽，以赎罪孽。又如《苏东坡全集》卷七四记载了苏轼给友人的书信，"神山乡百姓石揆者，连杀两子。去岁夏中，其妻一产四子，楚毒不可堪忍，母子皆毙。报应如此，而愚人不知。"[2] 在宋代文献中，如上述不举子因果报应传说不在少数。

然而，两宋民间百姓识字者毕竟不多，若仅依赖民间说书艺人个体传播，显然效果甚微。于是在两宋画院高度发达，创作体制颇为完备，创作队伍极为庞大的历史背景下，宋代皇室必然会想到利用图像直观易懂、便于传播的实用性功能，组织大规模创作队伍进行婴戏图绘制。于是，我们便看到不仅出现了如苏汉臣、李嵩、陈宗训、苏焯等专门从事婴戏图创作的院画家，更有如李唐、马远、刘松年、闫次平等院画家也参与到婴戏图创作中。换言之，宋代婴戏图的爆发式增长与广泛流行，实际是一种由官方组织的大规模图文宣教工程，其自上而下的广泛传播，

---

[1] 刘婷玉：《宋代弃婴习俗研究》，硕士学位论文，山东师范大学，2008年。
[2] 苏轼：《苏东坡全集》卷七四《与朱鄂州书》，第14页。

实际是意在阻止民间愈演愈烈的弃婴杀子行为。

五　宋代婴戏图的史学意义

正如上文所分析，在两宋社会语境之下，宋代婴戏图的确有着太多值得我们深入讨论的问题。第一，假如婴戏图是纯粹的绘画审美性艺术创作，便不可能不具备宫室装点功效，且更有可能进入历代藏家品鉴及收藏的著录范围。然而，史实远非如此。第二，如果婴戏图果真不为官方所赏，且难以进入正统的品评序列，那么为何还会有如此众多的画家，甚至是名震一时的大画家参与到该题材的创作，并最终将其推向后世难以企及的高度？第三，假如婴戏图只是一种民间美术形式，那么其创作目的又是什么？假如是民间的多子祈福图像，又为何会存在如此严重的生子不举现象？倘若没有官方的强力干预，为何又会有大量院画家参与其中？尽管今天我们已无法确切回答上述问题，但或许可以在结合两宋历史、社会、民俗语境之下追问历史，直到接近历史。笔者有关宋代婴戏图与两宋生子不举关系之考证已有专文进行讨论。[①] 而本文所讨论之观点，则是在系统梳理两宋以来历代收藏大家著述文献基础上，对宋代婴戏图绘画性质探讨的有力旁证。

文献与历史均告诉我们，无论是皇家收藏、士大夫收藏，还是士绅收藏，宋代大肆流行的婴戏图均难以成为各类藏家的座上宾。从可见史料进行研究，我们几乎见不到宋代之后书画品评体系中，有关宋代婴戏图的任何品鉴记录。甚至整个中国美术史，都难以见到有哪朝的婴戏图正式进入历代画史的品评序列。既然如此，恰如学界所普遍认为的，将宋代婴戏图等同视之为现代具有多子祈福美好寓意的年画，将其认同为民间多子祈福的美术形式，从表面上看似乎没有什么不妥。然而，如果将宋代婴戏图回置于宋代特定历史语境，上述结论则过于主观。因为，

[①] 张廷波：《多子祈福还是不举子——宋代婴戏图盛行与两宋不举子救助关系研究》，《新美术》2020 年第 7 期。

宋史远非看图说话所想象的那样简单。

毫无疑问，一种制作样式颇为相近的绘画门类，以较为一致的规范与模式，在一个较为集中的时间段内爆发式出现，其创作目的显然并非纯粹欣赏与装饰。换言之，宋代婴戏图显然不是作为一种纯粹的艺术创作形态而存在。其广泛流传与大量绘制必然有着更为直接的实用性目的。联系两宋民间严重的生子不举状态，婴戏图的存在更大可能是对生子不举的图文宣教，而非多子祈福。然而，要实现这样颇具规模的创作工程，必然需要有一种极强的主导性力量，且需要由一种明显的强制性因素所驱使。最有可能带有强制性驱使力，使得如此众多院画家参与到婴戏图创作热潮的主导性力量，唯有官方，或者说，唯有皇室。

回到纯粹的创作形态，从绘画语言的角度分析。倘若只是从绘画的审美品格与形式创作角度探讨，即使是具备较高艺术水准的宋代婴戏图，如苏汉臣、李嵩之作，也显然无法与宋代这一中国美术创作巅峰期的其他传世经典相媲美。更何况，宋代传世婴戏图更多的是出自名不见经传的民间艺人与普通院画家之手。尽管不可否认的是，这样一个难登大雅之堂的绘画门类，也同样吸引了两宋众多院画家的参与。但这也同时再次有力证明，狂热的创作活动背后，显然有一个强有力的幕后推手，而这一推手必然具备极强号召力。而在历代收藏大家看来，这种具有明显官方组织之下的规模化创作活动，所产生的具有实用性目的之宣教类图像，并不具备真正的收藏价值。

结　语

对北宋之后重要收藏大家的藏品著述进行详细考证后，基本可以得出以下结论：尽管宋代婴戏图创作规模、图绘体例、参与画家、流传数量均呈现出美术史上其他历史时期难以比拟的创作盛况，却几乎没有一位历代收藏大家对宋代婴戏图产生过收藏兴趣。这不禁令我们感到好奇，宋代婴戏图在历代藏家看来，究竟是怎样一种创作动机与图绘性质，以至于尽管存世数量巨大，却难入藏家的视野。

当对重要收藏鉴赏典籍及藏品著述进行考察后，则可确定一件优秀藏品须依次满足：个人收藏喜好、创作者艺术身份、作品质量与格调、相似作品的稀有程度、作品流传渠道、图像用途及功用等条件，方可进入收藏大家的视野。其中个人喜好与创作者身份是重要前提，作品格调与稀有程度具有决定性作用，这都是宋代婴戏图所不具备的。拥有极高笔墨造诣，以艺术审美为出发点，且不具备实用性目的与功利化意图的绘画作品，最受历代大收藏家青睐。

然而，当联系两宋历史语境考察宋代婴戏图的创作目的与图式形态，我们能够确定其实用性目的远胜于审美性价值。尤其当联系到两宋严重的生子不举现象时，亦可质疑学界一致认为的宋代婴戏图之所以广泛流传是由于民间祈盼早生多养、多子多福。它的存在更有可能是一种由官方组织的，以院画家为创作主体的图文宣教行为，其目的则在于试图感化并阻止民间严重的生子不举行为。也正因如此，宋代婴戏图难以进入历代藏家品鉴体系。

两宋摩睺罗由民间到内廷形态演变原因考证

摩睺罗作为原本流行于民间的美术形象，在由北宋进入南宋后，受到皇室内廷的追捧。不仅如此，进入南宋后，其形象出现了制作材质从朴素转向贵重，形态样式从艳丽转向奢华，流行趋势从民间转至内廷的史学转捩。表面看来，这似乎只是一个简单的民间艺术形象之史学形态演变。然而，当联系两宋历史背景与社会情境，并结合特定历史语境下宋代皇室内部所面临的子嗣困境考察摩睺罗之形态变迁时，就会发现一个看似简单的民间艺术形象背后可能隐含着为我们所忽略的重要史学信息。

不少流行于宋代的各种民间艺术形象都引起了学界的研究兴趣，其中摩睺罗形象备受关注。目前，多数学者仍将研究视野专注于该形象的宗教来源、异域传播、演进体貌、形式内涵及象征寓意等方面，产生了不少有价值的学术创见与研究成果。然而，对于该形象在演进历程中特定历史时期内所产生的文化属性与传播价值，以及由此衍生的史学信息，学界显然有所忽略。目前学界基本同意"摩睺罗"形象传播高峰期集中于唐、宋，尤以宋为主。宋以后，摩睺罗流行渐趋消沉，以至于到清代时期摩睺罗崇拜几乎销声匿迹。在由北宋进入南宋后的一百余年间，摩睺罗形象却出现迥异于其他时代的关键性形态转捩。概括来讲，摩睺罗形象在两宋出现了从朴素转向华丽、从民间转至内廷的重要史学演变。更为重要的是，上述形态转变，从表面看似乎只是一种民间美术形象在其演进历程中出现了体貌与形态上的改观。然而，对该形象的深入梳理则向我们说明，或因社会变迁，或因人口迁徙，或因战争灾难，或因新的信仰出现，一种艺术形象极有可能会在某一特定时期内出现重要，甚至关键性改观。该民间艺术形象形态转变背后很可能蕴含着重要历史信息。

一 两宋摩睺罗形态演变

对于摩睺罗之称谓、形象来源、体貌形态以及祈子宜男等诸多用途，学界已做出相对深入的考证，对本文研究助益良多。笔者较为系统地梳理了文献中有关摩睺罗的记载，尽管学界普遍意识到摩睺罗在宋代"备受追捧"，却明显忽略了两宋时期该形象出现了由朴实转向奢华，由民间转至内廷的重要转变。而当联系特定历史时期内众多史学因素后进行考察，则又发现一个看似简单的民间艺术形象之图式改观，背后可能蕴含历史学、社会学与人口结构性变化等因素。

（一）唐至北宋摩睺罗形态考察

宋代文献中，《东京梦华录》《醉翁谈录》《西湖老人繁盛录》《梦粱录》《岁时广记》《武林旧事》等均有关于摩睺罗的记载。不少学者认为，孟元老的《东京梦华录》应为所见最早之摩睺罗史料。[①] 然而，早在唐代《唐岁时记事》中便有对"摩睺罗"乞巧宜男的明确记录："七夕，俗以蜡作婴儿形，浮于水中以为戏，为妇人宜子之祥，谓之'化生'，本出西域，谓之摩睺罗。"[②] 该史料不仅记载此时摩睺罗是以蜡制成，形如婴儿，并记其用途应是七夕夜晚点亮后浮于水上，以作乞巧宜男、祈愿祝福之用。此时的摩睺罗制作可谓形式简便易行，材料朴素易

[①] 孙发成：《宋代的"磨喝乐"信仰及其形象——兼论宋孩儿枕与"磨喝乐"的渊源》，《民俗研究》2014年第1期。
[②] 何本方等主编：《中国古代生活辞典》，沈阳出版社2003年版，第262页。

得，用途也多为民间祈愿。

至北宋时，孟元老《东京梦华录》记载摩睺罗形象此时为小儿执荷叶状，与唐代以蜡作婴儿状基本相仿。"七夕前三五日，车马盈市，罗绮满街，旋折未开荷花，都人善假作双头莲，取玩一时，提携而归，路人往往嗟爱。又小儿需买新荷叶执之，盖效颦磨喝乐。"而对于该形象之来源，孟元老亦有提及，"磨喝乐本佛经摩罗，今通俗而书之"①。目前学界对该形象的起源考证，也多据于此。② 金盈之在北宋末年成书的《醉翁谈录》中记载："京师是日多博（抟）泥孩儿，端正细腻，京语谓之摩罗。小大甚不一，价亦不廉，或加饰以男女衣服，有及于华侈者。南人目为巧儿。"③ 文中不仅记载摩睺罗在北宋为"泥孩儿"，且主要是民间在七夕用以乞巧宜男祈愿之用，南人视为"巧儿"。《东京梦华录》告诉我们北宋时民间所售"摩睺罗"虽多以泥土烧制，但在制作上已有分类："七月七夕，潘楼街东宋门外瓦子，州西门外瓦子，北门外、南朱雀门外街及马行街内，皆卖磨喝乐，乃小塑土偶耳。悉以雕木彩装栏座，或用红纱碧笼，或饰以金珠牙翠，有一对直数千钱者……禁中及贵家与士庶等，为时物追陪。"④ 孙发成据此认为"磨喝乐"在北宋即为七夕时供奉的一种土偶，而对于一部分装饰华丽者，却并非平民阶层可以赏玩之物，出售对象主要是禁中及贵家士庶。⑤

梳理北宋时留存文献，可知摩睺罗此时制作材料仍多为泥土，不仅简便易得，且成本低廉。配饰、装点与描画，虽对普通市民与富庶之家在形制、体貌、材料上做出明显区别，但整体趋于华丽但不奢靡。河北邯郸市峰峰矿区发掘的崔仙奴墓，墓志记为大金"泰和二年（1202）崔仙奴"墓。该墓所出土的五件泥娃娃均以泥土为原料，体型较小，憨态可掬，十分可爱。由于宋室南渡后金朝长期占据北方地区，故被学界认

---

① 孟元老撰，邓之诚注译：《东京梦华录》卷八，中华书局1982年版，第209页。
② 刘宗迪：《摩睺罗与宋代七夕风俗的西域渊源》，《民俗研究》2012年第1期。
③ 金盈之：《醉翁谈录》，上海古籍出版社2002年版，第203—204页。
④ 孟元老撰，邓之诚注译：《东京梦华录》卷八，第208页。
⑤ 刘宗迪：《摩睺罗与宋代七夕风俗的西域渊源》，《民俗研究》2012年第1期。

为是颇能代表中国北方宋金时期摩睺罗形象之珍贵史料（见图1、图2）。尽管北宋时体形较大，装饰颇为华丽的摩睺罗"价亦不廉"，但此时更多的却是"小塑土偶""小大不一"，为普通百姓所喜爱的类型。

图1　崔仙奴墓出土摩睺罗（一）

通高16cm，北宋，

邯郸市磁州窑历史博物馆藏

图2　崔仙奴墓出土摩睺罗（二）

通高16cm，北宋，

邯郸市磁州窑历史博物馆藏

（二）南宋文献中相关摩睺罗记载

考察南宋时有关摩睺罗的文献记载与图像史料，则会发现该形象在宋室南渡后发生了显著变化。虽仍有一部分继承了北宋泥孩形象，但南宋时的装饰明显趋于繁复与精致。尤其值得关注者，则是此时出现了大量象牙、龙涎佛手香、金银、玉器等北宋时未见之摩睺罗材质。陈元靓所撰《岁时广记》便有对内廷摩睺罗奢侈华贵形象之详细描述:"今行在中瓦子、后市街、众安桥卖磨喝乐最为旺盛。惟苏州极巧,为天下第一。进入内廷者,以金银为之。"书中记载此时流行的"'摩喉孩儿'[①]斗巧争奇,戴短檐珠子帽,披小缕金衣。"[②] 由此可见,在北宋时摩睺罗最多不过"价亦不廉",而至南宋时则已使用珍贵材质。南宋诗人许棐因此形容南宋时的摩睺罗,"人贱不如泥,三叹而已矣"[③]。孙发成总结从北宋到南宋摩睺罗形态变化的基本趋势是:材料越来越丰富和金贵、形象越来越精巧、装饰越来越华美。[④]

除此之外,值得注意的则是文献中多次出现南宋皇室内廷对摩睺罗的热切追捧。如秉持"词贵乎纪实"精神的《武林旧事》在"乞巧"一节中记载:"七夕节物,多尚果食、茜鸡。及泥孩儿号摩睺罗,有极精巧,饰以金珠者,其直不赀。……七夕前,修内司例进摩睺罗十卓(桌),每卓三十枚,大者至高三尺,或用象牙雕镂,或用龙涎佛手香制造,悉用镂金珠翠。"[⑤] 可知摩睺罗已由北宋时的"价亦不廉"变为南宋时的高大沉重、材料名贵、装饰富丽奢华,"其直不赀"[⑥]。其材料、尺寸、规格更比北宋有了明显改变。更关键者,则在于上述规格、形制的摩睺罗得到了皇室内廷的批量采购。

目前多数学者凭借上述文献,关注到南宋时摩睺罗的流行程度相较

---

① 即摩睺罗。
② 陈元靓撰,刘芮方、张杨溦蓁等点校:《岁时广记:外六种》卷二十六,浙江大学出版社2020年版,第282页。
③ 南宋诗人许棐曾有《泥孩儿》古诗一首:"牧渎一块泥,装塑恣华侈。所恨肌体微,金珠载不起。双罩红纱厨,娇立瓶花底。少妇初尝酸,一玩一心喜。潜乞大士灵,生子愿如尔。岂知贫家儿,呱呱瘦如鬼。弃卧桥巷间,谁或顾生死。人贱不如泥,三叹而已矣。"形容此时摩睺罗形态。参见《江湖小集》卷七十七,载永瑢、纪昀等编纂《四库全书》,上海古籍出版社1987年版,第5页。
④ 孙发成:《宋代的"磨喝乐"信仰及其形象——兼论宋孩儿枕与"磨喝乐"的渊源》,《民俗研究》2014年第1期。
⑤ 周密撰,朱廷焕增补,周膺、吴晶点校:《增补武林旧事》,当代中国出版社2014年版,第70、71页。
⑥ 许慎撰,陶生魁点校:《说文解字》,中华书局2020年版,第201页。"赀",《说文解字》中解释假借为"资"。"其直不赀"即"价格不菲"之意。

于北宋发生了重要变化。如刘宗迪形容南宋时的摩睺罗"穷奢极妍，无所不用其极"①。孙发成也认为相较于北宋，南宋时内廷所用摩睺罗"披金戴银，尊贵至极"②。而一种艺术样式在短短几十年内无论材质、规格、传播形态与制作样式都发生了显著变化，关键更在于其传播主流渠道基本由民间转入内廷。表象背后所隐藏的历史信息，值得我们深入考察。

二 形态转变背后可能被忽略的历史信息

众所周知，摩睺罗最主要用途便是宜男祈子，而南宋时七夕于内廷设摩睺罗，其直接服务对象便是皇室。即是说，为皇室或是为皇帝服务应是内廷大量采购摩睺罗的直接动因。刘宗迪认为比较北宋汴梁城与南宋杭州城的摩睺罗，后者已是身价倍增。从原先贵家士庶追捧趋迎的节物，成为京府贵臣供奉宫廷的贡品。③ 由主要流行于民间与富庶之家转向制作出特定样式供奉内廷，皇室的实用目的显然起到决定作用。现有文献已充分证明，南宋内廷对于有着明确祈子宜男用途的摩睺罗之追捧程度，历代无出其右。而这一有着特定用途的民间艺术形象，在特定时期、特定场所的传播，以及由此引起的形态演变与图式改观背后隐含的真正原因，正是值得我们深入探讨的关键所在。

1974年浙江衢州出土了南宋时期的金娃娃饰件一枚，目前学界多数研究者认为这是南宋时摩睺罗之可信形象资料（见图3）。墓主人为南宋名臣大儒魏了翁门人史绳祖。史料记载，"史绳祖，尝师魏了翁，能诗，著述颇丰。官至朝请大夫，直焕章阁，主管成都府玉局观"④。衢州出土的摩睺罗为唐宋时期流行的孩童形象，憨态可掬，周身为纯金材质，左

---

① 刘宗迪：《摩睺罗与宋代七夕风俗的西域渊源》，《民俗研究》2012年第1期。
② 孙发成：《宋代的"磨喝乐"信仰及其形象——兼论宋孩儿枕与"磨喝乐"的渊源》，《民俗研究》2014年第1期。
③ 刘宗迪：《摩睺罗与宋代七夕风俗的西域渊源》，《民俗研究》2012年第1期。
④ 刘克庄：《后村先生大全集》，上海书店1989年版，第15页。

手持金莲、右手握一金环，发现时被置于银丝盒内，奢华富丽。而这也只是南宋官僚贵宅样式，内廷之奢华程度据此可见一斑。而以追逐利润最大化的手工匠人，显然也更愿将消费人群锁定于达官显贵，甚至内廷皇室。

图3　（南宋）金质摩睺罗
长2cm，重6g，衢州博物馆藏

与此相反的是民间的情况，靖康之难后，北方大量难民南迁，《宋史》载，"高宗南渡，民之从者如归市"①，"中原士民扶携南渡，不知其几千万人"②。人口的大量涌入不仅导致长江以南人满为患，同时也导致耕地严重不足："建炎以来，江、浙、湖、湘、闽、广，西北流寓之人遍满。"③加之南渡后，长江以南天灾、战乱、瘟疫几乎从未间断。普通家庭养活新生儿便十分困难，流民、弃婴、不举子成为南宋民间广泛存在的现象。以至于南宋所辖区域内的绝大部分地区，如江浙、两湖、福建、江西、四川等路，民间生子不举现象甚至到了今人无法想象之境地。

---

① 脱脱等：《宋史》，中华书局1999年版，第2909页。
② 李心传：《建炎以来系年要录》卷八十六，中华书局1985年版，第1422页。
③ 庄绰、张端义撰，李保民校点：《鸡肋编》，上海古籍出版社2012年版，第29页。

普通家庭，极少没有过溺婴杀子者，即使如江浙等经济发达地区生子不举亦不能避免。

概言之，南宋战乱频繁、天灾不断，民间计产育子现象十分严重，多子祈福更是无从谈起。生活重负之下，普通百姓对于生活必需品之外物品的购买力也已严重丧失。以至于从中央到地方，南宋各级政府不得不想尽办法增殖人口。并将人口增殖视为考察各级官员之关键政绩："亲民之官，莫若守令。户口登耗之责，守令之先务也。乞于新复旧州县精选守令，以户口复业登耗。重为升黜之典。"① 不少学者均注意到，南宋各级政府颁发的人口增殖政策与民间计产育子行为之间的对抗十分强烈。② 上述情境下，民间对于多子宜男之祈福祝愿便失去了原有的热情，摩睺罗也就没有了在百姓间传播的信仰基础。

三 两宋人口变化与民间生育形态

尽管国内学者对两宋人口增长的统计仍有一定出入，但整体趋于一致。曾育荣、张其凡的研究认为自宋太祖开宝九年（976）至徽宗大观四年（1110）共计134年中，北宋人口基本以平均每年千分之十一的比率呈高速增长状态。③ 目前学界已形成普遍共识，即宋代人口增长到北宋末年达到峰值并突破一亿人大关，成为中国人口发展历程中重要转折与里程碑。如漆侠就认为："到宋徽宗年间，户数超过两千万，每户以五口计算，人口已超过了一亿，远远超过汉唐，几乎是汉唐的两倍。"④ 相较于北宋每年约1%的人口增长率而言，吴松弟认为南宋人口出现发展极为缓慢的状态。究其原因：一是受战争影响；二是两浙路、江南西路、江南东路、福建路，以及包括四川地区等充分开发区域，人稠地狭，

---

① 徐松辑：《宋会要辑稿》，中华书局1957年版，第5010页。
② 曾育荣、张其凡：《关于宋代人口政策的若干问题》，《江汉论坛》2008年第2期。
③ 曾育荣、张其凡：《关于宋代人口政策的若干问题》，《江汉论坛》2008年第2期。
④ 漆侠：《宋代经济史》（上），南开大学出版社2019年版，第52页。

生计不易,导致人口增长率下降。① 漆侠也认为,相较于北宋人口的持续性增长,因女真贵族的入侵引起的人口锐减至宋室南渡后趋于明显。尤其到南宋宁宗嘉定十六年(1223),人口数量减少的境况已有文献做出明确记载。②

北宋人口户数自开国便保持稳定增长态势,从宋太祖立国之时的三百多万户增至徽宗时的两千余万户,人口增长了近七倍。反观南宋百余年,从高宗时的一千一百余万户至南宋末年仍是一千一百余万户,其间虽有增减,但整体基本未见人口增长,甚至还出现日益减少的情况。梳理南宋人口增长态势,一百余年间不仅少见人口有大规模增长的情况,相反还有着多次人口暴跌的时期。尤其宁宗至理宗朝的三四十年间,人口竟出现从一千二百余万户锐减至五百余万户的大规模减少状态。上述材料再次说明,南宋民间普通百姓的生育热情已远远不及北宋。

综合前文的考察,从北宋到南宋,摩睺罗的流行至少发生了四个明显的时代变化:第一,摩睺罗的制作工艺、选用材料、装饰风格,从北宋时的相对朴实逐渐转变为南宋时的极尽奢华,以至于民间普通百姓已无力购买;第二,摩睺罗制作者实际已将消费人群锁定于更具购买能力的达官显贵之家,甚至部分制作者也主要聚焦于内廷皇室;第三,南宋民间严重的生子不举现象造成摩睺罗在南宋民间的流通程度实际远不及北宋;第四,在上述情形下,南宋皇室内廷对于摩睺罗却呈现高度关注、热情追捧之状态。不仅出现了名贵材料与特定制作样式,且需求数量也颇为可观,成为该形象在其流传历程上最为奢华富丽的时期。这与南宋皇室子嗣的繁衍问题密切相关。

四 南宋皇室内部子嗣问题考证

从两宋皇帝所生子女夭亡人数及比率看(见表1),宋代皇室内部实

---

① 吴松弟:《南宋人口的发展过程》,《中国史研究》2001年第4期。
② 漆侠:《宋代经济史》(上),第52页。

卷一 宋代婴戏图盛行原因重考

际一直存在着严重的皇子早夭、子嗣不盛问题。更为细致的统计则证明，两宋皇子夭亡率不仅居高不下，且南宋明显高于北宋。以南宋末年的光、宁、理、度四朝为例，此时皇嗣夭折比率十分惊人，分别为83.44%、100%、75%、80%。皇嗣能否顺利长大显然已成为南宋皇室所面临的最重大事件。而当我们细致梳理史料中关于南宋内廷对摩睺罗形象大加追捧之记载时，发现这些文献多数成书于南宋末年，尤其集中于光、宁、理、度四朝。如大致成书于南宋宁宗时期的《西湖老人繁胜录》，此时皇子夭亡率为100%；晚其三十年的《都城纪胜》成书于端平二年（1235），此时理宗时期皇子夭亡率为75%；《岁时广记》亦成书于南宋末年；而追忆钱塘盛况的《梦粱录》作者吴自牧于度宗咸淳中前后在世，其序言后题"甲戌岁中秋日"，该年即度宗咸淳十年（1274）。上述举证可充分证明，南宋内廷对于摩睺罗的集中式大量需求，与南宋末年皇室子嗣严重凋零，皇位传续十分困难在时间与空间上形成明显交集。

表1　　　　　　两宋皇帝子女夭折数量统计[①]

帝号	生育子、女总数	夭折子、女数	夭折占比（%）
宋太祖	子4、女6	子2、女3	50.00
宋太宗	子9、女7	子1、女1	12.50
宋真宗	子6、女2	子4、女1	62.50
宋仁宗	子3、女13	子3、女9	75.00
宋英宗	子4、女4	子1、女1	25.00
宋神宗	子14、女10	子8、女6	58.33
宋哲宗	子1、女4	子1、女2	60.00
宋徽宗	子31、女34	子6、女15	32.31
宋钦宗	子2、女0	子0、女0	0.00
宋高宗	子1、女5	子1、女3	66.67

---

① 史泠歌：《帝王的健康与政治——宋代皇帝疾病问题研究》，博士学位论文，河北大学，2012年。

续表

帝号	生育子、女总数	夭折子、女数	夭折占比（%）
宋孝宗	子3、女2	子0、女2	40.00
宋光宗	子3、女3	子2、女3	83.44
宋宁宗	子8、女1	子8、女1	100.00
宋理宗	子3、女1	子3、女0	75.00
宋度宗	子5、女0	子4、女0	80.00
总计	子97、女92	子44、女47	48.15

此外，对于宋代皇室子嗣早夭、帝王年岁不永，所患病症基本相似等问题，学界也在持续关注。其中宋代皇室内部存在着较为严重且长期的家族遗传病史一度成为学界的研究热点。如汪圣铎就认为尽管相较于前代，宋代皇室医疗体系有较大改观，不仅有专为皇室服务的御医系统，还有兼顾皇室内外隶属于太常寺的太医系统。但宋代皇室仍存在严重皇子夭折率居高不下、皇帝寿命不长的问题。[1] 史泠歌认为和其他朝代相比，宋代皇帝是脑血管疾病发病率最高的群体，如北宋的真宗、仁宗、英宗、神宗，至南宋时高宗赵构亦有与其祖先相似症状，所占比例超过57%。[2] 在此家族病基础之上，宋代皇帝很多都患有精神分裂症，如余英时就认为，光宗在南宋史上特以精神失常著称。[3] 对此，宋朝诸帝即使一开始并未注意，然而时间日久则定会发现，各位皇帝均年岁不大便告离世，且生前所患疾病大致相仿。史泠歌就认为，"和其他朝代相比，宋代皇帝家族普遍具有肥胖、脑血管疾病、高血压等遗传基因，及压抑的宫廷生活等环境因素影响，使脑血管疾病成为宋代皇帝们最常见的疾病，且具有言语障碍、行动不便等共同特征"[4]。李娜对《全宋文》中宋

---

[1] 汪圣铎：《宋代社会生活研究》，人民出版社2007年版，第267页。
[2] 史泠歌：《帝王的健康与政治——宋代皇帝疾病问题研究》，博士学位论文，河北大学，2012年。
[3] 余英时：《朱熹的历史世界：宋代士大夫政治文化的研究》（下），生活·读书·新知三联书店2004年版，第768页。
[4] 史泠歌：《帝王的健康与政治——宋代皇帝疾病问题研究》，博士学位论文，河北大学，2012年。

代宗室、官宦、僧道、布衣四个主要群体进行了比较，结果发现社会地位最高、生活条件最为优越的皇室群体的平均死亡年龄却最低。① 尤其不可忽视的，应该还有古代医疗条件的局限性导致幼年皇子早夭情况极为严重。袁冬梅认为南宋相较于北宋之所以皇子早夭更为严重，很大原因有可能还牵涉到地理与环境因素，包括与宋代江南地区频繁发生的流行病有关。②

此外，南宋时过继的皇位继承者也出现了患痴呆、语言障碍或者发育迟滞等棘手问题。如文献载，"宁宗不慧讷于言，每北使入见，或阴使宦者代答"③。和宁宗的鲁钝相比，理宗无子，过继的皇位继承者度宗赵禥精神发育迟滞程度更为严重。④ 他不仅语言能力低下，理解力也很差。《宋史》载，"理宗问今日讲何经，答之是，则赐坐赐茶；否则为之反复剖析；又不通，则继以怒，明日须更覆讲"。

上述情形下，朝野内外应该再没有比皇室祈求子嗣繁盛、人丁兴旺、后继有人更为重要的事了。宋代皇室，尤其南宋时为祈求生子宜男几乎想尽各种办法。其中以雕塑、工艺品与图像的形式作为内廷多子祈福手段极为常见。如南宋时皇室便使用了各种生育神塑像、婴戏图、孩儿枕等形象进行多子祈福活动。毫无疑问，以祈子宜男为主要用途的摩睺罗亦在其中。

五 宋代皇室图影造像与祈子宜男

子嗣凋零，皇位后继无人，所选继承者或痴或傻，在赵宋王朝进入

---

① 李娜：《〈全宋文〉墓志所见南宋特定人群平均死亡年龄研究》，云南民族大学，硕士学位论文，2018年。
② 袁冬梅：《宋代江南地区疾疫成因分析》，《重庆工商大学学报》2007年第4期。
③ 史泠歌：《帝王的健康与政治——宋代皇帝疾病问题研究》，博士学位论文，河北大学，2012年。
④ 史泠歌：《帝王的健康与政治——宋代皇帝疾病问题研究》，博士学位论文，河北大学，2012年。

风雨飘摇的末期,伴随内忧外患,无异于雪上加霜。宋史研究专家王曾瑜认为,宋高宗赵构一生无子,极其依赖图影造像,求神问卜以期盼生育皇子。他在宫中设坛祭祀远古时期生育神——简狄。这显然与民间祈福鬼子母与送子观音有异曲同工之妙。只是在高宗看来生育了商部落先祖契的简狄,或许在某种意义上也开创了伟大的朝代,这对于高宗本人似乎意义更加非凡。①《宋史》载从徽宗政和年间到南宋,始终对祭祀主管婚姻生育的高禖、简狄、姜嫄极为重视,"政和新仪:春分祀高禖,以简狄、姜嫄同祀,皇帝亲祀……绍兴元年,太常少卿赵子画言:自车驾南巡,虽多故之余,礼文难备,至于祓无子,祝多男,所以系万方之心,盖不可阙",高宗为祭祀简狄而"斋于内殿",并令秦桧为亲伺使,举办隆重亲祠礼。② 即便如此,上天仍旧未能眷顾高宗,使之获得一男半女。《宋史》卷二十六《高宗本纪》载,"甲寅,命知南外宗正事令广选幼年宗子,将育于宫中"③。

高宗之后,南宋皇室子嗣凋零几乎成为常态。恰如伊沛霞所认为宋代皇室子女的存活比率并不高,婴儿期存活率基本只有一半,……正如宋代一幅呼之欲出的绘画《骷髅幻戏图》所描绘的,死亡似乎总有办法吸引婴儿。④ 事实上,南宋由于皇子早夭极为普遍,才造成皇室不断企图使用婴戏图祈福多子。而在著名婴戏图画家李嵩生活的光、宁、理三朝,恰恰成为中国历史上婴戏图创作最为高产的时期。⑤

笔者系统梳理了宋代婴戏图的发展轨迹,发现其与两宋人口变化曲线呈明显反向呼应。即当北宋人口以年均 1% 比率从立国之初的九百多万增至徽宗时的一亿两千余万时,宋代婴戏图几乎不见发展;而当南渡

---

① 相传简狄为商的祖先,"高辛妃简狄吞燕卵而生契",于是"后王以为官"。
② 脱脱等:《宋史》,第 2513 页。
③ 脱脱等:《宋史》,第 488 页。
④ [美] 伊沛霞:《内闱——宋代妇女的婚姻和生活》,胡志宏译,第 152、155 页。
⑤ 参见张廷波《"妇人乳婴"形象身份考——以南宋李嵩画作为例》,《美术》2022 年第 10 期。

后人口从一亿两千余万锐减至最低只有五千万时，宋代婴戏图却呈现迥异于历代的爆发式增长。可见，为鼓励生育增殖人口，图像的象征意味与宣教功能得到了宋代自上而下的高度重视。①

黄小峰也认为宋代皇室利用图像进行祛病避祸，祈求延年益寿、多子祈福、逢凶化吉的祈愿行为实际上是十分普遍的。② 今天我们仍旧能够通过考察已有文献了解到两宋皇室为保育幼儿、驱病避祸几乎想尽办法，其中"图影造像"手段最为常见。如北宋时，由于豫王、鄂王两位皇子均相继夭折，宋仁宗赵祯为祈求早生皇子，于景祐四年（1037）二月，"乙丑，置赤帝像于宫中祈嗣"。在医学条件并不发达的古代，尽管生育孩子对于嫔妃而言十分危险，但是仍然会使整个皇室感到异常的兴奋并充满期待，尤其是在生下可以继承皇位的皇子时。美国学者伊沛霞认为宋代贵族与内廷中孩儿枕的广泛流行便与此有关，枕着小孩形状瓷枕躺在床上生育的女人会想到生养孩子时的快乐。③ 黄小峰认为现存美国克利夫兰艺术博物馆的无款团扇《百子图》是目前存世最早、最为可信的宋代皇家御制《百子图》。④ 画中不仅布满男童，还罕见地绘入了女童形象，因此很可能是皇室授意画院为怀念逝去的年幼公主而制。在一种以男孩为传统图式的百子图中，有意绘入女童形象，显然也是出于对皇子与公主健康成长的同等关注。上述情境之下，"宋代朝廷甚至将七夕供设摩睺罗纳入了皇家祀典"⑤。南宋宁、理宗时，画家陈清波所绘《瑶台步月图》（见图4）描绘的正是宫中女眷七夕之夜手捧摩睺罗的祈祷求子宜男景象。

---

① 参见张廷波《宋代婴戏图发展形态与两宋人口政策变化关系考证》，《美术研究》2023年第1期。
② 黄小峰：《繁花、婴戏与骷髅：寻觅宋画中的端午扇》，《中国书画》2018年第5期。
③ ［美］伊沛霞：《内闱——宋代妇女的婚姻和生活》，胡志宏译，第152页。
④ 黄小峰：《公主的婚礼：史学〈百子图〉与南宋婴戏绘画》（上），《美术观察》2018年第11期。
⑤ 刘宗迪：《摩睺罗与宋代七夕风俗的西域渊源》，《民俗研究》2012年第1期。

图4 （南宋）陈清波《瑶台步月图》（局部）

绢本设色，克利夫兰艺术博物馆藏

结 语

原本在民间极为流行的摩睺罗形象在由北宋进入南宋之后，经历了制作材质由朴素转向奢华，流行范围由民间转至内廷的时代变化。本文考察后认为：这一方面是由于南渡后民间广泛存在的生子不举现象导致了摩睺罗在民间的流行程度已远不及北宋；另一方面，宋代皇室内部严重的子嗣凋零，致使内廷使用各种办法以祈盼多子宜男。其中，图像因其直观明了、寓意深远的特点更被频繁使用，这一方式在进入南宋后得到前所未有之重视。而摩睺罗多子宜男的祈福用途此时被极为隆重地纳入皇家祀典，将这一艺术形象推至发展巅峰，成为至今仍被学术界密切关注的美术形象。

宋代生子不举与婴戏图图文宣教救助关系考

从贫民阶层到中产之家，两宋民间不举子现象之严重程度超乎今人所能想象。弃婴杀子之普遍，以至于到了朝野震惊，官方不得不强力干预的地步。在此情境下，两宋婴戏图却广为传播，大肆流行，这一史学现象令人费解。而在这种看似矛盾的历史现象背后，婴戏图的广泛传播更是值得深究。本文试图透析隐藏于历史现象背后的深层原因，揭开有可能被学界误读的历史谜团。

系统梳理学界对于宋代婴戏图研究现状，会发现多数学者或关注于图像艺术风格，或探讨于孩童服装配饰，或笼统将之纳入风俗画研究范畴，或将其比之于今日吉庆年画，或仅凭画面喜庆氛围而解释为多子吉祥寓意……却大多忽略了将图像回置于特定历史文化与社会背景之下的图像学考证方法。本文试将宋代婴戏图置于两宋社会历史的大背景下，结合宋代民间普遍存在的"不举子"现象，考证其爆发式增长与广泛流传的历史成因。

一 两宋不举子与朝野救助

在中国民间，尤其在广大乡村中，养儿防老、多子多孙至今仍是普遍观念。然而在古代中国，家中若因子女众多而不堪重负时，弃子杀婴便常有发生。翻阅宋代文献，或因战乱灾荒、土地流失、重男轻女、经济贫困、挂丁赋税、无效避孕，或由于女子厚嫁、兄弟争夺家产，甚至"讳举五月子"等迷信思想，使得两宋民间不举子现象屡见不鲜。① 福建是宋代溺婴最严重的地区之一，"闽人不喜多子，以杀为常"②。类似记载在相关宋代文献中并不鲜见。在宋代，溺婴、杀子，将小儿遗弃于寺庙门前、道路两侧、桥头岸边，溺死于水盆，抛弃于荒野的现象比比皆是。更有甚者，如朱熹之父朱松在《戒杀子文》中所记，其家乡婺源"多只育两子，过是不问男女，生辄投水盆中杀之"。又载当时妇人杀子情形之重，竟有一妇人杀四五胎甚至十数小儿者。③ 苏东坡说："轼向在密州，遇饥年，民多弃子。"并引王天麟言："岳鄂间田野小人例只养二男一女，过此辄杀之。尤讳养女……初生辄以冷水浸杀，其父母亦不忍，率尝闭目背面，以手按之水盆中，咿嘤良久乃死。"④

翻阅史料，可知不举子现象由来已久，且历朝法令均有惩戒与处罚。如秦时，"擅杀子，黥为城旦舂"，"人奴擅杀子，城旦黥之，畀主"。⑤ 宋代关于禁绝弃子杀婴之律令与惩戒力度亦远超前代。如《宋史·太宗本纪》载："丙寅，诏继母杀子及妇者同杀人论。"⑥ 苏东坡《与朱鄂州书一首》中记述，北宋规定"故杀子孙，徒二年"⑦。

《宋史·宁宗本纪》载："辛未，申严民间生子弃杀之禁，仍令有司月给钱米收养。"徽宗大观年间诏令，不举子"残忍薄恶，莫比之甚，有害风教，当行禁止"⑧。

与此同时，宋代赋税是以人丁数为主的挂丁钱，统治阶层自然希望民间人丁兴旺。今天我们几乎见不到宋代有任何关于节制生育的记载，

---

① 刘婷玉：《宋代弃婴习俗研究》，硕士学位论文，山东师范大学，2008年。
② 郑强胜：《宋代基层社会问题探析》，《中州学刊》2001年第5期。
③ 朱松：《韦斋集》卷十，《戒杀子文》，四库全书本，第12页。
④ 苏轼：《与朱鄂州书一首》，《苏东坡全集》卷三十，中国书店1986年版。
⑤ 《睡虎地秦墓竹简·法律答问》，载刘海年等编《中国珍稀法律典籍集成》，甲编第1册，法律出版社1994年版，第571页。
⑥ 脱脱等：《宋史》卷四《太宗本纪》，中华书局1977年版，第56页。
⑦ 苏轼：《与朱鄂州书一首》，《苏东坡全集》卷三十，第374页。
⑧ 徐松：《宋会要辑稿·刑法二禁约一》，上海古籍出版社2014年版，第8310页。

卷一 宋代婴戏图盛行原因重考

对于人丁兴旺的鼓励甚至成为考核与奖掖地方官员的重要依据。而对于不举子所造成的劳动力不足、兵源锐减、赋税减少、男女失调等问题，必然又使两宋政府深感焦虑。便不得不采取一切所能想到的措施加以干预，如：法令禁止弃婴，颁布胎养令，设福田园、居养院、养济院，置慈幼局，立养子法，设举子仓，鼓励民间收养等。① 尽管两宋始终未曾停止对不举子的救助，如南宋的慈幼局每年收养弃婴竟达两万余，但相较于整个南宋治下广泛的不举子现象，设置于一地的慈幼局或仅为杯水车薪。

除上述具体救助举措外，宋时文人亦考虑到文字的宣教功能，甚至编造出各种神怪传说以宣讲弃婴杀子之因果报应，希望从精神层面感化并警醒世人，进而从心理源头杜绝不举子现象。如洪迈所撰《夷坚志》记有"何侍郎"案，讲述了阳间有妇人杀害婴孩的案例累积到数百起之多，阴司不知如何审断，故请何侍郎往冥界协助判案，何判处众妇人投胎人间作母猪，来世不断产崽以赎罪孽。

《苏东坡全集》卷七四亦载："神山乡百姓石揆者，连杀两子。去岁夏中，其妻一产四子，楚毒不可堪忍，母子皆毙。报应如此，而愚人不知。"② 如上述因果报应故事，两宋文献中记述颇多，其目的无非从心理层面使百姓产生恐惧，进而杜绝普遍存在的弃子杀婴现象。尽管不能否认文字的感染力确实极为强大，可无奈两宋民间识字百姓并不多，仅靠口口相传或街头说书艺人自发式传播，相较于两宋普遍存在的不举子现象，类似因果报应故事的救助效果仍旧收效甚微。

鉴于上述真实存在的历史情形，考虑到两宋朝野普遍存在着对不举子现象的各种救助措施，笔者大胆推测：宋代广泛存在于民间的严重弃婴杀子现象应是两宋婴戏图广泛传播之重要诱因，婴戏图的爆发式增长可能是一种自上而下、层层推进的政府行为，目的则是试图从精神层面感召百姓杜绝不举子之陋习。

---

① 刘婷玉：《宋代弃婴习俗研究》，硕士学位论文，山东师范大学，2008年。
② 苏轼：《与朱鄂州书一首》，《苏东坡全集》卷三十，第373页。

二 婴戏图史学形态梳理

考察婴戏图演进形态，隋唐之前，文献尚无明确婴戏画迹记载。但如山东临沂金雀山汉墓帛画①、陕西绥德贺家沟砖窑梁汉墓画像石《母子图》、山东两城山汉画像石《母子图》等遗迹中均有孩童形象出现，顾恺之《女史箴图》中亦有儿童形象。画史载唐代张萱、周昉均善画仕女婴孩，现存张萱《捣练图》及《虢国夫人游春图》中均有孩童形象，比例协调，造型生动。《宣和画谱》载："张萱善画人物……又能写婴儿，此尤为难。盖婴儿形貌、态度自是一家，要于大小岁数间，定其面目髫稚。世之画者，不失之于身小而貌壮，则失之于似妇人。"由此推知，尽管隋唐时婴戏图仍未独立成科，但已伴随人物画同步发展。在历经不断完善与演进后，婴戏图终于在两宋时呈现画史发展高峰。黄宾虹认为，宋画"一人、二婴、三山、四花、五兽、六神佛"。②这也足可证见，在进入宋代后，无论参与画家、作品质量、留存数目，还是创作规模、形态样式，婴戏图均为其他时代所无法比拟。

梳理当前学界对于宋代婴戏图的解读与研究现状，笔者认为存在两个明显误区有待商榷：其一，是学界在考察中常将婴戏图笼统纳入风俗画研究范畴。考察两宋存世婴戏图画迹，如我们所熟知的苏汉臣《秋庭婴戏图》、佚名《冬日戏婴图》、刘松年《傀儡婴戏图》、李嵩《骷髅幻戏图》《货郎图》等作品，多以严谨写实的手法描绘了宋代孩童生活，并带有明显季节性、现场感、时令性与记录式特征。此类婴戏图可被视为考证两宋历史形态与社会生活之有效图证，归为风俗画研究领域并无不妥。③但亦有众多不具有明显记录式、时令性、现场感因素，并在画

---

① 约公元前165年，见周永军《千年风采艺术佳作——记〈金雀山汉墓壁画〉》，《山东档案》1996年第6期。
② 黄宾虹：《虹庐画谈》，上海书画出版社2007版，第26页。
③ 《大不列颠百科全书》定义"风俗画"（genre painting）为："自日常生活取材，一般用写实手法描绘普通人工作或娱乐的图画……风俗画的主题几乎一成不变的是日常生活中的习见情景，它排除想象的因素和理想的事物，而把注意力集中于对类型、服饰和背景机敏的观察。"

中置入枣树、石榴、荷叶、莲蓬、山羊、百子等明显带有多子祈福、早生吉祥图像寓意与画面配景的婴戏图，此类作品显然不能被视为风俗画。第二个误区则是，学界常将上述第二类婴戏图与现代年画相比较，认为属于装饰性绘画范畴，则有失偏颇。细究上述两种误读，原因正在于只是通过对画面的表面解读来诠释图像的形态归类与图式流传原因，并未将图像置于特定历史情境下进行史学考证，因而忽略了图像生成的历史与社会因素。

对于宋代婴戏图广为流传的史学原因，学界从未停止过探究的脚步。这一独特史学现象背后究竟隐藏着怎样的历史与社会学因素，确实令人着迷。其中一种颇具代表性的观点，即认为由于宋人渴望多子多孙多福气的强烈愿望才造成了两宋婴戏图的广泛流传。然而，这一结论的漏洞却又极为明显。首先，即使这种论断成立，五千多年中华文明史，难道只有两宋渴盼多子早生？其次，当回溯两宋民间严重的不举子陋习时，若果真是渴盼多子早生，又如何去解释宋代广泛存在着的弃子杀婴现象？再次，当不举子现象与婴戏图大肆流传且并行于世时，二者共生之下究竟又有着怎样特殊的历史关系呢？以上问题的存在，都使得上述假设难以自圆其说，这也正是我们需要进一步探讨并试图解决的问题。

三　婴戏图是一种政府性救助行为

恰如上文所述，宋代之外的其他历史时期也存在不举子现象，为何唯有两宋出现了婴戏图的爆发式增长？其中一个值得深思的史实已开始引起学界关注，即学术界已关注到宋代皇室常利用婴戏图进行政治宣教与多子祈福。[①] 如刘婷玉关注到南宋皇子早夭现象极为普遍，致使皇室常用婴戏图祈福多子。以宁宗朝为例，1210年之前，宁宗所生六个皇子

---

① 如中央美院黄小峰就曾专门探讨了宋代皇室利用百子图进行政治性的祈福、宣传与教化功能。见黄小峰《公主的婚礼——〈百子图〉与南宋婴戏绘画（上、下）》，《美术观察》2018年第11—12期。

均不过周岁便先后夭折,以至于在嘉泰三年九月下诏绘婴戏孩童图像,以祭祀祈福感生帝、太子星、庶子星。加之民间存在着严重的不举子现象,政府便以推行婴戏图的广泛流传来唤起民众之觉醒。此外,正如上文所述,我们今天几乎见不到宋代有任何关于限制生育的法令。相反,为鼓励生养、善待婴孩、严禁不举子,两宋政府几乎使尽浑身解数。无论是出于政府对收养弃子的救助行为,还是皇室对于祈求多子的渴盼,此一时期婴戏图的广为盛行,均与此有关。①

还有一个更为值得关注之处,即中国绘画史上,似乎只有宋代不仅画院规模与画师队伍为历朝之最,更有大量活跃于民间的画工,二者共同组成了庞大的创作阵容,从而才有可能在政府倡导之下组织起自上而下的、大规模、专题性的绘画创作活动。而从皇家画院的设置目的看,画师们除满足皇家精神愉悦与宫廷装饰作用外,宣传与教化之功实际才应是皇家画院最大的存在价值与服务目标。换言之,画院的设置很大程度上是为了有效推行统治者的法令政策,并为巩固统治政权而提供宣教服务的。因此,当用尽各种举措仍旧无法抑制严重的民间不举子现象时,鉴于两宋皇家画院之发达,且赵宋皇室又多醉心于书画,很有可能会想到利用图画这一宣教工具来唤起民众怜子之心,从而杜绝杀婴弃子行为。

而院画师中,两宋见于记载而专擅婴戏题材者为数不少。如南宋邓椿《画继》卷六中载北宋时汴梁有被称为"杜孩儿"的画家,"常为画院众工购求,以应宫禁之需"。北宋画家刘宗道擅绘"照盆孩儿","以手指影,影亦相指,形影自分",每创新稿,便画成数百本一次抛售,以防他人模仿。②宋代最为我们熟知擅长"婴戏"题材者应为苏汉臣。清厉鹗《南宋院画录》记载:"苏汉臣作婴儿,深得其状貌,而更尽神情,亦以其专心为之也……婉媚清丽,尤可赏玩,宜其称隆于绍隆间

---

① 施莉亚:《李嵩〈骷髅幻戏图〉研究》,硕士学位论文,南京师范大学,2012年。
② 邓椿:《画继》卷六,人民美术出版社1963年版,第78、79页。

卷一 宋代婴戏图盛行原因重考

也。"① 两宋之外,中国任何历史时期恐怕都难以找到如此众多专擅婴戏题材的画家。仅苏汉臣一人,传其所绘婴戏图见于著录者便有70余件。其中的《百子婴戏图》(故宫博物院藏)、《婴戏图》(天津艺术博物馆藏)、《秋庭婴戏图》(台北"故宫博物院"藏)、《货郎图》、《杂技婴戏图》等均颇为著名。至南宋,婴戏图更呈爆发式增长,涌现出李嵩、陈宗训、苏焯、刘松年、王逸民、王藻等婴戏图名家。

上述画家中,除一位类似绰号的"杜孩儿"难以确知身份,其他均为御用院画师,尤以南宋居多。而从所见文献看,南宋也恰是宋代不举子现象最为严重的时期。相较之下,南宋政府对于不举子的救治力度亦远超北宋。因此,这也使我们有足够理由相信,宋代婴戏图很大程度上是在皇家指令与干预之下的一种政策性的,有规模、有组织、有计划,且有明显目的指向性的艺术生产活动。

此外,宋代存在不少因专擅某一题材而被招入画院的民间画工,这也无疑具有极大仿效意义。同时,院画师与民间画工在创作上也多有互动与借鉴,如邓椿《画继》载,常有画商贩卖民间画家杨威画作,"威必问所往,若至都下,则告之曰:汝往画院前易也,如其言,院中人必争出取之,获价必倍"②。又如上文所述北宋京师"杜孩儿",因擅绘婴戏而闻名,其画"画院众工必专求之,以应宫禁之需"③。对于婴戏题材而言,院画师显然没有民间画工熟悉。而对于大量民间画家而言,一方面,皇家的倡议为他们提供了创作机会与动力,他们也希望通过专注于某一题材而跻身院画师之列。如李唐与李嵩④都曾流落于民间,后又成功进入画院,而李嵩正是以善绘货郎婴戏而闻名。另一方面,即使无缘进入画院,仿效杨威及杜孩儿在画院前等待院中人争相买画,也是重要收入来源。

---

① 厉鹗:《南宋院画录》卷二,浙江人民美术出版社2015年版,第52页。
② 邓椿:《画继》卷七《小景杂画》,第96页。
③ 邓椿:《画继》卷六,第79页。
④ 夏文彦《绘图宝鉴》中记载:"李嵩,钱塘人,少为木工,颇远绳墨,后为李从训养子,工画人物道释。得从训遗意,尤长界画,光、宁、理三朝画院待诏。"

四 宋代婴戏图广泛传播的社会基础

毫无疑问，一种艺术形式的流行与传播，无论是自上而下的强制推行，抑或发自内心的主动欣赏，倘若没有深厚民间习俗与传统思想作为基础，其有效的、大规模的流传应是极为困难的。因此，我们尚需考证的是，当宋代大量画家从事婴戏创作时，民间是否具有推动这一官方组织下带有明显宣教意味图像有效传播的现实可能。

第一，宋代民间普遍存在着生子传嗣、养儿防老的传统思想。对于百姓而言，老来无子、终身无嗣被视为最大憾事。加之儒学在两宋的发展，诸如"不孝有三，无后为大"①，"夫孝，德之本也，教之所由生也"② 等思想在两宋民间有深厚基础。因此，为传续香火、繁衍子嗣，宋人因无子而纳妾、领养，或认他人之子为继嗣者十分常见。③ 如《左朝散大夫陆公墓志铭》中记载，陆游"无嗣子，而为伯父后焉"④。司马光《书仪》卷三《婚仪》载："夫婚姻者，所以合二姓之好，而承万世之嗣。"⑤ 于是，宋代婴戏图中便大量出现带有明显多子祈福寓意的"百子戏春""百子闹学"等题材。

第二，宋代民间普遍存在的早婚、早育观念也成了婴戏图广泛流传的重要因素。宋代普遍认同并奉行早婚早育习俗，认为黄金万两不如子孙满堂。⑥ 妇人婚后若几年内仍未生育子嗣，便会承受极大压力。宋代多数家庭之所以存在不举子现象，究其原因仍是由于经济困难、难以养活。倘若有一定抚养能力，宋人仍旧向往早生早育、子孙满堂。这

---

① 《孟子·离娄上》。原文是："不孝有三，无后为大。舜不告而娶，为无后也，君子以为犹告也。"
② 《孝经·开宗明义章》。
③ 陈高华、徐吉军主编：《中国风俗通史·宋代卷》，上海文艺出版社2006年版，第312页。
④ 陆游：《渭南文集》卷三二，浙江古籍出版社2015年版。
⑤ 司马光：《书仪》卷三《婚仪》，中华书局1985年版，第33页。
⑥ 刘婷玉：《宋代弃婴习俗研究》，硕士学位论文，山东师范大学，2008年。

卷一　宋代婴戏图盛行原因重考

也成为宋代婴戏图广为流传的重要社会基础。又如在宋代婚礼习俗中，常使用栗子、枣子、花生，寓意"立即生子""早生贵子"。在为新生儿举行"洗儿会"时，银盆内也有栗子、枣儿，"枣"与"早"谐音，"生枣儿"即为"早生儿"，洗儿会时"少年妇争取而食之，以为生男之征"。①

上述"早生、多养"意图，以及带有明显早生寓意之配景，也常会被宋代画家表现在婴戏图中。如宋代婴戏图流传至今有一幅典型院体风格的《扑枣图》，绘七名孩童争抢树上枣子，画面寓意一目了然。又如传为苏汉臣所绘不同版本的《开泰图》，常描绘一孩童骑一只大山羊，周围跟随三只或多只小山羊，此类图像既有"三阳开泰"之寓意，又因描绘了孩童骑羊（养），多羊（养）跟随的形象因而有了"早生多羊（养）"之意。（图1、图2）而这种带有明显"多养"意图的宣教性绘画样式，从绘画形态、赋色特点、表现语言到造型特征考证，都应属典型两宋皇家院体画风。这也就进一步证明了此类婴戏题材显然应是在两宋政府主导之下，以院画师为创作主体，旨在鼓励民间"多养"的宣教图式。

类似上述带有明显多子吉祥寓意的婴戏图，两宋传世还有很多。如南宋苏焯所绘《端阳婴戏图》，画中孩童手执石榴，寓意多子。又传为苏汉臣所绘《二童赛枣图》，"赛枣（早）"寓意一望而知。如此之例不胜枚举，如《浴婴图》，"浴"与"育"谐音；莲蓬作为婴戏图中常见配景，亦有"连生贵子"之意。清谢堃《书画见闻录》载，苏汉臣有一卷《婴戏图》，绘彩色荷花数枝，婴儿数人，皆赤耳系红肚兜，"戏舞花侧"，"花如碗大而人近尺"等。黄小峰也认为宋代百子图中常出现瓜的配景是因为瓜多籽，具有明显婚姻生养与美好吉庆之寓意。②

---

① 陈高华、徐吉军主编：《中国风俗通史·宋代卷》，第312页。
② 黄小峰：《公主的婚礼——〈百子图〉与南宋婴戏绘画》（上），《美术观察》2018年第11期。

图1 传（宋）苏汉臣《开泰图》

图2 传（宋）苏汉臣《开泰图》

卷一　宋代婴戏图盛行原因重考

第三，宋代重男轻女思想远超今人所能想象，而这一思想亦由来已久。战国《韩非子·六反》载："父母之于子也，产男则相贺，产女则杀之。"在宋人眼中，"生有以养，死有以葬"① 应是人生最圆满之结局。即使如包拯、苏轼、司马光等官僚士大夫，对于有无子嗣传续香火都极为看重。苏轼一生仕途不顺，屡遭贬黜，即使是在颠沛流离于岭南、海南之际，仍因苏家人丁兴旺而满怀欣慰，自谓"无官一身轻，有子万事足"②。宋吴自牧《梦粱录》卷二十《嫁娶》一节载，宋代婚姻，男方下聘礼时在送往女方装盛礼书的礼袋、套装上常有"五男二女绿盝"，结婚之日则要行"男女多寡之卜"。③ 在上述情形下，女婴常成为被遗弃的对象，两宋政府亦不遗余力对民间遗弃女婴进行救助。黄小峰认为，现存美国克利夫兰艺术博物馆的一幅无款团扇《百子图》，应为存世最早、最可信宋代御制"百子图"。以扇骨为轴，左右各50人，共绘百名儿童。其中便有女童20人，左11人，右9人。这种图绘方式颇耐人寻味，因为在有着固定规范的百子图式中，有意加入极易辨识的女童形象，显然是对女童的一种重视与保护，其中明显隐含皇家主导下的宣教意图。

第四，宋人有七夕前供奉"磨喝乐"的习俗。"磨喝乐"是由印度梵文音译而来，传为释迦牟尼之子，天资聪慧，为佛教中天龙八部之一，传入中土后形象被不断汉化，由蛇首人身逐渐演化为可爱的孩童样貌。④ 后来便有了"乞巧""宜男"之意，成为七夕时的祈福对象。如《唐岁时纪事》载："七夕俗以蜡作婴儿形，浮水中以为戏，为妇人宜子之祥，谓之化生。"《梦粱录》载："市井儿童，手执新荷叶，效罗睺罗之状。"⑤《东京梦华录》载："七夕前三五日，车马盈市，罗绮满街，旋折

---

① 周必大：《文士庆墓志铭》，《周文忠公文集》卷三一。
② 苏轼：《借前韵贺子由生第四孙斗老》，《苏轼全集》，上海古籍出版社2000年版，第524、525页。
③ 陈高华、徐吉军主编：《中国风俗通史·宋代卷》，第312页。
④ 这种宗教形象本土化的图像变迁成为中国宗教绘画史的一大特点，如除本文所述"磨喝乐"形象外，还有我们所熟知的"观音""弥勒佛"形象的变化。而这种造像变化恰恰是在唐代之后，在宋代大肆流行起来的，这应与宋代艺术的世俗化倾向密切相关。
⑤ 吴自牧：《梦粱录》卷四，浙江人民出版社1980年版，第25页。

未开荷花，都人善假做双头莲，取玩一时，提携而归，路人往往磋爱。"又"小儿须买新荷叶执之，盖效颦磨喝乐，儿童辈特地新妆竞夸鲜丽。"①"磨喝乐"手持莲蓬的形象恰恰暗合了"连生贵子"之意，因此宋代画家便常图绘孩童手持荷叶、莲蓬形象，使之广泛流传于民间，寄托美好意图与祝愿。

从以上深植于民间的传统思想与根深蒂固的民风民俗看，两宋民间广泛存在着的不举子现象，对于相关父母而言显然情非得已。在两宋民间，仍旧基本接受较为传统的生育观念，即早生早育、传续香火、重男轻女、多子多福等。若条件允许，应没有父母忍心亲手扼杀自己的骨肉。正因如此，上述习俗与思想才成为宋代婴戏图自上而下广泛传播的社会基础。这也正是两宋带有明显早生多养、保育幼儿、保护女婴、吉祥寓意类婴戏图大肆流传的深厚土壤。两宋政府显然也是看到了这一点，才组织了大规模的、具有官方专题创作性质的婴戏图绘制活动。进而也就自然使得两宋迥异于其他时代，出现了大量专擅婴戏题材的优秀画家。

结　语

综上所述，针对学界对宋代婴戏图广泛流传的普遍理解，即由于宋人普遍有着祈求多子多孙、早生多养意愿这一观点，本文提出了质疑。笔者亦不认同将宋代婴戏图视为类似现代年画，是普通民众主动购买后张贴于家中，收获喜庆欢愉、吉祥美好寓意之观点。原因在于，以上研究都未能将图像回置于两宋特定历史情境与社会背景下进行较为全面且细致的史学考证与历史还原，而仅是以现代人的思维方式去直观地解读图像内涵与情景寓意，因此其结论必然背离了历史原貌。

鉴于此，本文以两宋民间广泛存在的杀子弃婴陋习作为研究切入点，考虑到宋代朝野为阻止民间严重的不举子现象所采取的种种救助措施，

---

① 孟元老：《东京梦华录》卷八，中华书局1982年版，第208页。

引申出宋代婴戏图的广泛传播也应是对不举子现象的一项重要救助。在梳理了婴戏图史学形态演进,讨论了两宋婴戏图大肆流行背后的深层历史与社会学原因,考察了两宋有关禁止不举子的法令文献、官方主张、赞助者意图、画院建制、创作群体、图像传播、社会风习等因素之后,笔者认为:宋代婴戏图的广为流传绝非一种绘画题材与创作样式在画学演进范畴体系内的正常变迁,而是一种在两宋政府主导之下,自上而下的,有明显宣教意图、明确目的指向性与政治用意的大规模专题性美术创作活动。其目的正是想通过强有力的官方推动,发挥图像直观易懂、生动活泼的宣教功能,使民众在看到天真可爱的孩童形象后心生怜爱,最终从精神层面与内心深处杜绝民间严重的不举子现象。

卷二 「妇人乳婴」形象身份考

卷 首 语

美术史中，当某一艺术形象在特定历史时期内反复出现，并呈现出近乎一致的形态样式与风格趋向时，该形象背后必然蕴含深层史学原因。由北宋到南宋，尤其南宋美术史中便多次出现"妇人乳婴"这一美术形象。且该形象呈现出外形、体貌、姿态、样式，以及创作风格的高度一致。毫无疑问，该形象背后显然蕴含特定史学因素之下，丰富的图像寓意与文化内涵。

针对该艺术形象的广泛存在与普遍流行，学界亦有不少关注者。然而，绝大多数学者普遍认为该形象是宋代普通家庭妇女在乳哺自己的孩子。但当我们将图像置于两宋理学高度发达，礼教极为严苛，妇女身份地位受到各种约束的背景之下进行深入考证时，上述研究结论显然又难以自圆其说。那么对该形象身份，从史学演进脉络、图像变迁轨迹、宗教影响因素、图像文化寓意与特定历史语境等角度进行深入细致、翔实可信的考证，便极有必要。

与此同时，伴随"妇人乳婴"形象的普遍存在，笔者还关注到学界广泛探讨的两宋乳母高度职业化问题。二者之间是否存在必然关联，则需要我们深入细致地考证与阐释。更为重要的是，宋代乳母高度职业化背景之下，实际蕴含着更为复杂的社会学与人口学问题。例如，这直接关涉到两宋幼儿生存这一严肃问题，同时亦关涉到妇女的社会角色与历史身份。一方面，宋代乳母高度职业化直接关涉到宋代底层儿童的生子不举与上层社会的保育幼儿两个关键性问题。另一方面，乳母社会身份

· 87 ·

的特殊性与重要性，使得该角色逐渐成为一种特定历史语境下的文化符号与图式象征。那么这是否也在很大程度上导致了"妇人乳婴"形象在两宋的普遍流行呢？

　　对该形象的进一步考证，又会引带出更为复杂与深层的社会学与人口形态学问题。一方面，乳母身份在皇室中的特殊性与重要性，在很大程度上影响了子嗣繁衍，从而关涉到皇室政权稳定。另一方面，一部分服务于皇家的院画家，也因此便在皇室授意之下进行了图文宣教式创作。于是，在某一特定历史时期内，于美术史上出现了带有流行性意味的特定形象。

南宋李嵩画作中
"妇人乳婴"形象身份考证

　　南宋画家李嵩多幅作品中出现的"妇人乳婴"形象，一直被研究者认为是宋代妇女在乳哺自己的儿女，并有不少学者依据该形象推演有关宋代女性社会地位、两性关系等社会学层面问题。甚至据此认为宋代社会高度开放，女性地位已获得显著提升。鉴于上述研究状态，笔者梳理了相关文献，立足两宋社会及历史背景，对宋代妇女身份及行为规范进行了系统考察，认为宋代妇女并无在面对远道而来的货郎与悬丝傀儡艺人时大方袒乳育婴之可能。结合宋代社会历史背景考察图像形态及情境寓意，学界对李嵩笔下"妇人"很可能已形成误读，其真实身份应为宋代高度职业化的乳母。

　　学界对两宋绘画中"妇人乳婴"形象之已有研究近乎一致认为宋代存世绢本画作，如李嵩《市担婴戏图》（图1）、《骷髅幻戏图》（图2）、《货郎图》（图3、图4）中"妇人乳婴"形象是民间妇人在乳哺子女。以《骷髅幻戏图》为例，马卿认为乳婴女子正在思念故去的丈夫，她的丈夫可能是位民间艺人。[①] 廖奔则认为该作品画的是傀儡戏艺人为维持生计拖家带口走街串巷卖艺的情景。[②] 后来的不少研究者也都采用该观点。[③]

[①] 马卿：《如幻如戏生与死——再看李嵩〈骷髅幻戏图〉》，《艺苑》2009年第8期。
[②] 廖奔：《〈骷髅幻戏图〉与傀儡戏》，《文物天地》，2002年第12期。
[③] 聂子健：《李嵩〈骷髅幻戏图〉中的合理性与荒诞性研究》，硕士学位论文，西安美术学院，2014年。

黄小峰则认为是旅途中歇脚的妇人在一边哺育幼儿一边观赏悬丝傀儡表演。① 汤雯雯则认为画中人物的身份是货郎或傀儡艺人及其妻儿。② 施莉亚认为大骷髅与身后哺乳女子应是一家人出游场景，且为贵族之家。③ 更有研究者甚至据此进行大胆推断，认为这种妇女当街哺乳之行为表现出宋代社会的包容与开放，进而呈现出宋代两性关系的平等与对视。④

图 1　（南宋）李嵩《市担婴戏图》

25.8cm×27.6cm，台北"故宫博物院"藏

---

① 黄小峰：《繁花、婴戏与骷髅：寻觅宋画中的端午扇》，《浙江大学艺术与考古研究》2017 年刊。
② 汤雯雯：《"未尝生未尝死"李嵩骷髅幻戏图探析》，硕士学位论文，中国美术学院，2015 年。
③ 施莉亚：《李嵩〈骷髅幻戏图〉研究》，硕士学位论文，南京师范大学，2012 年。
④ 吴凤婷：《多维艺术理论视角下的〈骷髅幻戏图〉研究》，《艺术评鉴》2022 年第 2 期。

南宋李嵩画作中"妇人乳婴"形象身份考证

图2　（南宋）李嵩《骷髅幻戏图》
26.3cm×26.5cm，故宫博物院藏

图3　（南宋）李嵩《货郎图》
25.5cm×70.4cm，故宫博物院藏

· 91 ·

卷二 "妇人乳婴"形象身份考

图 4　（南宋）李嵩《货郎图》
26.4cm×26.7cm，美国大都会艺术博物院藏

针对已有研究，笔者进行了较为系统的梳理与考察，认为上述理解相对简单，未能将图像置于特定历史情境下进行考证。宋代社会实际并没有那么包容与开放，尤其南宋之后，理学影响日重，对女性在生活中所扮演的角色及行为规范有着严苛要求。宋代妇女并无当街袒露双乳、哺育孩童的可能。因此，对于李嵩作品中的"妇人乳婴"形象有必要进行重新考证。

一　图像梳理与形态归类分析

宋代艺术中留存不少"妇人乳婴"形象，除李嵩《骷髅幻戏图》《货郎图》《市担婴戏图》外，绢本绘画亦有王居正《纺车图》，雕塑则有重庆大足北山122号、大足石门山9号、《素烧喂乳妇人像》、大足石篆山1号龛等。值得注意的是，上述形象大多伴随婴戏、孩童活动出现，其保育幼儿的意图十分明显。妇人形象则突出强调母性特征，如身材丰满，体态健硕，袒露双乳，衣着宽松。她们常大方地当众敞怀喂乳，即使没有哺乳，也常将襦裙领口拉得很低，露出大半个饱满的乳房，彰显女性对于保育与养护的寓意。由于人物造型在刻意凸显母性特征，如丰满的双乳、肥硕的腰臀、略带夸张的姿态，与一般宋画中矜持、内敛、沉静、纤弱，偏于保守的侍女及贵妇形象形成鲜明对比。

从分类研究的角度考察，如王居正《纺车图》（图5）中妇人基本背对观众，或因忙于手中活计，又无奈怀中婴儿饥饿啼哭才背对观者乳哺，因而只描绘了一个育婴动态，并未作细节刻画。画中妇人形象不仅符合母亲的身份与心理，且明显区别于宋代常见的"妇人乳婴"形象中丰乳肥臀、圆润饱满、衣着宽松等特点，显出淳朴、消瘦的乡村妇女特征。这与大足石窟雕像、雕塑《素烧喂乳妇人像》、李嵩《货郎婴戏图》与《骷髅幻戏图》中的"妇人乳婴"形象产生明显差异，因此《纺车图》描绘的应为民间妇女在哺育子女。

图5　（北宋）王居正《纺车图》
26.2cm×69cm，故宫博物院藏

而如李嵩《市担婴戏图》与《骷髅幻戏图》，画中妇人几乎直面观者袒乳育婴。梳理现有研究，目前学界几乎一致认为李嵩笔下"妇人乳婴"形象也是母亲在哺育孩子。然而，在两宋历史环境与社会背景下，理学发展与社会伦理对于彼时妇女行为有着严苛要求，如美国学者伊沛霞认为，"宋朝吸引学者的原因在于它是妇女的处境明显趋向变坏的时代。……古代社会多数妇女的活动场所是在家庭以内的"①。因此，彼时妇女可以在陌生人面前毫无顾忌地乳哺幼儿的可能性便值得商榷。

学界在研究《骷髅幻戏图》时，常将关注点聚焦"骷髅幻戏"，往往缺少对画中"妇人乳婴"形象的深入解读。然而，二者同处一个空间显然值得讨论。倘若仅仅认为画中"妇人乳婴"是普通旅人歇脚时观看悬丝骷髅表演，②或推想为画中妇人怀念已故丈夫时的视觉幻象，③显然难以令人信服。而李嵩笔下的妇人形象，无论衣着、体态、形貌均高度一致，甚至呈现类型化与风格化特点，这显然值得深入考证。（图6、图7、图8、图9）

图6 李嵩《市担婴戏图》中的妇人乳婴

图7 李嵩《货郎图》中的妇女和婴儿（一）

---

① [美]伊沛霞：《内闱——宋代妇女的婚姻和生活》，胡志宏译，第5—6页。
② 黄小峰：《繁花、婴戏与骷髅：寻觅宋画中的端午扇》，《浙江大学艺术与考古研究》2017年刊。
③ 马卿：《如幻如戏生与死——再看李嵩〈骷髅幻戏图〉》，《艺苑》2009年第8期。

图8 李嵩《货郎图》中的妇女和婴儿（二）

图9 李嵩《货郎图》中的妇女和婴儿（三）

二 宋代妇人社会身份与行为规范

在中国封建时代，传统思想根深蒂固。尤其在两宋社会环境下，普通妇人当众哺乳，特别是当着远道而来的表演艺人或市担货郎袒胸喂乳之可能极小。对妇女行为规范之约束，传统礼教从一开始便有严格规定。汉代是礼教形成的重要时期，如《礼记·内则》即规定："礼始于谨夫妇。为宫室，辨外内，男子居外，女子居内。深宫固门，阍寺守之，男不入，女不出。"[①]《左传》亦言："君子曰：非礼也。妇人迎送不出门，见兄弟不逾阈。"[②] 而如汉代墓室反复出现的"妇人启门"形象，该形象流传至宋金时期又被大量沿袭。据李清泉考证，该形象正是由于汉代出

[①] 陈戍国点校：《周礼·仪礼·礼记》，岳麓书社1989年版，第394页。
[②] 杨伯峻注：《春秋左传注》（修订本）第一册，中华书局1990年版，第399页。

现了两部女教经典刘向《列女传》与班昭《女诫》后才逐渐形成的。其目的为约束女性在现实生活中的自主权，甚至认为女子出门都属"非礼"。① 汉代业已出现皇帝对妇人贞节之褒奖，贾贵荣认为汉代所重视的贞节观主要体现在考量妇人对自己丈夫的忠贞程度方面。②

魏晋南北朝时期，尽管佛老之说的兴起导致传统伦理与贞节观受到一定程度的冲击，但张华《女史箴》中"人咸知修其容，而莫知饰其性""欢不可以渎，宠不可以专""翼翼矜矜，福所以兴"，以及顾恺之《女史箴图》中"冯媛挡熊""婕妤辞辇""女史司箴敢告庶姬"，仍处处体现着对女性行为的约束与劝诫。

自唐玄宗时起，《女孝经》文本再度风行，以至于后蜀名画家石恪都为之专门配成《女孝经像》八则。唐德宗以后，宋氏姐妹的《女论语》则更具典范意义，其开篇即言："凡为女子，先学立身，……内外各处，男女异群；莫窥外壁，莫出外庭。出必掩面，窥必藏形"③。中唐以后，以韩愈为代表的一批士大夫文人开始重振儒学，亦奠定了宋代理学兴盛之基础，更为规范女性行为与思想培植了土壤。

到宋代，程朱理学的兴起便水到渠成，并进一步确立了系列社会规范，成为构架整个社会伦理道德与行为之准绳。其中，对女性的要求尤为严苛。司马光《涑水家议》《家范》、魏了翁《鹤山集》、戴侗《六书故》中都包含大量在"家规""家范"约束之下的女教内容。以上文献几乎都同时收录了宋代与儿子说话都不出寝门的女性守贞典范敬姜的故事。日本学者佐竹靖彦认为，《清明上河图》之所以找不到女性形象，实际正是宋代男外女内观念的反映。④ 尤其司马光的《涑水家议》在阐释《礼记》基础上更对男女内外之别作出严格规范，"凡为宫室，必辨内外。深宫固门，内外不共井，不共浴堂，不共厕。男治外事，女治内

---

① 李清泉：《由图入史——李清泉自选集》，中西书局2019年版，第250—282、270页。
② 贾贵荣：《宋代妇女地位与二程贞节观的产生》，《山东社会科学》1992年第3期。
③ 《宋尚宫女论语·立身章第一》，台湾商务印书馆1986年影印本，第39页。
④ ［日］佐竹靖彦：《〈清明上河图〉为何千男一女》，载邓小南主编《唐宋女性与社会》（下），上海辞书出版社2003年版，第785—826页。

图10　（南宋）李嵩《货郎图》
25.5×70.4cm　现藏故宫博物院

事。男子昼无故不处私室，妇人无故不窥中门，男子夜行以烛，妇人有故身出，必拥蔽其面"①。故而，"宋代'妇人治寝门之内'，已经成为一个相当具有普遍意义的伦理共识"②。

在宋代二程的伦理观中，关系到家庭安危的夫妇之伦成为中心论题。尽管现有文献也记载了宋代女性是具有一定自主权与人身自由权的，且无论皇室、贵族还是平民，都有过女性主动提出离婚的情况，以及如范仲淹、王安石等士大夫也曾提倡妇人改嫁。但不少研究者也注意到，宋代男子纳妾较为随意，却对女性提出更多角色要求。且制定了许多对女性极为不利的规则，如"夫有出妻之理，妻无弃夫之条"③。程颐说："妻不贤，出之何害？如子思亦尝出妻。今世俗乃以出妻为丑行，遂不

---

① 司马光：《涑水家议》，《说郛》卷七一。
② 李清泉：《由图入史——李清泉自选集》，第250—282、270页。
③ 周明峰校译：《名公书判清明集》之《婚嫁·妻以夫家贫而倪离》，法律出版社2020年版，第167页。

敢为。古人如此，妻有不善，便当出也"①。正如朱瑞熙所认为的，"跟唐代尤其是唐代中叶以前相比，宋代妇女的社会地位有较多的变化，主要表现为夫权得到加强，女性的自主权进一步被剥夺"②。谭志儒也发现，在宋代的石刻铭文中还能看到一些针对妇女行为约束的家规和乡约。如男子可以凭借一些条例直接"休妻"，而妇女如出现妇德失当就要被处死。因此他认为宋代妇女的一切社会活动，应是对于家庭与男性依附之下的外在体现。③ 于是，在上述社会环境下，家庭妇女的行为必然会变得畏首畏尾，略有不当便会成为影响夫妻和睦与家庭稳定之因素，甚至影响到自己在家庭中的位置。

三 宋代妇人当街哺乳可能性

在宋代儒学家们所强调的家国天下中，家庭和睦与伦理道德有序成为社稷稳定与天下久治之基础。这显然是对儒家经典《大学》中"齐家治国平天下"的进一步发挥与继承。因此他们极其强调夫妇之伦的重要性。尽管二程的观点在一定程度上强调，夫妇二者应在彼此尊重前提下维系家庭伦理与社会道德，如提倡"天地，万物之本。夫妇，人伦之始"；"有天下国家者，未有不自齐家始"④。"推一家之道，可以及天下，故家正则天下定矣"⑤。然而，当进一步阐释如何才能做到夫妻关系稳定时，二程却主张妇女应绝对服从丈夫，"男女有尊卑之序，夫妇有唱随之礼，此常理也"⑥。因此，他们看重的恰恰是妇人守贞的重要性。作为女性，对自身隐秘部位的掩藏与保护在很大程度上被视作守贞之重

---

① 《河南程氏遗书》卷十八《伊川先生语四》，山东人民出版社2020年版，第276页。
② 朱瑞熙：《宋代社会研究》，台北弘文馆1986年版，第1297页。
③ 谭志儒：《从宋代石刻看宋代妇女社会地位变化》，《文物鉴定与鉴赏》2019年第6期。
④ 程颢、程颐：《二程遗书》卷四，上海古籍出版社2000年版，第123页。
⑤ 程颐撰，孙劲松、范云飞、何瑞麟译注：《周易程氏传译注》，商务印书馆2018年版，第622页。
⑥ 程颐撰，孙劲松、范云飞、何瑞麟译注：《周易程氏传译注》，第866页。

要一环。

男权社会视女性为私有财产，妇女守贞便被提到极高位置，尤其看重对于女性隐私部位的隐藏与保护。王雪认为，宋代男子为实现使女性单方面守贞的目标，最方便的方式便是禁锢女性的身体。①宋时女子对于身体的掩藏与保护主要表现在裹足、留发与束胸。相对而言，留发受传统思想"身体发肤，受之父母，不敢毁伤"之影响。由于伤发有违孝道，因而关涉"妇容妇德"，所以带有一定程度的女子自主性。但裹脚与束胸则完全是出于男权主导之下，畸形审美、占有欲望、女子不外出思想，以及将女性视为私有财产加以隐藏与独享观念影响所致。

自汉代始，《礼记·曲礼》便对女性隐蔽自身，以隔绝与男性的接触有明确规定，"男女不杂坐，不同施枷，不同巾栉，不亲授。嫂叔不通问……外言不入于梱，内言不出于梱……女子已嫁而返，兄弟弗与同席而坐，弗与同器而食"②。至宋代则更严格，规定即使女子不得不出门，也必修以盖头遮蔽上半身，如宋笔记《清波杂志》载："妇女步通衢，以方幅紫罗障蔽半身，俗谓之盖头，盖唐帷帽之制也"③。但王雪认为，宋代女子出门所用盖头与唐时有明显区别，不仅要遮盖面貌，还要遮住整个上半身，进而掩藏女子体态。④

在礼教文化规范下，对于将女性视为私有财产的男性审美而言，裹足具有极大象征意味。男子对于女子纤纤细步、三寸金莲的着迷甚至从汉乐府《孔雀东南飞》"纤纤作细步，精妙世无双"中便见端倪。而滥觞于南唐，成风于宋代的裹足，使得小脚成为女子美貌的重要组成部分，也是女子身上一个极其隐秘的部位，甚至连睡觉时都要用布包起来，连自己丈夫都难得一见。⑤"甚且斫束其腰，蒙盖其面，刖削

---

① 王雪：《宋代女性身体束缚与摧残》，《哈尔滨学院学报》2015年第4期。
② 孔颖达：《礼记正义》卷二，中华书局1980年版，第1240页。
③ 周辉撰，刘永翔校注：《清波杂志校注》卷二，中华书局1994年版，第53页。
④ 王雪：《宋代女性身体束缚与摧残》，《哈尔滨学院学报》2015年第4期。
⑤ 杨巨源：《中国女子裹足小考》，《史林探幽》2003年第2期。

卷二 "妇人乳婴"形象身份考

其足,雕刻其身"。① 缠足作为女性的道德约束形式,成为"遮蔽守贞"身体观的重要体现。② 胸部作为妇女重要性别特征,尤其受到格外重视。因此,对该部位的隐藏比缠足有过之而无不及。以至于千余年间古代女性深受其害,"缠足旧弊仅伤人之足,束乳更伤人之胸及肺,伤足为人身之害尤小,伤胸及肺为人之害更大而深也"③。胡适甚至痛心疾首地说,"假使个个女子都束胸,以后都不可以做人的母亲了"④。可见,宋代普通家庭妇人意欲在陌生人面前袒露身体,显然已违背伦理道德规范,而于陌生人面前袒胸露乳则几乎不可想象。

宋代不仅对于女性道德与行为准则制定了严苛要求,且在诸多方面进行了各种约束,女子稍有不慎便会受到严格制裁。司马光曾反复主张:"若妻实犯礼而出之,乃义也。"⑤ 这种"出妻"的行为,在宋代很多地区被视为合理并加以倡导。上述情形下,宋代妇女很大程度上成了男子的私有财产,甚至附庸。因而,其言行绝无可能不顾及礼仪与社会舆论。正常情况下,宋代女子见到陌生男子都会礼貌回避,又怎会袒露双乳当街育儿。尤其南宋,"男女授受不亲"⑥ 的观点早已深入人心。李清照《点绛唇·蹴罢秋千》便生动描写出宋代女子在面对陌生男子时的羞涩与胆怯:"蹴罢秋千,起来慵整纤纤手。露浓花瘦,薄汗轻衣透。见客入来,袜刬金钗溜,和羞走,倚门回首,却把青梅嗅。"⑦

概上所述,宋代女性社会身份带有明显依附性与约束性,显然无法做到个人行为不必考虑社会舆论与男性心理认可度。"对于传统中国妇女来说,她们的社会地位更重要的是通过家庭地位以及道德品质来决定

---

① 康有为:《大同书》,古籍出版社1956年版,第126页;施莉亚:《李嵩〈骷髅幻戏图〉研究》,硕士学位论文,南京师范大学,2012年。
② 张佳沁:《身体解放运动影响下我国女性服饰变迁研究》,博士学位论文,江南大学,2020年。
③ 沈维桢:《论小半臂与女子体育》,《妇女杂志·家政》1915年第1期。
④ 胡适:《女子问题》,《妇女杂志》1922年第8期。
⑤ 司马光著,郭海鹰译注:《家范》卷八《妻上》,上海古籍出版社2020年版,第92页。
⑥ 《孟子·离娄上》,上海古籍出版社2013年版,第73页。
⑦ 张健雄、易畅:《唐宋词百首浅析》,湖南教育出版社1985年版,第126页。

其社会地位的"①，这一观点较为中肯地表达了一种在考虑到文化语境与社会环境前提之下的身份定位。即使在现代社会，女性已拥有高度自主权与身份自由的环境下，也不可能随意于陌生人面前袒乳育婴，更何况是在宋代。"作为个体的妇女，其社会地位的评价标准往往依据其言行生活的准则"②。

在上述女性行为严苛规范与约束的社会环境下，对于严格尊重社会习俗，秉持严谨写实态度的院画家李嵩而言，其笔下却能够频繁出现立于街头袒胸喂乳的妇人形象，则说明宋代妇人之中显然有着一个特殊的群体。她们甚至可以大方地于"五里单堠，十里双堠"的官道之侧，在陌生人面前袒乳育婴，且并不觉羞涩与难为情。因此，该形象的特殊角色与不同于普通妇人的身份便值得我们深入考证。

四　宋代乳母的职业化形态

宋代乳母的职业化受到学界广泛关注。有研究认为，宋代乳母行业呈现职业化特点，皇室、贵族，甚至慈善机构都有着大量雇佣乳母的情况。③ 乳母在宋代不仅演变为一种职业，广泛存在于中上层家庭日常生活中，且成为被普遍接受的社会群体。《宋会要辑稿》记载，"当是时有司观望，奉行失当，于居养、安济皆给衣被器用，专雇乳母及女使之类，资给过厚"。可见宋代官办慈幼保育机构也在雇佣乳母进行幼孤救助，足见乳母这一群体已具备相当数量与规模。

乳母作为特殊社会群体，尤其伴随唐宋以来中上阶层妇人不愿亲自哺乳之风越发盛行，到宋代便进入一种高度职业化状态。"唐宋以后，雇用乳母的阶层有下移的倾向，即不再限于皇室及大贵族，更多的一般

---

① 李海燕：《论传统中国妇女社会地位评价的层次与维度》，《西部学刊》2016年第7期。
② 李海燕：《论传统中国妇女社会地位评价的层次与维度》，《西部学刊》2016年第7期。
③ 方建新、徐吉军：《中国妇女通史·宋代卷》，杭州出版社2011年版，第204—213页。

富裕家庭也开始雇用"①。更有学者指出，宋代乳母规模与数量已大大超越前代，尤其中上层社会雇佣乳母几成风尚。②宋代陈自明《妇人大全良方》记载，"世俗之家，妇人产后复乳其子，产既损气已甚，乳又伤血至深，蠹命耗神，莫极于此"③。这种观点，在宋代应具代表性，且在娇贵的上层社会颇为流行。因此，中上层家庭便大量雇用出身于社会下层的奴婢与女佣充当乳母。"寺观奴婢和佣人成为唐代乳母的新来源，其社会角色除传统的乳哺参与家务劳动外，还有辅助教育的功能"④。有学者也关注到无论宫廷还是民间，由唐入宋以婢仆充任乳母的现象十分突出。⑤

至于宋代女性不愿哺乳的原因，除上文所述怕哺乳损伤身体损耗元气，觉得哺乳过于辛劳外，有学者指出，生育子嗣以巩固自己在家庭中的地位成为中上层家庭妇女的普遍想法，但哺乳中的女性难以短期内立刻怀孕，因此急于再次怀孕也成为她们不愿哺乳的重要原因。⑥宋代周辉《清波杂记》甚至记载了宋儒特别表彰杨诚斋夫人罗氏："生四子三女悉自乳，曰：'饥人之子以哺吾子，是诚何心哉！'"⑦可见宋代中上层妇人亲自哺乳并不普遍。

即使宋代妇人存在亲自哺育的行为，但如上文所述，在宋代女性行为有着严苛规范背景下，也应是在家中或僻静处悄悄进行，并无可能在驿道之侧的陌生人面前袒乳育婴。但对于高度职业化的乳母而言，进入中上层家庭后，尽管在居住、衣着与饮食等方面获得了极大改善，却并不意味着未曾接受过良好教育与行为规范的她们，能够改变自己长期养成的生活习惯。因此，她们仍旧可以不用顾及礼教规范对于女性行为的约束，甚至可以旁若无人地当街哺乳。

---

① 程郁：《从大足石刻观察宋代一些特殊的劳动妇女》，《中华文史论丛》2020年第4期。
② 黄清连：《唐代的雇佣劳动》，《"中研院"历史语言研究所集刊》1978年第3期。
③ 陈自明：《妇人大全良方》，中国医药科技出版社2020年版，第276页。
④ 刘琴丽：《论唐代乳母角色地位的新发展》，《兰州学刊》2009年第11期。
⑤ 黄清连：《唐代的雇佣劳动》，《"中研院"历史语言研究所集刊》1978年第3期。
⑥ 程郁：《从大足石刻观察宋代一些特殊的劳动妇女》，《中华文史论丛》2020年第4期。
⑦ 周辉：《清波杂志》卷二，见《全宋笔记》，大象出版社2012年版，第27页。

图11 （北宋）王居正《纺车图》
21.6cm×69.2cm，现藏故宫博物院

五 乳母身份与妇人乳婴关系

宋代乳母作为高度成熟的职业，实际已呈现规范化运作状态，甚至出现了专门从事乳母中介工作的"牙媪"。可见，乳母的职业化身份显然是被社会普遍接受的。而她们本人也很坦然地进行了自我身份界定，否则中介无法顺利寻找到她们。从乳母的自我身份认定看，对于出身下层且具有典型职业化特点的女性而言，露出丰乳或胸部微露并不会让她们觉得难为情。① 宋代乳母作为一种职业在逐渐商品化，尤其皇室和贵族的乳母主要来源于奴婢，属于贱民阶层，身份地位低下。② 她们往往出身寒微，所受文化与成长环境都不算好，且未受过较为严格的礼教训练，因此生活相对随意。

---

① 程郁：《从大足石刻观察宋代一些特殊的劳动妇女》，《中华文史论丛》2020年第4期。
② 刘琴丽：《论唐代乳母角色地位的新发展》，《兰州学刊》2009年第11期。

卷二 "妇人乳婴"形象身份考

宋代妇科名医陈自明《妇人大全良方》还记载了选择乳母的标准："又择乳母，须精神爽健，情性和悦，肌肉充肥，无诸疾病，知寒温之宜，能调节乳食，妳汁浓白，则可以饲儿。"① 由此可见"精神爽健，情性和悦，肌肉充肥"是选择乳母极为看重的条件，也成为乳母形象的重要表征。而当我们把李嵩《市担婴戏图》《货郎图》《骷髅幻戏图》中的妇人形象与宋代《素烧喂乳妇女》雕塑，以及大足石刻中的"妇人乳婴"形象进行直接比较时，几乎能够确认她们之间存在明显相似性。（图12）她们共同呈现面相饱满圆润、衣着宽松、身材肥硕、精神爽健、袒胸露乳、怀抱婴儿、坦然哺育等特点，这与宋代选择乳母的标准如出一辙。上述形态特点显然与上文所述，在两宋社会环境下，在严格礼教约束与行为规范限定下的宋代女性有着明显差异。更与我们在两宋美术史中所见普通女性纤弱、瘦削、娇柔、胸脯扁平等特点截然不同。

图12 李嵩《骷髅幻戏图》中的妇女和婴儿

显然，这一形象在宋代实际已成为一种典型的创作题材。宋代不仅留下了如重庆大足石刻、《素烧喂乳妇女》雕塑、李嵩笔下的妇人乳婴等乳母形象资料，现有文献也可证明从唐代起乳母即已作为一种主题，

---

① 陈自明：《妇人大全良方》，第411页。

· 104 ·

成为类型化的图像创作形式,甚至还得到画史上重要艺术家的青睐。如《宣和画谱》记载唐代画家张萱:"旧称萱作《贵公子夜游》《宫中乞巧》《乳母抱婴儿》《按羯鼓》等图。"尽管张萱《乳母抱婴儿图》已不传,但我们能够确认的是,以"乳母"为主题的绘画作品此时已成为对一种绘画样式的命名方式。

此外,以乳母为画题之名,甚至直接被记录于重庆大足石刻的雕像题记。如大足北塔 50 号题记:"奶子等任氏二娘年二十五岁,达妳吴氏年二十岁,虎妳□氏年三十六岁,佛保妳王氏年二十八岁,杨僧妳文氏年二十六岁,闰师妳王氏年三十岁,佛儿妳邓氏年二十八岁。""妳"即"奶"之异体字,为乳母之俗称。《博雅》:"妳,国母也,女蟹切。今俗谓乳母为妳,汉人谓母媪姥,凡此皆一音之转也。"① 明代焦竑《俗书刊误》载:"乳母曰嬭,一作妳,俗作奶,按韵书无奶字。"②

医疗条件并不发达的古代社会,在幼儿夭折率极高,很多孩童到八九岁还有夭折危险的情境下,乳母甚至成为关乎下一代能否健康成长的关键性因素。因此,在父母看来,她们甚至已成为幼儿真正意义上的守护神。她们一般与主家立券约定雇值与雇期,担负起养育孩子的责任,并在一定程度上有着保证他们健康成长的约定。她们年轻时给孩子哺乳,一些乳母会将孩子带至成人,甚至陪小姐出嫁,又帮忙照顾第三代。③ 宋代小说中常常出现的老乳母形象,实际已成为一个家庭的重要成员。有学者甚至认为,由于宋代皇子夭折率一直居高不下、因此进入皇室的乳母几乎都享受到了极为尊贵的礼遇。尤其是养育了皇帝的乳母不仅得到"国夫人"的尊贵殊荣与封赏,且恩泽家族,使得整个家族从底层跻身上流社会。④

---

① 倪涛:《六艺之一录》卷一九八。
② 焦竑:《俗书刊误》卷十一。
③ 程郁:《从大足石刻观察宋代一些特殊的劳动妇女》,《中华文史论丛》2020 年第 4 期。
④ 程郁:《宋代的仕女与庶民女性——笔记内外所见妇女生活》,大象出版社 2020 年版。

六　皇子早夭、皇室家族病之下的图像祈福

宋代皇室一直存在较为严重的子女夭折率居高不下问题，且南宋明显高于北宋。尤其是李嵩所历光、宁、理三朝，夭折比率极为惊人，分别为83.44%、100%与75%，皇子的夭亡率近乎100%。① 很多皇子长到八九岁仍面临夭折危险，子嗣能否顺利长大甚至成为皇室头等大事。可以想见，两宋皇室为保全皇子性命应是想尽各种办法。

从《骷髅幻戏图》作者李嵩供职画院的宁、理朝看，文献载宋宁宗属鲁钝型精神发育迟滞，周密《癸辛杂识》载，"宁宗不慧讷于言，每北使入见，或阴使宦者代答"②。和宁宗的鲁钝相比，理宗无子，过继的皇位继承者度宗赵禥精神发育迟滞程度更为严重。③ 不仅语言能力低下，理解力也很差。《宋史》载，"理宗问今日讲何经，答之是，则赐坐赐茶；否则为之反覆剖析；又不通，则继以怒，明日须更覆讲"④。上述情境在赵宋王朝进入尾声时，伴随内忧外患，无异于雪上加霜。黄小峰认为宋代皇室利用图像进行祛病避祸，祈求延年益寿，逢凶化吉的祈愿行为十分普遍。⑤

今天我们仍能通过考察文献了解两宋皇室为保育幼儿、驱病避祸几乎想尽各种办法。其中以图影造像作为保育幼儿、祈福多子的手段最为常见。如宋仁宗赵祯由于两位皇子豫王、鄂王相继夭折，为祈求早生皇子，于景祐四年（1037）二月，"置赤帝像于宫中祈嗣"⑥。哲宗唯一的皇子与三岁的爱女仅隔四日先后夭折，这对哲宗无疑是致命打击，"自

---

① 史泠歌：《帝王的健康与政治——宋代皇帝疾病问题研究》，博士学位论文，河北大学，2012年。
② 周密撰，吴企明点校：《癸辛杂识》，中华书局1988年版，第191页。
③ 周密撰，吴企明点校：《癸辛杂识》，第191页。
④ 脱脱：《宋史》，中华书局1985年版，第892、202页。
⑤ 黄小峰：《繁花、婴戏与骷髅：寻觅宋画中的端午扇》，《浙江大学艺术与考古研究》2017年。
⑥ 脱脱：《宋史》，第892、202页。

皇子薨，即不御殿，辅臣等同入札子乞对，不许"①。刘婷玉的研究阐述了南宋由于皇子早夭极为普遍，造成皇室企图用婴戏图祈福多子。②尤其是李嵩创作生涯最为成熟的宁、理二朝，皇子近乎全部夭折。1210年之前，宁宗所生6个皇子均不过周岁即先后夭折，这无疑使得整个皇宫，甚至整个天下都笼罩在恐怖气氛与疫病阴霾之下。于是嘉泰三年（1203）九月，宋廷便下诏图绘祭祀感生帝、太子星、庶子星以驱邪避祸。施莉亚也认为，无论是出于政府对收养弃子的救助，还是皇室出于祈福多子，此一时期的婴戏图广为盛行，均与此有关。③现存美国克利夫兰艺术博物馆的无款团扇《百子图》，黄小峰认为此图是目前存世最早、最为可信的宋代皇家御制"百子图"。由于画中罕见地绘入了女童形象，因此很可能是皇室授意画院为怀念逝去的年幼公主而制。在一种以男孩为传统图式的百子图中，有意绘入女孩形象，显然已是明显在强调对于女童的重视与保护。④同样是服务于南宋宁、理宗时期的院画家陈清波，所绘《瑶台步月图》描绘的正是宫中女眷于七夕之夜，手捧摩睺罗的祈祷景象，根据摩睺罗众所周知的求子宜男用途，所祈祷内容便可想而知。

亦如汪圣铎所认为的，尽管相比于前代，宋代皇室医疗体系有了很大改观，不仅有专为皇室服务的御医系统，还有兼顾皇室内外隶属太常寺的太医系统，但宋代皇室仍存在较为严重的皇子夭折率居高不下、皇帝寿命不长等问题。⑤疾病的阴霾几乎从未飞离宋代皇宫上空。史泠歌认为，和其他朝代相比，宋代皇帝是脑血管疾病发病率最高的群体。如北宋的真宗、仁宗、英宗、神宗，至南宋时高宗赵构，皆有着与皇室先祖相似的病症，所占比例为57%以上。⑥"和其他朝代相比，宋代皇帝家

---

① 李焘：《续资治通鉴长编》卷五一七，中华书局2004年版，第12296页。
② 刘婷玉：《宋代弃婴习俗研究》，硕士学位论文，山东师范大学，2008年。
③ 施莉亚：《李嵩〈骷髅幻戏图〉研究》，硕士学位论文，南京师范大学，2012年。
④ 黄小峰：《公主的婚礼：史学〈百子图〉与南宋婴戏绘画（上）》，《美术观察》2018年第11期。
⑤ 汪圣铎：《宋代社会生活研究》，人民出版社2007年版，第326页。
⑥ 史泠歌：《帝王的健康与政治——宋代皇帝疾病问题研究》，博士学位论文，河北大学，2012年。

族普遍具有肥胖、脑血管、高血压等遗传疾病,及压抑的宫廷生活等环境因素影响,使脑血管疾病成为宋代皇帝们最常见的疾病,且具有言语障碍、行动不便等共同特征"①。如开国皇帝太祖赵匡胤,死因一直备受关注,不少研究者认为,其并非被太宗所害,而是死于狂躁症或脑溢血。②还有学者认为,宋太祖是猝死于饮酒过度。③更有甚者认为,赵氏皇族的精神病、脑血管病等家族遗传病,拖垮了整个赵宋王朝,而并非"重文轻武"或"君主专制"。④

毫无疑问,古代医疗条件的局限性是导致幼年皇子早夭的重要因素。而在医疗条件不尽如人意的情况下,职业乳母便被视为守护皇子最重要的依靠之一。末代皇帝溥仪晚年曾回忆,皇宫中任何女人死亡所带给他的悲痛,都远不及将他抚养长大的乳母被赶出皇宫时令他悲痛欲绝。⑤可见,陪伴皇帝长大的乳母在皇帝心目中有着怎样重要的位置。这也恰恰成为能够将宋代皇帝顺利抚养长大的乳母,几乎无一例外均获得无上尊荣的重要原因。⑥而供职于画院的院画家李嵩,其笔下多次出现的"妇人乳婴"恰恰应是乳母形象。而妇人身旁孩童婴戏场景中多子祈福、保育幼婴的图像寓意也就跃然于笔端。

结 语

在考察两宋社会环境下,因为普通妇人行为规范之严苛约束与伦理道德之束缚,基本可确知,宋代普通妇人面对陌生男子当街哺乳的可能

---

① 史泠歌:《帝王的健康与政治——宋代皇帝疾病问题研究》,博士学位论文,河北大学,2012年。
② 刘洪涛:《从赵宋宗室的家族病释"烛影斧声"之谜》,《南开学报》(哲学社会科学版)1989年第6期。
③ [日]荒木敏一:《宋太祖酒癖考》,《史林》38之5,1954年。
④ 李寻、李海洋:《被疾病拖垮的王朝——大宋》,《天下》2010年第3辑。
⑤ 爱新觉罗·溥仪:《我的前半生》,人民文学出版社2019年版,第169页。
⑥ 参见程郁《宋代的仕女与庶民女性——笔记内外所见妇女生活》,第229—249、248—250页。

性几乎没有。因而,学界目前普遍认为宋代院画家李嵩作品中多次出现的"妇人乳婴"形象,是宋代普通妇女在哺乳幼儿的观点,值得商榷。

由唐入宋,由于中上层社会中女子越发不愿亲身哺乳,致使乳母作为一种特殊身份逐渐进入职业化状态。而宋代文献中所载乳母选择条件,又在很大程度上契合了宋代艺术中频繁出现的"妇人乳婴"形象。其圆润饱满、丰乳肥臀、身材健硕等共性特征,与两宋绘画中瘦弱纤细的普通女子形象构成鲜明对比,从而也在向我们证明着,乳母形象或已成为一个专门创作主题风行于两宋。

在医疗条件并不发达的古代社会,幼儿夭折率极高,乳母甚至成为一个中上层家庭孩童能否健康长大的关键性因素。而作为经历了光、宁、理三朝的院画家李嵩而言,我们尤须注意,此时皇室子女夭亡比率极高,皇子几乎全部夭折。为保育幼儿,皇室甚至想尽一切多子祈福、祛病庇佑之法,其中图影造像极为常见。如此情境之下,作为院画家的李嵩,其笔下多次出现"妇人乳婴"形象,且与文献记载高度一致,并呈现类型化特点,实际正是以乳母为原型,而其保育幼儿、驱病庇护意图也就趋于明显。

宋代乳母高度职业化与两宋生子不举关系考证

从唐代中后期开始，乳母行业呈现日趋明显的职业化特征。进入宋代，随着中上层社会妇人普遍不愿亲自哺乳态势的加重，乳母行业进入带有明显商业化性质的高度职业化阶段。此时，不仅乳母队伍数量庞大，且在形貌特征、衣着体态、精神气质等方面呈现趋于高度一致的典型性与群体化特征。乳母行业由于相对于其他职业的较大回报率，使得底层妇女趋之若鹜。而职业乳母队伍的扩大，也使得上层社会制定了较为严苛的乳母选择标准。高度职业化的乳母实际关涉到宋代人口发展过程中两大关键性问题：一方面，在医疗条件并不发达、幼儿夭折率居高不下的情况下，职业乳母对于雇主而言是保育幼儿的重要参与者。她们多数终其一生都服务于主家，甚至养护了主家几代人。很大程度上，职业乳母甚至被视为上层社会幼儿保护神，得到极高礼敬。另一方面，由于乳母职业身份的特殊性，决定了她们必须有所生养才能分泌乳汁，进行哺乳工作。现有史料证明，职业乳母几无可能携带自己孩子进入主家共同抚养。因此，她们所生孩子多数情况便被弃留于原来家庭，或由家中老人以米糊等养大，或被买卖、赠送、丢弃，甚至溺亡。多数职业乳母背后，都隐藏一个或者多个生子不举悲剧。然而，目前学界却基本忽略了宋代乳母高度职业化与两宋民间严重生子不举之间的必然关系。

伴随学界宋史研究的日益深入，两宋乳母高度职业化与民间严重生子不举均成为重要关注点。但二者如同两条平行线，几乎从未交会。一方面，宋代江南地区出现了"男多则杀其男，女多则杀其女"的情况。学者们试图不断探究两宋民间严重生子不举的历史原因。梳理起来，目前多聚焦于战争、灾荒、徭役、赋税、重男轻女、女子厚嫁、家产分割等事况，以及归因于"不举五月子"等迷信思想。另一方面，唐宋以降伴随中上层社会妇女普遍不愿亲自哺乳，出现乳母高度职业化状态。宋代从皇室内廷到富裕之家雇佣乳母之风甚为流行，许多殷实之家甚至雇佣多名乳母。而皇家及王室贵族对乳母之需求则更夸张，皇室成员基本都配有多名乳母，像宋仁宗见于史料明确记载的乳母便有5位，年仅10岁的宋哲宗竟一次从民间征集十多位乳母。

毫无疑问，乳母的特殊身份决定了她们必须有所生养才可能分泌乳汁进行哺乳。现有文献证明，宋代职业乳母将自己孩子带入雇主家的可能性非常之小。那么，职业乳母所生孩子被如何处理，便成为值得认真思考的历史与社会问题。显然，乳母高度职业化直接加剧了两宋民间原本就已十分严重的生子不举现象。

事实上，宋代乳母职业化直接关涉到保育幼儿与生子不举两个宋代社会的关键问题。一方面，宋代职业乳母保育了上层社会家庭的幼儿。为能分泌充足的乳汁，她们会选择多次怀孕生子。她们甚至养育了一个家族中的几代人，最后终老于主家。另一方面，她们也主动选择了遗弃自己的孩子。尽管两宋民间严重的弃子溺婴问题已得到学界关注，却始终未见研究者有效探讨两宋高度职业化的乳母与生不举子之间的关系。

一 宋代乳母呈现高度职业化

由唐至宋，雇佣乳母的社会阶层有明显下移倾向，即不再限于皇室及大贵族，一般富裕家庭也会大量雇佣。因此尽管宋代乳母又称"乳婢"，带有蔑称意味，但作为上层家庭不可或缺的成员，其显然已成为一种职业。也正因中上层社会雇佣乳母渐成风尚，致使职业乳母不仅在规模与数量上远超前代，且形成明显商业化运作模式。宋代皇室、贵族以及官办慈善机构均通过支付报酬的形式雇佣数量庞大的乳母群体。更重要的是，她们广泛参与到中上阶层日常生活，成为被普遍接受并被类型化的社会群体。

（一）宋代乳母进入高度职业化态势

尽管汉魏文献中已有乳母之记载，但雇佣乳母带有明显商业化趋势，乳母群体呈现职业化状态却始于唐代中后期。唐代初期，乳母以家奴妻室、私属奴婢为主要来源。如高宗乳母卢氏，"本滑州总管杜才干妻。才干以谋逆诛，故卢没入于宫中"[①]。唐代中后期，雇佣乳母现象不断出现并逐步发展，到宋代则呈现高度职业化。相对于唐初依附性更强的私属乳婢，宋代雇佣乳母的自主选择性更大。《太平广记》记载了李敏求的乳母李氏："敏求婴儿时，为李乳养。"而该乳母还充当过李敏求姨母家的乳母。[②] 可见，李氏应为职业乳母。韩愈为其乳母所撰《乳母墓铭》云："乳母李氏，徐州人，号正真。入韩氏，乳其儿愈。愈生未再周月，孤失怙势。李怜不忍弃去，视保益谨，遂老韩氏。"[③] 由此推断韩愈家乳母应非家仆，而是雇佣身份。

此时，寺观经济十分发达，其存在大量依附人口，奴婢便是其中之一。这些寺观奴婢逐渐成为乳母的重要来源，雇佣乳母行为趋于商业化。如《旧唐书》载彭州刺史李鈇曾购买本州龙兴寺奴婢充任乳母。此时职业乳母数量已颇为可观，韩愈《韩昌黎文集》载，"又贞元中，要乳母皆令选寺观婢以充之，而给与其直。……贵有姿貌者以进"[④]。

发展到宋代，乳母行业呈现高度职业化状态。宋代袁甫通判湖州时，在其《蒙斋集》中记载："有弃儿于道者，人得之诘其所从来，真弃儿也，乃书于笈。使乳母乳之，月给之粟。择乳媪五人为众母长，从乳各

[①] 《唐五代笔记小说大观》，上海古籍出版社2000年版，第105页。
[②] 李昉等：《太平广记》，中华书局1961年版。
[③] 韩愈撰，马其昶校注：《韩昌黎文集校注》，上海古籍出版社1986年版，第563页。
[④] 韩愈撰，马其昶校注：《韩昌黎文集校注》，第701页。

哺其儿。又一人焉，以待不时而来者，来者众，则又募乳母收之，今募八十人矣。"① 一处慈幼局一次就招募 80 位乳母，可见当时职业乳母数目应十分庞大。

综合现有史料分析宋代乳母职业化原因，其很大程度上与中上层妇女普遍拒绝哺乳有关。自先秦时起，王室贵族家庭母亲不亲自喂乳便是一种身份象征，选择乳母喂养新生儿已是成规。唐宋以来，贵族女性普遍不愿哺乳更成惯例。正如潘钰华所言："然而本应母亲身份所承担的'乳职'，现今却由实为奴婢的乳母担任。"② 至于为何不愿亲自哺乳，宋陈自明的《妇人大全良方》载："世俗之家，妇人产后复乳其子，产既损气已甚，乳又伤血至深，蠹命耗神，莫极于此。"③ 中国传统医学认为乳汁是由血中生出，"产乳众则血枯杀人"④。这种观点在宋代应具代表性，且在娇贵的上层社会颇为流行。此外，程郁指出，盼望生男孩以巩固自己在家庭中的地位，成为宋代中上层家庭妇女的普遍想法。但哺乳中的女性难以短期内再次怀孕，因此急于再孕成为她们不愿哺乳的重要原因。⑤ 梳理起来，宋代妇女急于再次怀孕、担心哺乳损伤身体耗费元气、觉得哺乳过于辛劳麻烦等原因导致上层社会女性不愿亲自哺乳。

宋代乳母高度商业化的标志还突出表现在几乎所有上层家庭乳母都是通过专门乳母中介"牙媪"介绍。⑥ 而官办慈幼保育机构也在雇佣乳母进行幼孤救助，如《宋会要辑稿》载："当是时有司观望，奉行失当，于居养、安济皆给衣被器用，专雇乳母及女使之类，资给过厚。"可见，职业乳母本人也坦然进行了自我身份界定，否则中介无法顺利寻找到她们。这也证见，此时乳母群体已具备相当数量与规模，以至于从内廷皇室到达官显贵，从富裕家庭到小康之家，甚至慈幼福利机构都在大量雇

---

① 袁甫：《蒙斋集》卷十二《湖州婴儿局增田记》，中华书局 1985 年版，第 169 页。
② 潘钰华：《唐代乳母研究》，硕士学位论文，陕西师范大学，2020 年。
③ 陈自明：《妇人大全良方》，中国医药科技出版社 2020 年版，第 276 页。
④ 陈自明：《妇人大全良方》，第 10 页。
⑤ 程郁：《宋代的仕女与庶民女性——笔记内外所见妇女生活》。
⑥ 李焘：《续资治通鉴长编》，中华书局 1985 年版。

佣乳母。

(二) 宋代乳母形象的典型性与类型化

宋代是一个追求纤弱与娴静的时代，在宋代艺术中我们最常见到的便是普通妇女娇柔、娴静、纤细、文弱、胸部扁平的身姿。然而，宋代艺术在此时却出现了一批身材丰满、体格健硕、衣着随意、不拘小节甚至袒胸露乳、周身彰显着成熟母性特质且明显出身下层的女性形象。她们呈现出典型性与类型化特征，很多人怀中都抱有哺乳的幼儿。宋代妇科名医陈自明的《妇人大全良方》记载："又择乳母，须精神爽健，性情和约，肌肉充肥，无诸疾病，知寒温之宜，能调节乳汁，妳汁浓白，即可饲儿。"[1] 其中"精神爽健，性情和约，肌肉充肥"正与宋代出现的这批妇人形象高度相似。

目前学界基本同意上述形象对应的正是宋代高度职业化的乳母。如程郁教授认为，大足石刻中出现的一批哺乳妇人的身份是职业乳母，其证据是确凿的。[2] 其根据是《大足石刻北塔山 50 号龛题记》中有明确乳母记载："奶子等任氏二娘年二十五岁，达妳吴氏年二十岁，虎妳□氏年三十六岁，佛保妳王氏年二十八岁，杨僧妳文氏年二十六岁，闰师妳王氏年三十岁，佛儿妳邓氏年二十八岁"。清代倪涛《六艺之一录》记载："'妳'即'奶'之异体字，为乳母之俗称。"《博雅》称："嬭（音乃）妳，今俗谓乳母为妳，汉人谓母媪姥，凡此皆一音之转也"。我们比较大足宝顶大佛湾父母恩重经变相，会发现二者存在明显不同。如 15 号龛颂文会明确注明塑造的是父母双亲，如"生子忘忧恩"："初见婴儿面，双亲笑点头。从前忧苦事，到此一时休。"又如"哺乳养育恩"："乳哺无时节，怀中岂暂离。不愁肌肉尽，唯恐小儿饥"。明代焦竑《俗书刊误》记载："乳母曰嬭，一作妳，俗作奶，按韵书无奶字"[3]。这告诉我们，上述

---

[1] 陈自明：《妇人大全良方》，第 411 页。
[2] 程郁：《从大足石刻观察宋代一些特殊的劳动妇女》，《中华文史论丛》2020 年第 4 期。
[3] 焦竑：《俗书刊误》卷十一，商务印书馆 1958 年版，第 49 页。

"妇人乳婴"形象塑造的并非母亲，而是乳母。

此外，宋代《宣和画谱》记载乳母形象实际从唐代就已成为专门绘画题材，受到艺术家们的重视。"张萱，京兆人也。善画人物，而于贵公子与闺房之秀最工……旧称萱作《贵公子夜游》《宫中乞巧》《乳母抱婴儿》《按羯鼓》等图"①。潘钰华认为，唐代宫廷画家张萱笔下的形象，为研究唐代乳母提供了鲜活的注解。② 程郁则据此认为乳母形象已进入唐代名画家之眼。③ 笔者则认为流传至今的宋人摹本张萱《虢国夫人游春图》中怀抱婴孩走在队伍中间的老妪形象，正是受雇于皇室的职业乳母。宋代乳母形象呈现出更为明显的典型性与类型化特征。除大足石刻中的一批妇人乳婴形象外，这些特征还表现在南宋院画家李嵩笔下。目前李嵩存世的乳母育婴形象画尚有4幅，学界曾一度认为是母亲在乳哺儿女。为此，笔者做过详细论证，认为在宋代理学高度完善、对妇女行为要求严苛的环境下，唯有对自己身份进行明确认定的职业乳母，方能立于街头面对远道而来的挑担货郎大方坦乳育婴。此时职业乳母队伍已十分庞大，且有专门中介参与，因此她们能够坦然面对自己身份，即便在陌生人面前哺乳亦不觉难为情。④

从创作目的看，宋代艺术创作主要是以皇家与贵族赞助的形式进行。因此，宋代大量形态极为相近的"妇人乳婴"形象不断出现，正与上层社会保育幼童密切相关。在医疗条件并不发达的古代社会，幼儿夭折率居高不下，职业乳母很大程度上成为贵族家庭父母眼中的幼儿守护神。这也成为职业乳母备受尊重的关键性因素。而上述形象的反复出现，恰恰证明职业乳母在此时的日趋商业化与普遍性。她们已成为上层社会保育幼儿最重要的参与者。

---

① 张萱：《宣和画谱》卷五《人物之一》，中华书局1985年版，第156—157页。
② 潘钰华：《唐代乳母研究》，硕士学位论文，陕西师范大学，2020年。
③ 参见程郁《宋代的仕女与庶民女性——笔记内外所见妇女生活》。
④ 张廷波：《"妇人乳婴"形象身份考——以南宋李嵩画作为例》，《美术》2022年第10期。

（三）宋代职业乳母的选择标准

北魏时，文献已有记载："为择乳保，皆取良家宜子者。"① 可见从底层社会择取身体健康、具有良好生育能力的民间女子是官宦富家选择乳母的一贯标准。

至于上层社会如何选择乳母，东晋陈延之《小品方》载："乳母者，其血气为乳汁也。五情善恶，气血所生也。乳儿者，皆宜慎喜怒。夫乳母形色所宜，其候甚多，不可悉得。今但令不胡臭、瘿瘤、肿瘘、气味、蜗纷、癣痨、白秃、疡疡、沈唇、耳聋、齆鼻、癫眩，无此等疾者，便可饮儿也"②。此时亦有《产经》云："夫五情善恶，七神所禀，无非轧涳而生化也。所以乳儿，宜能慎之。其乳母黄发黑齿、目大雄声、眼睛浊者，多淫邪相也。其椎项节、高鼻长口、大臂、胫多毛者，心不悦相也。其手丑恶，皮厚骨强，齿断，口臭，色赤如绛者，胜男相也。其身体恒冷，无有润泽，皮肤无肌而瘦癯者，多病相也。"③

到唐代乳母需求度逐步增高，乳母职业也成为试图改变自身及家庭处境的下层妇女的重要选择。孙思邈的《小儿婴孺方》在前代基础上完善了择乳母法："凡乳母者，其血气为乳汁也。五情善恶，悉血气所生。其乳儿者，皆须性情和善。夫乳母形色所宜，其候甚多，不可求备。但取不胡臭、瘿瘤、气漱、疠疥、痴癃、白先、疡癌、沈唇、耳聋、饥鼻、癫痫，无此等疾者，便可饮儿也。"④ 宋代医书基本继承孙思邈的主张，如《小儿卫生总微论方》："若令乳母饲养者，必择其人。若有宿疾、狐臭、瘿瘰、上气喘嗽、疥癣头疮、龟胸驼背、鼻齆紧唇、痴聋暗哑、癫狂惊痫、疽疮等疾，并不可以乳儿也"⑤。

相对宋代下层社会其他职业，乳母显然能够获得更为可观的回报。

---

① 苗霖霖：《北魏"子贵母死"制再探讨》，《云冈研究》2022年第4期。
② 丹波康赖：《医心方》，华夏出版社2011年版。
③ 丹波康赖：《医心方》。
④ 孙思邈：《备急千金要方》卷五《择乳母法》，人民卫生出版社1982年版，74页。
⑤ 佚名：《小儿卫生总微论方》卷二《乳母论》，人民卫生出版社1990年版，39页。

潘钰华认为大量底层妇人为能加入职业乳母行列，会想尽各种办法隐瞒病史，以符合严格的职业选择标准。① 也正因乳母数量颇大，官宦之家在选择乳母时较为严格。他们认为乳母不仅担负保育幼儿之责，且肩负教育子女的任务。因此乳母的脾气、性情被高度看重。选择乳母时需要乳母形色宜人、身体健康，饮食亦有诸多禁忌。性格还须慈惠温良、谨言慎行，符合母亲和仆婢双重角色。有些家庭甚至要求乳母具备一定才学修养，可为乳子开展童蒙教育。司马光就十分在意职业乳母的操守与性情脾气，认为择乳母"必求其宽裕、慈惠、温良、恭敬、慎而寡言者，使为子师，其次为慈母，其次为保母"。他还上疏规谏皇家，"若求乳母，亦须选择良家性行和谨者，方得入宫"②。朱熹认为乳母的性情不仅会影响家庭和睦，更会影响孩子性格："子始生，求乳母必择良家妇人稍温谨者。乳母不良，非惟败乱家法，兼令所饲之子性行亦类之。"③

宋代人还认为被哺乳的孩子与乳母长期接触后，相貌会变得与乳母相似。因此，宋代上层社会大户人家选择乳母，除了其他条件，亦看重容貌。姿貌佳者，往往优先。而且，有的乳母还身兼侍妾的角色，因此主人极看重其容颜美貌。程郁认为宋代进入贵族家庭的乳母，尤其进入皇室的乳母并不只是从事乳哺工作，她们很大程度上已被视作皇帝的女人。而许多富裕家庭的乳母实际充当着与媵妾同样的角色。④

宋代上层社会这种选择乳母的严苛条件对后世影响深远。如元代刘一清的《钱塘遗事》载："宋度宗庚子岁生于八大王府，日夕啼嚎不已，更数乳母，多获遣。"⑤ 清代皇室乳母不仅要求是旗人，且要刚刚生养过，更要体格好、相貌好。⑥ 然而，这些严苛标准却都要落脚于乳母能

---

① 潘钰华：《唐代乳母研究》，硕士学位论文，陕西师范大学，2020年。
② 司马光撰，王宗志注释：《温公家范》卷一〇《乳母（保母附）》，天津古籍出版社1995年版，第215页。
③ 江如瑞：《朱熹童蒙道德教育的心理学解读》，《现代教育科学》2012年第4期。
④ 参见程郁《宋代的仕女与庶民女性——笔记内外所见妇女生活》。
⑤ 刘一清：《钱塘遗事》卷五《度宗即位》，上海古籍出版社1985年版，第112页。
⑥ 于善浦：《喝人乳的慈禧》，《紫禁城》1987年第4期。

够提供优良乳汁这一前提条件。亦如李金莲所言:"奶妈以仆婢而受封爵赏,所仰赖者,初为女性的生理特质——健康的乳汁,继则为比拟于母亲的照顾之情。"①

二 职业乳母保育了皇室、上层家庭的幼儿

毫无疑问,贫穷是底层妇女选择乳母职业的首要因素。如《太平广记》记载:"嫁为人妻,生子二人,又属饥俭,乃为乳母。"② 首先,对于宋代多数贫困家庭而言,正如李金莲所言:"乳妇通过出卖自己的乳汁,获得相应的工资及生活待遇,得以养家糊口。"③ 在连年战乱、灾荒不断的情况下,上层社会对乳母的需求无疑为贫困家庭提供了维持生计的重要渠道。其次,对于多数上层家庭而言,只要所育婴儿能够茁壮成长,他们并不会吝惜乳母的日常生活费用。因为只有乳母饮食营养,乳汁方有滋养力,婴儿也才可能健康成长。再次,对于底层妇女而言,成为乳母不仅意味着自己日常生活得到极大改善,更重要的是,再没有比充当乳母更易于接触上层社会并建立直接联系的机会了,这有可能改变整个家族的命运。

(一) 服务于皇室的职业乳母

恰如程郁所认为,乳母群体十分特殊,有关资料十分缺乏,因此相关研究并不多。④ 从现有史料看,服务于皇室的乳母是留存信息最为丰富与全面的职业乳母群体。尽管内廷乳母是在成千上万乳母中被精挑细选出来的,但讨论皇室乳母的职业状态显然为研究宋代乳母提供了

---

① 李金莲、朱和双:《中国古代历史上的奶妈及其社会地位》,《中华文化论坛》2005年第2期。
② 李昉等:《太平广记》卷六五《萧氏乳母》引《逸史》,第407页。
③ 李金莲:《民国时期育婴堂中的乳妇研究》,《中国社会历史评论》第十三卷,天津古籍出版社2012年版,第13页。
④ 参见程郁《宋代的仕女与庶民女性——笔记内外所见妇女生活》。

重要依据。宋代由于多数嫔妃不会亲自哺乳，皇室儿女便多由乳母哺育成人。因此，皇室儿女对母亲的感情便被转移到养护他们长大的乳母身上。在医疗条件并不发达的古代社会，保育幼儿使之健康长大常被视作上层家庭头等大事。而一旦所育皇室子女成为显赫一方的王公贵胄，甚至成为皇帝，乳母便会随之享受极高礼遇。程郁认为许多乳母因此逐渐登上政治舞台。① 司马迁《史记》甚至记载了英明神武的汉武帝都会"乳母所言，未尝不听"。因此这位乳母的子孙便可仗势欺人，横行霸道。②

从宋真宗开始，皇帝乳母大都获得某国妇人的加封美号，有些甚至得到两国妇人封号。而宋代皇帝基本都拥有两名以上的乳母，如仁宗更是有5位乳母的情况亦非孤例。即使乳母过世，其仍旧能够凭借与皇帝的深厚感情为家人带来实在好处。末代皇帝溥仪晚年曾回忆，"皇宫中任何嫔妃的去世所带给他的伤痛，都远不及将他抚养长大的乳母被赶出皇宫时令他悲痛欲绝"③。这也解释了宋仁宗为何会一再追封早已过世的乳母钱氏。钱氏早在天禧二年（1018）九月被封为安吉县君，死后被追封为荣国夫人，至和二年（1055）又被追封为燕国夫人。

如表1所示，宋代对于保育皇室子女长大的乳母均礼敬有加，其夸张程度"甚至仅仅是凭借乳婢自谓常有乳抱之勤，便特封安平县君，月给钱五十"。由此可见，乳母与皇帝的深厚感情成为改变乳母家庭的重要因素。考察宋代进入皇室尤其是乳哺过历代皇帝的乳母所获得的封赏，便可窥见职业乳母在进入上层社会后获得了极高礼敬。《宋会要辑稿》中大量记载了皇室乳母被封赏的情况。这些极高的礼遇无疑会对社会各阶层产生巨大影响，致使社会底层妇人在生存困窘之际，在刚刚生育之后便选择舍家弃子，成为职业乳母之一员，进入上层社会乃至皇室，对皇室子女悉心照顾，视若己出。职业乳母队伍的快速发展，显然对宋代

---

① 参见程郁《宋代的仕女与庶民女性——笔记内外所见妇女生活》。
② 彭卫：《汉代女性的工作》，《史学月刊》2009年第7期。
③ 溥仪：《我的前半生》，群众出版社1964年版，第81页。

上层家庭保育养护幼儿做出了贡献。但同时伴随乳母数量的较快增长，也助推了原本就已十分严重的民间生子不举问题。

表1　　　　　　　　　　宋代皇帝乳母册封简表

皇帝	乳母	授封尊号	文献出处
太宗	耿氏	始封钜鹿郡夫人；太平兴国二年封陈国夫人。	《宋会要辑稿·后妃三之二九》
真宗	刘氏	初封齐国夫人；至道三年封秦国，咸平元年卒，帝辍朝三日；咸平四年改秦国夫人；仁宗至和二年追封齐鲁国夫人；哲宗元符三年改封荆杨国肃明贤顺夫人。	《宋会要辑稿·后妃三之二九》
仁宗	林氏	天禧五年封福昌县君；乾兴元年追封南康郡夫人；天圣六年进蒋国，徙晋国，加号慈寿福圣；庆历元年进韩国贤和祐君；至和二年八月卒，帝辍朝三日，赠秦晋国祐贤肃夫人；元符三年改封吴越国祐贤肃圣夫人。	《宋会要辑稿·后妃三之三〇》
仁宗	许氏	景祐元年进崇国，四年进齐国，五年加永圣保寿号；至和二年八月卒，帝辍朝三日为制服发哀，追改号肃成贤穆；至和二年赠吴越国夫人；哲宗元符三年改封燕冀国肃成贤穆夫人。	《宋会要辑稿·后妃三之三一》
仁宗	钱氏	天禧二年九月封安吉县君，追封荣国夫人；至和二年追封燕国夫人。	《宋会要辑稿·后妃三之三〇》
仁宗	戴氏	嘉祐二年五月追封崇国夫人	《宋会要辑稿·后妃三之三〇》
仁宗	陈氏	晋国夫人	《宋会要辑稿·后妃三之三〇》
英宗	贾氏	治平四年封韩国夫人，元符三年追封徐国夫人，赐谥"仁良懿格"。	《宋会要辑稿·后妃三之三一》
神宗	张氏	初封永康县郡，治平四年封崇国夫人；熙宁八年封魏国，元丰八年封秦晋国安仁保佑夫人；崇宁五年十二月薨，徽宗于苑中车驾临奠，辍朝三日。大观元年正月赠燕鲁陈国太夫人，赠"体慈履顺"四字，谥号恭懿。	《宋会要辑稿·后妃三之三一》

续表

皇帝	乳母	授封尊号	文献出处
哲宗	窦氏	元丰八年封安康郡夫人，元祐四年封庆国夫人，绍兴二年封魏国，加号"福康惠佑"；崇宁元年封楚越国；崇宁四年卒，赠韩燕国夫人，加"勤惠肃穆"四字。	《宋会要辑稿·后妃三之三二》
	王氏	自谓常有乳抱之勤，特封安平县君，月给钱五十。	《宋会要辑稿·后妃三之三三》
徽宗	刘氏	元符三年封安康郡夫人；建中靖国元年三月封荣国夫人，十二月封秦国夫人，加号安和顺懿；大观二年封燕国，政和六年十二月进封越国，加号安和顺懿静和恭恪夫人；七年正月，改"安和"为"安仁"。	《宋会要辑稿·后妃三之三三》
	王氏	元符三年二月封和义郡君，四月封安定郡夫人；建中靖国元年三月封嘉国，十二月封楚国；政和元年封鲁国，加康靖顺和懿穆夫人；政和三年赠兖国。	《宋会要辑稿·后妃三之三三》
	管氏	崇宁四年七月自陈遇皇帝降生首进御乳，特封县君，月支粮钱五贯。八月添料钱一十五贯文。	《宋会要辑稿·后妃三之三三》
高宗	王氏	原为寿国柔惠淑婉夫人，绍兴五年加"育圣"二字，九年加"和懿慈穆"四字，二十年卒特赠福寿国柔惠淑婉和懿慈穆育圣夫人。	《宋会要辑稿·后妃三之三四》
	吴氏	原为庆国柔懿淑美夫人，绍兴五年加"保慈"二字，九年卒加赠"靖肃"二字。	《宋会要辑稿·后妃三之三四》
孝宗	周氏	绍兴三十二年八月诏为崇国夫人，十一月加"慈良保佑圣寿"六字，十二月十四日薨，乾道二年九月加赠"柔嘉静庄"四字。	《宋会要辑稿·后妃三之三四》
	孙氏	随龙时为红霞帔，乾道二年九月追赠柔静夫人。	《宋会要辑稿·后妃三之三四》
光宗	张氏	淳熙十六年特封吉国柔明慈惠夫人，绍熙三年加"淑谨和顺端懿"六字。	《宋会要辑稿·后妃三之三四》
	徐氏	原为新安郡夫人，绍兴三年追赠宁国夫人。	《宋会要辑稿·后妃三之三无》

皇帝乳母所获得的极高礼遇显然使乳母行业极具诱惑力，成为下层妇女追逐的目标。而如表1所列，高宗对其两位乳母的封赏一度从四字增至六字，最后竟达十字。史料载乳母王氏去世时，高宗给予其皇室乳母中几乎无以复加的尊荣，"辍朝五日，追封福寿国夫人，赐帛三千匹，钱万缗为葬费"①。其家人也得到很好照顾。

《宋会要辑稿》记载皇帝为乳母辍朝并不罕见，少则两日多则五日。宋真宗甚至以庶母的礼遇为其亡故的乳母服丧缌礼。而神宗乳母张氏逝世时不仅得到辍朝三日、身兼三国夫人之美称，更在诏书中称"薨"而非"卒"，"崇宁五年十二月，两朝佑圣安仁保庆荣寿太夫人张氏薨，诏许特于苑中治具，车架临奠，辍朝三日"。从出身下层的皇室乳母我们便可窥见，由于悉心养育了皇室的下一代，其间所培养起的感情使得她们自己、家人甚至整个家族随之改变了命运。

（二）进入上层家庭的职业乳母

即使不能进入皇室，哪怕成为上层家庭的乳母，也同样能够为自己以及整个家族带来契机。倘若乳哺过达官显贵家庭中的女孩，而女孩最后进入皇宫，甚至得宠，乳母也有机会获得更高尊荣。如宋仁宗宠妃张氏，其乳母贾氏正是由于张氏得宠才被朝中大臣尊称"婆婆"。

此外，皇子、公主、宗室成员的乳母同样能得到较高封赏与恩荣。宋时亲王乳母同样能被封为郡君，《宋会要辑稿》载，"太宗至道三年，楚王乳母刘氏封彭城郡君"。

在宋代，皇室乳母尚能留下一定文献记载，普通乳母身影则被隐匿于浩瀚的历史记载中。但通过详细梳理宋代笔记文献，我们也可梳理出一些关于普通乳母的记载。如苏轼为其乳母所作的墓志铭。而洪迈《夷坚志》中关于乳母的记载似乎更具说服力，笔者大致梳理相关内容共得12条（见表2）。

---

① 李心传：《建炎以来系年要录》卷一六一，绍兴二十年六月丙辰，中华书局2013年版，第2615页。

表2　　　　　　　　洪迈《夷坚志》中民间乳母记载

序号	乳母	记述情节	出处
1	乳母高氏	南城邓礼生子，雇田佣周仆妻高氏为乳母。（有明确雇佣记录）	《夷坚支志》卷六《高周二妇》
2	乳媪李枢妻	重义郎李枢妻之乳媪，好以消夜图为博戏。	《夷坚志》丙志卷第七《蝇虎报》
3	乳媪崔婆	东平梁氏乳媪崔婆，淄州人，为宣义郎元明乳母。	《夷坚志》乙志卷第九《崔婆偈》
4	孟广威家乳媪	孟未有子，忽生男，求乳媪甚急，责讯牙侩，且须姿质堪采盼者，诸侩并力募，方得一人。（有明确雇佣记录）	《夷坚志》三志辛卷第四《孟广威猕猴》
5	朱家乳母	随主家迁徙，客死于异乡。（一直跟随主家）	《夷坚志》丙志卷第十一《朱氏乳媪》
6	赵家乳媪	淳熙之末，江东第五副将赵士，以寓家寺中，老乳媪挟其五岁儿入殿瞻看。	《夷坚志》三志辛卷第七《阎大翁》
7	乳母赵氏	潭州宗室赵太尉家乳母赵氏，受眼疾折磨。	《夷坚志》再补《卖药媪治眼虫》
8	乳媪燕氏	晏元献家老乳媪燕氏，在晏氏数十年，一家颇加礼。（跟随主家数十年）	《夷坚志》甲志卷第十六《晏氏媪》
9	耿愚家乳婢	一女子，独行至一桥，迷失路，为牙媪引去，卖与医官耿愚为乳婢。（有明确买卖记录）	《夷坚志》丙志卷第八《耿愚乳婢》
10	乳母石氏	京师民石氏之孙女，后为吴燕王孙女乳母，受邑号。	《夷坚甲志》卷一《石氏女》
11	乳母陈氏	李元佐以绍兴十六年鉴建州丰国监，生女子，买民妻陈氏为乳母。（有明确买卖记录）	《夷坚支志》卷七《李氏乳媪》
12	乳母高氏	南城邓礼生子，雇田佣周仆之妻高氏为乳母。时其夫已亡，与恶少年通奸，至于孕育，虑为人所讼，溺杀儿。（明确乳母不举子记载）	《夷坚支志》卷六《高周二妇》

宋代多数乳母，终其一生都未曾离开过主家。上述乳母多数很可能是从年轻时刚刚有所生养，便丢下了自己的孩子，并一直陪伴乳子直到

其成人。甚至更多的乳母进入上层家庭后便不再返回自己家中，一直照顾了主家几代人。如表3所举苏轼乳母，"事先夫人三十有五年，工巧勤俭，至老不衰。乳亡姊八娘与轼，养视轼之子迈、迨、过，皆有恩劳"。又如黄庭坚乳母，"维汝乳母，乳我三子"。楼鑰乳母，"卒老于家"。正因如此，乳母才与被其哺乳长大成为朝中重臣或一代文豪的乳子感情深厚。事实上，她们只是成千上万乳母中被记录下的幸运者，更多一生服务于主家的乳母均未能在历史上留下任何印迹。而在笔者看来，每位乳母早已将主家视作自家，却对原本属于自己的家庭与子女无暇顾及，因而多有生子不举者。

表3　　　　　　　　宋代名臣礼敬乳母举例

序号	名臣	记述情节	出处
1	唐宋八大家之韩愈乳母李氏	韩愈为其作墓志铭，"时节庆贺，辄率妇孙列拜进寿。年六十四疾卒。……刻其语于石，纳诸墓为铭。"（明确记载终老于主家）	《韩昌黎文集》卷七《乳母墓铭》
2	真宗、仁宗时名臣王曾乳母朱氏	真宗时封乳母朱氏为福昌县太君，"事诸父、诸母、乳母，尽其孝谨"。	朱熹《朱子全书·五代名臣言行录》卷五之一
3	唐宋八大家之苏轼乳母任氏	乳母任采莲，苏轼为其作墓志铭："生有以养之，不必其子也。死有以葬之，不必其里也，我祭其从与享之，其魂气有无之也。""事先夫人三十有五年，工巧勤俭，至老不衰。乳亡姊八娘与轼，养视轼之子迈、迨、过，皆有恩劳"。（明确记载终老于主家）	《苏轼文集》卷一四八《乳母任氏墓志铭》
4	宋代文学家黄庭坚乳母姓氏不详	维汝乳母，乳我三子。（乳三子，应终老于主家）	《黄庭坚全集》别集卷一三《母寿光县太君祭非熊文》
5	宋代文学家楼鑰乳母刘氏	乳母刘氏，本中原人，钟爱子孙，亡妣待之甚厚，卒老于家。（明确记载终老于主家）	楼鑰《攻媿集》卷八五《亡妣晋抗郡太夫人形状》

续表

序号	名臣	记述情节	出处
6	神宗时丞相陈升之乳母叶氏	丞相念乳母恩，封叶夫人崇安郡太君，又官其子孙。	刘宰《漫塘集》卷三三《陈府君行述》
7	仁宗时司徒兼侍中冯拯乳母丁氏	久主家事，乞赐封邑。	徐松《宋会要辑稿·仪制一〇之二四》
8	孝宗时户部员外郎，总领浙西江东财赋吴琚乳母范氏	"乞回授乳母范氏特与初封，从之。""乳母范氏七十有九，昨因该遇寿圣皇太后庆七十恩典，陈乞回授已特封孺人……从之。"	徐松《宋会要辑稿·职官六一之二九、三零》
9	南宋名臣周必大乳母姚氏、乳婢永寿	重回故乡，因乳母故去痛哭不已，"予既久失慈训，予之乳母姚氏、乳婢永寿无一人在者，诵无人论旧事之句，坠泪久之"。	周必大《文忠集》卷一六五《归庐陵日记》（周必大有两位乳母）
10	南宋宁宗时御史中丞卫泾乳母杨氏	将乳母杨氏葬于主家之旁，"后十八年，乳母杨氏卜葬兹地"。	卫泾《后乐集》卷一八《安娘圹铭》

整体看，出身下层的乳母原本迫于生计，抛家弃子进入上层社会，由于与乳子培养起深厚感情，便逐渐成为雇主家庭中的重要成员。有些乳母还取得了主人的信任，甚至成为内务主管。有些乳母凭借姿色吸引了男主人，使得她们很大程度上与家中妾婢难以区分，甚至地位略高一等。她们不仅通过从事乳母职业改变了自身处境，更可能由于主人的喜好，成为家人或他人谋求利益与晋升的阶梯。如仁宗皇帝的乳母许氏，不仅为家庭谋得富足利益，且让自己女儿成为皇帝的宠妃，通过她一人的努力为整个家族带来转机。而这些极具吸引力的待遇便成为两宋乳母高度职业化的内在驱动力。

三 对于自身家庭乳母多有生子不举

宋代时,有识之士便已留意到上层社会普遍雇佣乳母,导致职业乳母数量激增,致使民间原本就极为严重的生子不举问题更为严重。如洪迈就曾感慨:"富人有子不自乳,而使人弃其子而乳之;贫人有子不得自乳,而弃之以乳他人之子"①。南宋时袁采亦痛斥:"有子而不自乳,使他人乳之,前辈已言其非。况其间求乳母于未产之前,使不举己子以乳我子。有子方婴孩,使舍之而乳我子,其己子呱呱而泣,以至于饿死。"②

面对因乳母高度职业化而导致的不举子行为,宋代亦有为此提出解决方案者,如程颐:"今人家买乳婢,亦多有不得已者,或不能自乳,须着使人。然食己子而杀人之子,不是道理。必不得已,用二乳而食二子。我之子又足备他处,或乳母病且死,则不能为害。或以势要二人,又不更为己子而杀人子,要之只是有所费。若不幸致误其子,害孰大焉?"③ 程郁教授评价程颐要富人家多雇几名乳母的建议迂腐至极。④

当然,宋代上层社会妇人也有意识到职业乳母之残酷而亲自哺乳者。如宋代周煇《清波杂志》载宋儒特别表彰杨诚斋夫人罗氏:"生四子三女悉自乳,曰:'饥人之子以哺吾子,是诚何心哉!'"⑤ 即使今日看来,母亲乳哺子女也属正常,但在宋代却能得到嘉奖并被记录,这正说明宋代上层妇人哺乳并不普遍。

由于上层妇女普遍不愿亲自哺乳,因此对于所育幼儿,正如李金莲所言,"婴儿之于乳妇,须臾不能相离"。雇主十分在意职业乳母能否认

---

① 洪迈:《容斋随笔》卷五《贫富习常》,汕头大学出版社2013年版,第1038页。
② 袁采:《袁氏世范·治家·求乳母令食失恩》,天津古籍出版社1995年版,第144页。
③ 程颢、程颐:《二程遗书》卷十,上海古籍出版社1992年版,第216页。
④ 程郁:《宋代的仕女与庶民女性——笔记内外所见妇女生活》。
⑤ 周煇:《清波杂志》卷二,上海古籍出版社1991年版,第76页。

真尽职地抚养并教育子女,从而使孩子健康茁壮成长。因此,为有效保证如《妇人大全良方》中所要求的"奶汁浓白",职业乳母几乎都是在刚刚产下婴儿后便抛下自己孩子进入主家。李金莲认为,对于乳母这一职业,无论出于何种原因,只要是在哺乳期间乳汁停断,哪怕只是有了明显减少,都会遭到何时无乳、何时被解雇的对待。① 因此,在各种严苛要求下,职业乳母想将自己子女带入主家共同抚养几无可能。洪迈也提到:"贫人有子不得自乳,而弃之以乳他人之子"②,这正说明乳母是独自进入富人家庭的。

通常情况下,乳母与雇主是明确的雇佣关系,且多数会签订契约。李焘《续资治通鉴长编》记载宋神宗元丰七年(1084)御史呈报:"杭州张诜部下雇乳婢,留三月限已满,其夫欲取之。诜乃言原约三年。其夫诉于转运副使许懋,取契照验,实三年也。"③ 又载哲宗元符二年(1099),"京师富民程奇者,家有六岁小儿,其乳婢求去,奇不许"④。可见这位乳婢应该服务了足足六年。通常婴儿断奶需两三年,在此期间乳母便与乳子逐渐培养起深厚感情。于是,很多乳母便一直担负起抚养孩子的责任,不少都将孩子养护至成年。如表3所举终老于主家的乳母亦不在少数。因此,多数乳母无暇顾及自己的孩子。

整体而言,乳母们期待能够一直在一个富有的上层家庭从事哺乳、抚养工作。因此,程郁认为,一直服务于上层社会的职业乳母会不时回家,在与丈夫生育完孩子后,便会扔掉。⑤ 尽管这种说法看似残忍与极端,但当职业乳母形成较大规模后,弃婴杀子便在所难免。

除此之外,宋代文献还透露出乳母在主家一般佣期都很长,像上文所举三五年即是短期,更多情况是将自身卖予主家。宋代王明清的《玉照新志》记载:"王磐安国,合肥人,政和中,为郎京师。其子妇有身,

---

① 李金莲:《民国时期育婴堂中的乳妇研究》,《中国社会历史评论》第十三卷,第13页。
② 洪迈:《容斋随笔》卷五《贫富习常》。
③ 李焘:《续资治通鉴长编》卷三百四十五,神宗元丰七年五月丁卯,第8294页。
④ 李焘:《续资治通鉴长编》卷五百十,哲宗元符二年五月戊辰,第12147页。
⑤ 参见程郁《宋代的仕女与庶民女性——笔记内外所见妇女生活》。

卷二 "妇人乳婴"形象身份考

访乳婢,女侩曰,'有一妇人,夫死未久,自求售身。'安国以三万得之"①。而当雇主不再需要买来的乳母时,甚至可将其出售,或赠予他人。《续资治通鉴长编》载哲宗初年韩缜将自家乳媪赠予联姻的邓润甫。可见,乳母实际已成为上层家庭的一个私产,可买卖也可赠送。而文献所见更多的是哺育了主家几代人后终老于主家的老乳母形象。无论哪种情况,她们试图照顾、陪伴,哪怕只是偶尔见到自己孩子及家人都十分难得。因此,她们所生育孩子的命运必然令人担忧。

还有一种情形,是上文提及的以奴婢与女佣充当乳母。寺观女婢在两宋之前已是乳母重要来源,刘琴丽认为:"寺观奴婢和雇佣成为唐代乳母的新来源,其社会角色除传统的乳哺、参与家务劳动外,还有辅助教育的功能。"② 黄清连也关注到无论宫廷还是民间,唐宋以降以婢仆充任乳母的情况十分突出。③ 而进入两宋后,尽管奴婢仍是乳母的重要来源,但仅凭她们已难以满足中上阶层对乳母的大量需求。于是,出身下层的民间妇女大量进入乳母职业群体。

随之而来的问题便是,女婢与佣人为实现哺乳条件所生养的孩子会被如何处理?程颐说:"然食己子而杀人之子,不是道理",实际已说明结果。尤其寺观女婢,当她们进入上层家庭后,自己的子女更大可能便是被遗弃甚至溺亡。更需关注的是上文所述哺育了主家几代人的乳母,她们很可能多次生子不举。

最常见的应是两种情况:第一,作为女婢,为能一直充当一个富有家庭中的乳母角色,可能会回家一段时间与自己丈夫生下孩子后,再重新回到雇主家。但这段时间雇主很可能由于不愿等待而另雇她人。因此,第二种情况便是,不排除她们原本就是通过与男主人或者雇主家的男仆保持暧昧关系以维持其乳母身份。程郁就认为宋代充当乳母的女婢在很

---

① 王明清:《玉照新志》卷三,全宋笔记(第六编),戴建国整理,大象出版社2013年版,166页。
② 刘琴丽:《论唐代乳母角色地位的新发展》,《兰州学刊》2009年第11期。
③ 黄清连:《唐代的雇佣劳动》,《"中研院"历史语言研究所集刊论文类编》,中华书局2009年版,第416页。

多情况下是与家中男主人存在暧昧关系的,她们甚至给这个家庭带来子孙血统上的困惑与烦恼。①

如果是上述第一种情况,这当然是残忍的,她们的子女至少是被留在家中。幸运者被他人以米汤等食物养育,不幸者则会被赠送、买卖,更不排除被遗弃、饿死、溺亡之可能。作为婢女出身的乳母更有可能与家中男主人甚至男仆私通后生育。由于违背伦理纲常,且要承受流言蜚语,所生孩子名分又难以被家族认可,尤其难以被女主人及其他女眷接受,因此不可避免会遭到遗弃与溺杀。宋代洪迈《夷坚志》中便有妇人与"恶少"通奸后溺杀婴儿成为乳母的记载,"南城邓礼生子,雇田佣周仆之妻高氏为乳母。时其夫已亡,与恶少年通奸,至于孕育,虑为人所讼,溺杀儿"②。无论上述哪种情况,宋代规模庞大的职业乳母群体必须通过不断生养以保持乳汁的充沛。而她们所生育子女无论被怎样处置,结果都不会圆满。综合来看,更大可能是被赠送、买卖、遗弃、溺亡,甚至饿死。

结　语

在宋史研究领域中,尽管学界对两宋乳母高度职业化与民间严重生子不举问题均投注了关注目光,但现有研究却普遍忽略了二者之间的必然联系。由唐入宋,伴随上层妇女普遍不愿哺乳,以及政府慈幼机构也在寻求乳母,使得乳母群体呈现高度职业化,并快速发展。而乳母的职业特点,首先要求她们必须有所生养才能分泌乳汁,从而进入主家从事哺乳育儿工作。她们大多会跟雇主签订年限明确的契约,有些乳母甚至抚养了一个家庭的几代人,最后终老于主家。在此过程中,她们需要不断生育才能保证职业身份,而她们想要将自己孩子带入主家则几无可能。

---

① 参见程郁《宋代的仕女与庶民女性——笔记内外所见妇女生活》。
② 洪迈撰,何卓点校:《夷坚志·支甲》卷六《高周二妇》,中华书局1981年版,第57页。

卷二 "妇人乳婴"形象身份考

乳母的另一重要来源是寺观女婢与家中女佣，她们的身份则更为尴尬，所生育孩子由于违背伦理世俗多数都被遗弃。

尽管乳母职业颇不人道，甚至残忍，但伴随上层社会对乳母需求量的不断扩大，以及乳母行业较大利益的驱使，底层妇女仍旧跃跃欲试。她们通过不同方式获得生育机会，但多数却生子不举，她们更需要的只是为了分泌乳汁。其所生育的儿女，幸运者会被留在家中由他人以米汤等食物养大，更多的则是被赠送、买卖、遗弃，甚至被溺亡、饿死。宋代乳母的高度职业化尽管在很大程度上养护保育了上层社会家庭的子女，对于宋代人口发展有一定推动作用，但每个职业乳母背后却也很可能隐藏着一个甚至多个生子不举的悲剧。她们在很大程度上助推了宋代原本就已十分严重的民间生子不举现象，并对当时社会造成很大负面影响。

乳婴育儿还是驱病避瘟

——宋代李嵩《骷髅幻戏图》图像功用新探

南宋院画家李嵩《骷髅幻戏图》因耐人寻味的画面内容，引起学界持续关注。然而，一方面，由于现有史料与文献难以对画作诸多费解之处进行充分解读，因此至今学界仍未对之形成较具信服力的结论。另一方面，由于画中大小骷髅太过引人注目，以至于学界对其诠释多数聚焦于骷髅幻戏，从而明显忽略了画中其他重要信息。而本文则尝试从被学界明显关注度不足的画中"妇人乳婴"形象切入，结合两宋历史与文化语境，首先质疑学界普遍认为的画中女子是普通家庭妇女在哺乳自己的孩子的观点。在讨论了学界有可能对画中"妇人乳婴"形象所产生的学术误读基础之上，引申出《骷髅幻戏图》的图像寓意与创作意图，进而考证该画作很可能被学界忽略的史学信息。

南宋院画家李嵩名作《骷髅幻戏图》（图1）备受学界瞩目，该画绢本设色，团扇，纵27厘米、横26.3厘米，现藏于故宫博物院。因耐人寻味的画面内容，该画作一直备受学者们关注。从画面情景构建与图像元素考证，本文梳理了相对丰富的史料文献。深入考察则发现，多数研究者对该画作的解读均将关注点锁定于画中"骷髅幻戏"，且习惯以一种看图说话式的解读方式将骷髅与死亡进行直接联系，因而较易陷入解读误区。而另一趋于一致的观点则认为《骷髅幻戏图》中的"妇人乳婴"形象是宋代普通妇人在哺乳自己的孩子（图2），这几乎成为学界共识。但笔者对此持谨慎态度。

卷二 "妇人乳婴"形象身份考

图1 李嵩《骷髅幻戏图》

图2 李嵩《骷髅幻戏图》局部

本文试从被学界研究关注度明显不足的画中"妇人乳婴"形象切入，通过结合《骷髅幻戏图》产生的社会历史背景及图像学元素，尝试探究作品背后可能被忽视的史学信息。

一 《骷髅幻戏图》中"妇人乳婴"身份考辨

恰如美国学者伊沛霞在研究宋代女性时所言，"宋朝吸引学者的原因在于它是妇女的处境明显趋向变坏的时代。"[①] 事实上，不只始于宋代。中国古代社会，传统伦理对妇女行为一直有着严苛约束，甚至连女子出门都被视为"非礼"。如早在汉代，便是礼教形成的重要时期。《礼记·内则》曰，"礼始于谨夫妇。为宫室，辨外内，男子居外，女子居内。深宫固门，阍寺守之，男不入，女不出。"[②]《左传》："君子曰：非礼也。妇人迎送不出门（寝门），见兄弟不逾阈（门槛）。"[③] 李清泉认为汉代时墓葬中便已反复出现，且直至宋金时期仍被大量沿袭与应用的"妇人启门"形象（图3、图4），正是上述思想的反映。而该形象也正是从汉代出现了两部女教文本刘向的《列女传》与班昭《女诫》之后才逐渐形成。[④] 如班昭《女诫》便在极力倡导妇女三从四德，汉代更有皇帝对妇人贞节褒奖的明确记载。所以，贾贵荣认为汉代所重视的贞节观实际正体现在妇人对丈夫的忠贞程度上。[⑤]

中唐之后，以韩愈为代表的士大夫文人开始推崇重振儒学，这为宋代儒学的再度复兴开启了前奏，也为规范并约束女性行为培植了土壤。李清泉认为中唐以后儒学与礼教的复兴与结合，再次开启了对于女性行

---

① ［美］伊沛霞：《内闱——宋代妇女的婚姻和生活》，胡志宏译，第5页。
② 陈戍国点校：《周礼·仪礼·礼记》，岳麓书社1989年版，第394页。
③ 杨伯峻注：《春秋左传注》（修订本）第一册，解释妇人迎送不出门（为寝门），见兄弟不逾阈（为门坎）。中华书局1990年版，第399页。
④ 李清泉：《由图入史——李清泉自选集》，第250—282页。
⑤ 贾贵荣：《宋代妇女地位与二程贞节观的产生》，《山东社会科学》1992年第3期。

图3 东汉四川芦山王晖前挡"妇人启门"画像

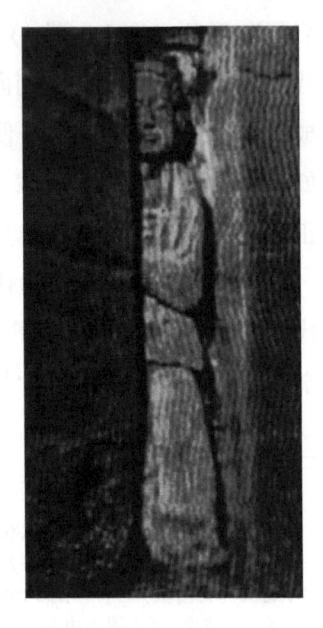

图4 河南禹县白沙1号宋墓后室北壁砖雕"妇人启门"像

为规范的又一次风潮。①自唐玄宗时起,《女孝经》再度风行,以至于后蜀名画家石恪都为之专门配成《女孝经像》八则。唐德宗以后,宋氏姐妹的《女论语》更具典范意义,其开篇即曰,"凡为女子,先学立身,……内外各异,男女异群;莫窥外壁,莫出外庭。出必掩面,窥必藏形。"②此后薛蒙妻的《续曹大家女训》、杨氏《女诫》等女性行为规范读本又陆续问世,逐步形成了唐宋以来对女性行为愈发严苛的约束规范。

至宋代,女性社会地位与行为准则更受到多方制约,甚至个体行为都被严格规定在有限的空间内。高世瑜认为,"宋代礼教比之唐代有所发展,于女教却无大发明,没有留下什么成果,而整肃家庭,约束男女两性的家法却空前兴盛起来。"③司马光《涑水家议》《家范》、魏了翁《鹤山集》、戴侗《六书故》中均包含大量在"家规""家范"约束之下的女教内容。以上文献几乎都同时收录了宋代与儿子说话都不出寝门的女教典范敬姜的故事。尤其司马光的《涑水家议》在阐释《礼记》的基础上,更对男女内外之别做出严格规范,"凡为宫室,必辨内外。深宫固门,内外不共井,不共浴堂,不共厕。男治外事,女治内事。男子昼无故不处私室,妇人无故不窥中门,男子夜行以烛,妇人有故身出,必拥蔽其面。"④

以上引证意在说明,在上述社会环境下,笔者不得不对学界一致认为李嵩《骷髅幻戏图》中的"妇人乳婴"形象是母亲在当街哺乳孩童的论断产生怀疑。

一方面,程朱理学进一步确立了一系列社会规范,进而构筑起宋代社会的伦理道德与行为准绳。贾贵荣认为宋代社会现实和儒学重建迫使二程选择伦理观作为建立思想体系的重点,其中对女性的要求尤

---

① 李清泉:《由图入史——李清泉自选集》,第268页。
② 《宋尚宫女论语·立身章第一》,台湾商务印书馆1986年影印本,第39页。
③ 高世瑜:《宋氏姐妹与〈女论语〉论析——兼及古代女教的平民化趋势》,载邓小南主编《唐宋女性与社会》(上),上海辞书出版社2003年版,第156页。
④ 司马光:《涑水家议》,《说郛》卷七十一,《景印文渊阁四库全书》第880册,上海古籍出版社1987年版,第50页。

卷二 "妇人乳婴"形象身份考

为严苛。另一方面，在二程的伦理观中，关系到家庭安危的夫妇之伦成为中心论题。① 不少研究者都注意到宋代男子纳妾比较随意，并且对女性提出了更多角色要求，制定出许多不利于女性的规则。如，"夫有出妻之理，妻无弃夫之条"。② 程颐说，"妻不贤，出之何害？……妻有不善，便当出也。"③ "女子十年不出，恒居内也。""妇人送迎不出门，见兄弟不出阈（门槛）。"④ 在此背景下，宋代妇女很难有随意且出格行为。亦如李清泉所言，"宋代，'妇人治寝门之内'，已经成为一个相当具有普遍意义的伦理共识。"⑤ 伊沛霞也认为，"古代社会多数妇女的活动场所是在家庭以内的"。⑥ 因此，当街哺乳，尤其当着远道而来的表演艺人或市担货郎袒胸喂乳，对于宋代普通家庭女性而言可能性极小，甚至难以想象。

此外，在宋代新儒学家们看来，家庭和睦与伦理道德有序成为社稷稳定与天下久治之根本。因此他们尤其强调夫妇之伦的重要性。如二程提倡，"天地，万物之本。夫妇，人伦之始"；"有天下国家者，未有不自齐家始。"⑦ "推一家之道，可以及天下，故家正则天下定矣。"⑧ 这实际仍是对儒家经典《大学》中"齐家治国平天下"的继承与发挥。尽管上述观点在一定程度上也强调，夫妇二者应在彼此尊重前提之下维系家庭伦理与社会道德。但当进一步阐释该如何才能稳定夫妻关系时，却又主张妇女应绝对服从于丈夫，"妇人以从为正，以顺为德"⑨ "男女有尊卑之序，夫妇有唱随之礼，此常理也"⑩。

---

① 贾贵荣：《宋代妇女地位与二程贞节观的产生》，《山东社会科学》1992 年第 3 期。
② 周明峰校译：《名公书判清明集》之《婚嫁·妻以夫家贫而忕离》，法律出版社 2020 年版，第 167 页。
③ 《河南程氏遗书》卷一八《伊川先生语四》，山东人民出版社 2020 年版，第 276 页。
④ 司马光：《家范》卷一，《景印文渊阁四库全书》第 696 册，第 661 页。
⑤ 李清泉：《由图入史——李清泉自选集》，第 270 页。
⑥ ［美］伊沛霞：《内闱——宋代妇女的婚姻和生活》，胡志宏译，第 6 页。
⑦ 程颢、程颐：《二程遗书》卷四，上海古籍出版社 2020 年版，第 112 页。
⑧ 程颐撰，孙劲松、范云飞、何瑞麟译注：《周易程氏传译注·家人》，第 268 页。
⑨ 程颐撰，孙劲松、范云飞、何瑞麟译注：《周易程氏传译注·随》，第 291 页。
⑩ 程颐撰，孙劲松、范云飞、何瑞麟译注：《周易程氏传译注·归妹》，第 371 页。

因此，作为社会道德与行为规范制定者的宋代新儒学家们，尤其看重妇人守贞的重要性。他们进而认为女性对自身隐秘部位的掩藏与保护，很大程度可被视作守贞之最重要一环。宋儒甚至认为一女只可侍一夫，即使丈夫故去，也应忠贞不渝。"凡人为夫妇时，岂有一人先死，一人再娶，一人再嫁之约？只约终身夫妇也。"① "夫妇之道，不可以不久也。故受之以恒，恒，久也。"② 倘若丈夫去世而妇人再嫁，即为"失节"，并认为"饿死事极小，失节事极大"。③ 然而，恰如程郁所认为，宋代男子大多愿意遵守一夫一妻制，但同时也在不断收纳更多年轻的媵妾与女婢。④

尽管宋代妇女尚未达到明清妇人社会地位之低下程度，但两宋对女性行为与道德准则之约束已极为严苛。司马光甚至认为："若妻实犯礼而出之，乃义也。"⑤ 现有文献可充分证明，这种出妻行为在宋代很多地区都被视为合法。恰如宋史专家朱瑞熙所言，"跟唐代尤其是唐代中叶以前相比，宋代妇女的社会地位有较多的变化，主要表现为夫权得到加强，女权进一步被剥夺。"⑥ 谭志儒研究发现宋代石刻铭文中尚能见到不少针对妇女的家规与乡约。如男子可凭借一些条例直接"休妻"，妇女若出现妇德失当甚至会被处死。因此他认为宋代妇女的一切社会活动应是对于家庭与男性依附之下的外在体现。⑦

上述情形下，尤其到南宋，"男女授受不亲"的观点早已深入人心，礼义廉耻与社会伦理被视作评价女子行为之重要规范。女子见到陌生男子唯恐躲之不及，又岂会袒露双乳当街育婴。李清照的《点绛唇》生动描绘了宋代妇人的谨小与怯弱："蹴罢秋千，起来慵整纤纤手。露浓花

---

① 程颢、程颐：《二程遗书》卷二十二下，第1261页。
② 程颐撰，孙劲松、范云飞、何瑞麟译注：《周易程氏传译注·恒》，第221页。
③ 程颢、程颐：《二程遗书》卷二十二下，第1261页。
④ 程郁：《宋代的仕女与庶民女性——笔记内外所见妇女生活》，第33—42页。
⑤ 司马光著，郭海鹰译注：《家范》卷八《妻上》，上海古籍出版社2020年版，第92页。
⑥ 朱瑞熙：《宋代社会研究》，台北弘文馆1986年版，第1297页。
⑦ 谭志儒：《从宋代石刻看宋代妇女社会地位变化》，《文物鉴定与鉴赏》2019年第6期。

瘦，薄汗轻衣透。见客人来，袜刬金钗溜。和羞走，倚门回首，却把青梅嗅。"① 亦如女性学者李海燕所言，"对于传统中国妇女来说，她们的社会地位更重要的是通过家庭地位以及道德品质来决定的。作为个体的妇女，其社会地位的评价标准往往依据其言行生活的准则。"② 这中肯地表达出一种在考虑到文化语境与社会环境前提下的身份定位。

综上所述，我们基本可以认同，宋代女性甚至连跨出家门的机会都难以获得，又怎会在陌生货郎面前袒胸哺乳。日本学者佐竹靖彦注意到《清明上河图》中之所以找不到女性形象，实际正是宋代男外女内观念的反映。③ 亦如邓小南所指出，"宋代家族门户内外界限的象征意义，强烈地存在于时人的理念之中"④。因此，《骷髅幻戏图》中"妇人乳婴"形象，应无可能是宋代普通家庭妇人当街哺乳。

那么，"妇人乳婴"其合乎社会伦理与角色定位的真实身份应是什么呢？

二 《骷髅幻戏图》中"妇人乳婴"身份认定

从画中人物衣着考辨，学界基本认同《骷髅幻戏图》中人物服饰并非中下阶层。于是，我们尚需了解的是宋代另一被学界普遍认同的社会现象，即宋代中上层妇女为自我保护而不愿亲自哺乳。程郁一直专注宋代女性研究，并注意到宋代上层社会妇女不亲自哺乳的情况十分普遍。总结原因，则主要有急于再次怀孕，怕哺乳损伤身体耗损元气，觉得哺

---

① 张健雄、易畅：《唐宋词百首浅析》，湖南教育出版社1985年版，第126页。
② 李海燕：《论传统中国妇女社会地位评价的层次与维度》，《西部学刊》2016年第7期。
③ [日] 佐竹靖彦：《〈清明上河图〉为何千男一女》，载邓小南主编《唐宋女性与社会》（下），第785—826页。
④ 邓小南：《从考古发掘资料看唐宋时期女性在门户内外的活动》，载李小江等《历史、史学与性别》，江苏人民出版社2002年版，第199页。

乳过于辛劳麻烦等。① 传统中医认为，乳汁是从血脉之中产生的，因此，宋代陈自明《妇人大全良方》记载，"产乳众则血枯杀人"。"世俗之家，妇人产后复乳其子，产既损气已甚，乳又伤血至深，蠹命耗神，莫极于此"。② 宋代周辉《清波杂记》中还特地赞扬了杨诚斋夫人罗氏亲自哺乳，"生四子三女悉自乳，曰：'饥人之子以哺吾子，是诚何心哉！'"③ 妇人亲自哺乳在今日看来极为正常，但在宋代却能受褒扬并被记载，可见宋代上层妇人哺乳确不常见。

上述背景下，便导致宋代乳母作为一种职业，普遍存在于中上层家庭。不少富庶之家，甚至雇佣多名乳母。对此，学界多有关注，如方建新、徐吉军《中国妇女通史·宋代卷》记载皇室，贵族，甚至慈善机构，都大量雇佣乳母。④《宋会要辑稿》也记载，"当是时有司观望，奉行失当，于居养、安济皆给衣被器用，专雇乳母及女使之类，资给过厚。"

宋代中上层家庭主要通过专门女性中介"牙嫗"寻找乳母，这证明职业乳母应该是对自己身份进行了明确界定，否则中介难以寻找到她们。乳母往往出身寒微，文化水平不高，成长环境不好，更未受过严格礼教训练。尽管进入上层家庭后，饮食、衣着有了较大改善，但生活方式仍较为随意。因此程郁认为宋代乳母多出身下层，即使不哺乳时褥裙领口也会拉得很低，露出丰乳或胸部微露并不会让她们觉得难为情。⑤

刘琴丽还认为宋代乳母作为一种职业在逐渐商业化，尤其是皇室和贵族的乳母主要来源于奴婢，属贱民阶层，身份地位低下。⑥ 现有文献甚至还证明宋代职业乳母生活颇为混乱，很多家庭出现问题常与乳母的介入有关。司马光说："乳母不良，非惟败乱家法，兼令所饲之子，性

---

① 程郁：《从大足石刻观察宋代一些特殊的劳动妇女》，《中华文史论丛》2020年第4期。
② 陈自明：《妇人大全良方》卷一《精血篇第二》、卷一二《妊娠漏胎下血方论第五》、卷一六《坐月门》，中国医药科技出版社2018年版，第62、189、216页。
③ 罗大经撰，王瑞来点校：《鹤林玉露》丙编卷四《诚斋夫人》，中华书局1983年版，第309页。
④ 方建新、徐吉军：《中国妇女通史·宋代卷》，杭州出版社2011年版，第204—213页。
⑤ 程郁：《从大足石刻观察宋代一些特殊的劳动妇女》，《中华文史论丛》2020年第4期。
⑥ 刘琴丽：《论唐代乳母角色地位的新发展》，《兰州学刊》2009年第11期。

卷二 "妇人乳婴"形象身份考

行亦类之"。① 她们多数身材丰满、体格健硕、不拘礼节，且具有成熟女性的诱惑力，较之宋代普通家庭妇女纤细、修长、胸脯扁平的身材，乳母对于男主人常常更具"诱惑力"。程郁甚至认为，由于不少乳母生活较为随意，在与家中男主人有特殊关系后，甚至会给主家带来子孙血统上的困惑与家庭伦理上的混乱。② 无论怎样，至少能够确认的是作为高度职业化的乳母，其身份应是街坊四邻普遍知晓的。加之出身下层，缺乏上文所述良好且严谨的女教规范，因此她们能够大方随意地当街哺乳，并不觉羞涩与难为情。

现有文献证明，乳母作为专门创作主题，从唐代起便可能得到重要艺术家的青睐。如《宣和画谱》载唐代人物画家："张萱，京兆人也。善画人物，而于贵公子与闺房之秀最工。……旧称萱作《贵公子夜游》《宫中乞巧》《乳母抱婴儿》《按羯鼓》等图。"③ 尽管《乳母抱婴儿图》今已不传，但上述材料至少可以证明以"乳母"为主题，从唐代便已成为一种绘画样式的命名方式。此外，除李嵩《货郎婴戏图》《骷髅幻戏图》的"妇人乳婴"造型外，宋代艺术作品中还存在为数不少的"妇人乳婴"形象，如重庆大足石门山9号（图5）、大足石篆山1号龛（图6）、《素烧喂乳妇人》雕塑（图7）、大足北山122号龛（图8）等。"她们"大多衣领低垂，随意哺乳，与两宋社会对普通女性的礼教约束格格不入，更与宋代绘画中普通女性纤细、瘦弱、文静、内敛的造型明显不同（图9、图10）。尤需注意的是，她们体貌呈现高度相似性，如：面相饱满圆润、衣着宽松、身材肥硕、姿态随意、袒胸露乳，怀抱婴儿坦然哺育。这一类型化特点正与宋代妇科名医陈自明《妇人大全良方》所载乳母选择标准高度吻合："又择乳母，须精神爽健，情性和悦，肌肉充肥，无诸疾病，知寒温之宜，能调节乳食，妳汁浓白，则可以饲儿。"④

---

① 真德秀：《西山读书记》卷二一，《景印文渊阁四库全书》第705册，第644页。
② 程郁：《宋代的仕女与庶民女性——笔记内外所见妇女生活》，第227页。
③ 俞剑华校注：《宣和画谱》卷五《人物之一》，人民美术出版社2017年版，第72页。
④ 陈自明：《妇人大全良方》卷二十四，第659页。

乳婴育儿还是驱病避瘟

图5 大足石门山9号龛中"夫人乳婴"形象

图6 大足石篆山1号龛中妇人育婴形象

图7 (宋)《素烧喂乳妇人》雕塑

图8 大足北山122号龛中妇人形象

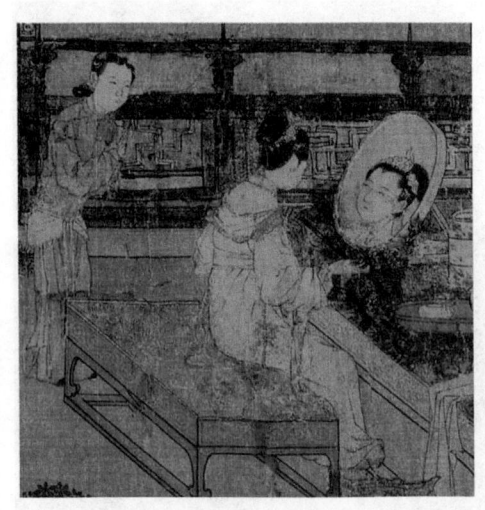

图9　宋代仕女形象（1）　　　　图10　宋代仕女形象（2）

图11　（宋）王居正《纺车图》中"妇人乳婴"形象

需特别说明的是，本文并未将宋代所有"妇人乳婴"形象未作区分而笼统讨论。如王居正《纺车图》中的"妇人乳婴"形象（图11），笔者认同是宋代民间妇女在哺育子女。画中妇人朴实、消瘦、贫困，基本背对观众，只是描绘了一个哺乳动作，并未专门刻画哺乳细节。《纺车图》中妇人显然是因忙于手中活计，而又无奈怀中婴儿饥饿啼哭才背对观者乳婴。且不具备宋代其他"妇人乳婴"形象普遍的丰乳肥臀、圆润饱满、直面观者等特点。

重庆大足石刻题记甚至直接记录了乳母题材，如北塔50号记："奶子等任氏二娘年二十五岁，达妳（同

'奶') 吴氏年二十岁,虎妳口氏年三十六岁,佛保妳王氏年二十八岁,杨僧妳文氏年二十六岁,闰师妳王氏年三十岁,佛儿妳邓氏年二十八岁"。"妳"即"奶"之异体字,为乳母之俗称。《博雅》:"嬭(音乃)妳,国母也,女蟹切。今俗谓乳母为妳,汉人谓母媪姥,凡此皆一音之转也。"① 明代焦竑《俗书刊误》载,"乳母曰嬭,一作妳,俗作奶,按韵书无奶字。"② 程郁教授据此认为,大足石刻中的乳母形象是有着确凿证据的。③

因此,笔者认为"妇人乳婴"形象实际已成为宋代艺术中,一种具有典型性与类型化的图式,其原型应为两宋高度职业化的乳母身份。而该形象趋于一致的造型,则很可能蕴含特定历史时期内的特殊图像寓意。

三 "妇人乳婴"形态溯源及寓意考证

回溯中国美术史中"妇人乳婴"形象,就笔者考察所见,该形象的流传很可能与佛教艺术的传入相关。在佛教传入早期,如汉代,甚至隋唐之前,中国艺术史基本未见该形象。而早在印度犍陀罗时期,乳婴形象即已出现(图12)。梳理现存两宋之前较具代表性的"妇人乳婴"形象,则有新疆克孜尔出土中晚唐诃利帝姆帛画残片(图13),敦煌壁画第158窟中唐鬼子母像(图14),敦煌31窟盛唐乳母图,新疆出土唐绢画《鬼子母》(图17)等。上述形象均具有明显的宗教传播意味。至宋代,较具代表者则有王居正《纺车图》(图11)、李嵩《骷髅幻戏图》(图16)、《市担婴戏图》(图15),以及重庆大足石门山9号(图5)、石篆山1号龛(图6)、雕塑《素烧喂乳妇人》(图7)、北山122号龛(图8)中的"妇人乳婴"等形象。此时,该造型已明显呈现典型性与类

---

① 倪涛:《六艺之一录》卷一九八,《景印文渊阁四库全书》第834册,第384页。
② 焦竑:《俗书刊误》卷十一,《景印文渊阁四库全书》第228册,第579页。
③ 程郁:《从大足石刻观察宋代一些特殊的劳动妇女》,《中华文史论丛》2020年第4期。

卷二 "妇人乳婴"形象身份考

型化特点，且创作样式与表现媒介亦趋于多样。而"妇人乳婴"形象演进过程中，明显的世俗化倾向，很容易使我们想到该形象应是伴随佛教艺术的世俗化进程演进而来。

追溯印度佛教造像，"妇人乳婴"造型早在犍陀罗时期既已出现，主要为描绘诃利帝姆形象。佛教经典记载诃利帝姆有满足世人生育意愿之职能，可使"女人欲得男女者"，"其国中人民，无子者来求子，当与之子"。①据《根本说一切有部毗奈耶杂事》载，独觉佛现身古印度王舍城，世人歌舞相庆。一怀孕牧牛女也加入庆祝队伍，但因欢舞过猛而致滑胎。众人置之不理，牧牛女遂

图12 印度犍陀罗时期乳婴像

图13 新疆克孜尔出土中晚唐诃利帝姆帛画残片

图14 敦煌第158窟中的唐绘"鬼子母"像

① 佛教经典《诃利帝姆真言经》《佛说鬼子母经》中均有记载。

· 144 ·

图15 《市担婴戏图》　　图16 李嵩《骷髅幻戏图》"妇人乳婴"形象

发誓欲食尽王舍城中小儿。后果投生此地并产五百子，每日捕食城中婴孩。后佛祖释迦欲降伏她，故藏其一子，教其将心比心。随使之幡然醒悟，广散其子于民间，终成孩童守护神。该形象传入中土后俗称鬼子母，为繁殖女神，成为佛教中的幼儿守护神。

由于该故事刚传入中土时较具恐怖色彩，故民间画工常将诃利帝姆描绘得面目可怖。如敦煌壁画第158号窟中唐绘鬼子母形象（图14）。后伴随佛教本土化进程逐渐变得具有亲和力，如新疆克孜尔出土中晚唐诃利帝姆帛画残片（图13），新疆出土唐代绢画《鬼子母》线描图（图17）。

至宋代，当鬼子母被民间逐渐接受为孩童守护神后，便呈现端庄、温和、慈祥的母性形象。更由于对神祇的敬畏与崇拜，诃利帝姆也逐渐由一开始的亲自哺乳，演进到身旁伴有"妇人乳婴"图像。且身旁妇人

图17 唐代新疆出土绢画《鬼子母》线描图的"妇人乳婴"形象与李嵩
《骷髅幻戏图》中的"妇人乳婴"形象存在明显相似性

表现出身材健硕、圆润丰满、姿态随意、憨厚淳朴等趋同化特点。并与上文所述宋代陈自明《妇人大全良方》所载乳母"精神爽健，情性和悦，肌肉充肥"等特征高度相似。亦如程郁、刘琴丽所认为，由唐入宋乳母愈发呈现群体化与职业化特点。① 如上文所举大足北山122号龛、重庆大足石门山9号龛、雕塑《素烧喂乳妇人》、大足石篆山1号龛中的"妇人乳婴"形象。② 当我们将宋代反复出现的"妇人乳婴"形象进行类型化比较时，同样会发现李嵩《市担婴戏图》《骷髅幻戏图》与上述

---

① 刘琴丽：《论唐代乳母角色地位的新发展》，《兰州学刊》2009年第11期。
② 甚至不少研究者推断该形象与本土送子观音造型相关，限于篇幅及论述主题集中考虑，本文不再阐述。

"妇人乳婴"形象存在高度相似性。

论证至此,基本可推断在宋代多次出现的"妇人乳婴"形象实际已成为一种具有典型性与类型化的图像样式存在于宋代美术史。而对于美术史研究的经验则告诉我们,当某一形象在特定时期内反复出现时,必然蕴含特殊寓意。由于中上层妇女普遍不愿亲自哺乳,致使唐代即已开始的乳母职业化,到宋代趋于普遍。而古代幼童夭折率极高,很多长到七八岁后仍有夭折危险,因此乳母实际成为父母心中幼儿真正的守护神。这也应是重庆大足石刻中"妇人乳婴"形象常出现于鬼子母造像旁的重要原因。因此,该形象在宋代艺术中带有明显类型化与典型性特点,并不断出现,应蕴含明显"保育幼儿"寓意。

与此同时,我们还应留意到,两宋皇室子嗣繁衍一直不盛,子女夭折率居高不下。乳母在养育皇室子女过程中便起到至关重要的作用,许多乳母因此获得极高殊荣,甚至恩泽整个家族。[①] 而《骷髅幻戏图》作者,重要院画家李嵩所经历的南宋光、宁、理三朝,皇子夭亡现象尤为严重。这或许恰恰为我们理解李嵩画中"妇人乳婴"形象,提供了重要依据。

四 皇子早夭、皇室家族病之下的图像祈福

从表1可知,宋代皇室内部一直存在严重皇子早夭问题。两宋皇子夭亡率不仅居高不下,且南宋明显高于北宋。尤其是在李嵩所经历光、宁、理三朝,夭折比率更是惊人,分别为83.44%、100%与75%,而皇子的夭亡率近乎100%。[②] 皇室子女能否顺利长大,不仅关系到皇位的传承与江山的稳固,更关系到皇室的兴衰。可以想见,两宋皇室为保全皇

[①] 参见程郁教授相关研究《从大足石刻观察宋代一些特殊的劳动妇女》,《中华文史论丛》2020年第4期;《宋代乳母与妾的区别及联系》,《上海师范大学学报》(哲学社会科学版)2016年第11期。

[②] 史泠歌:《帝王的健康与政治——宋代皇帝疾病问题研究》,博士学位论文,河北大学,2012年(据《宋史》卷一至卷四七《本纪》、卷二四四至卷二四七《宗室传》、卷二四八《公主传》,《金史》)。

子性命，应是想尽了各种办法。

表1　　　　　　　两宋皇帝子女夭折数量统计

帝号	生育子、女总数	夭折子、女数	夭折占比（%）
宋太祖	子4、女6	子2、女3	50.00
宋太宗	子9、女7	子1、女1	12.5
宋真宗	子6、女2	子4、女1	62.50
宋仁宗	子3、女13	子3、女9	75.00
宋英宗	子4、女4	子1、女1	25.00
宋神宗	子14、女10	子8、女6	58.33
宋哲宗	子1、女4	子1、女2	60.00
宋徽宗	子31、女34	子6、女15	32.31
宋钦宗	子2、女0	子0、女0	0
宋高宗	子1、女5	子1、女3	66.67
宋孝宗	子3、女2	子0、女2	40.00
宋光宗	子3、女3	子2、女3	83.33
宋宁宗	子8、女1	子8、女1	100.00
宋理宗	子3、女1	子3、女0	75.00
宋度宗	子5、女0	子4、女0	80.00
总计	子97、女92	子44、女47	48.15

而从《骷髅幻戏图》作者李嵩供职画院的宁、理朝看，文献载宋宁宗属鲁钝型精神发育迟滞，周密《癸辛杂识》载"宁宗不慧讷于言，每北使入见，或阴使宦者代答"。[①] 和宁宗的鲁钝相比，理宗无子，过继的皇位继承者度宗赵禥精神发育迟滞程度更为严重。[②] 不仅语言能力低下，理解力也很差。《宋史》载，"理宗问今日讲何经，答之是，则赐坐赐茶；否则为之反复剖析；又不通，则继以怒，明日须更覆讲"。[③]

此外，关于宋代皇室内部存在着较为严重且长期的家族遗传病史，一度成为学界研究热点。正如汪圣铎所认为，尽管相较于前代，宋代皇

---

① 周密撰，吴企明点校：《癸辛杂识》，第152页。
② 周密撰，吴企明点校：《癸辛杂识》，第153页。
③ 脱脱等：《宋史》卷四六《度宗本纪》，中华书局1985年版，第892页。

室医疗体系有了较大改观，不仅有专为皇室服务的御医系统，还有兼顾皇室内外隶属太常寺的太医系统。但宋代皇室仍存在严重皇子夭折率居高不下、皇帝寿命不长等问题。① 史泠歌认为和其他朝代相比，宋代皇帝是脑血管疾病发病率最高的群体，如北宋的真宗、仁宗、英宗、神宗，至南宋时高宗赵构亦有与其祖先相似症状，所占比例超过57%。② 不少研究者均认为两宋皇族一直存在长期家族病史。对此，宋朝诸帝即使一开始并未在意，然而时间日久则定会发现，各位皇帝均年岁不大便离世，且生前所患疾病大致相仿。因此，即使是在古代医学检测手段并不发达情况下，亦可判断宋代皇室极有可能患有先天性遗传疾病。史泠歌就认为，"和其他朝代相比，宋代皇帝家族普遍具有肥胖、脑血管疾病、高血压等遗传基因，及压抑的宫廷生活等环境因素影响，使脑血管疾病成为宋代皇帝们最常见的家族病，且具有言语障碍、行动不便等共同特征。"③ 如开国皇帝宋太祖赵匡胤，死因一直备受关注，不少研究者认为并非太宗所害，而是死于狂躁症或脑溢血。如刘洪涛就认为从家族遗传病史的角度出发，宋太祖死于家族性狂躁症和脑出血症状，并不是被宋太宗害死。④ 日本学者荒木敏一则认为，宋太祖是猝死于饮酒过度。⑤ 李寻、李海洋甚至认为赵氏皇族的精神病、脑血管病等家族遗传病拖垮了整个赵宋王朝，并不是"重文轻武"或"君主专制"。⑥

与此同时，许多研究者均认为南宋相较于北宋之所以皇子早夭更为严重，有可能还牵扯到地理与环境因素，包括与宋代江南地区频繁发生的流行病有关。⑦ 尤其不可忽视的，应该还有古代医疗条件的局限性导

---

① 汪圣铎：《宋代社会生活研究》，人民出版社2007年版，第326页
② 史泠歌：《帝王的健康与政治——宋代皇帝疾病问题研究》，博士学位论文，河北大学，2012年。
③ 史泠歌：《帝王的健康与政治——宋代皇帝疾病问题研究》，博士学位论文，河北大学，2012年。
④ 刘洪涛：《从赵宋宗室的家族病释"烛影斧声"之谜》，《南开学报》（社会科学版）1989年第6期。
⑤ [日]荒木敏一：《宋太祖酒癖考》，《史林》38之5，1954年。
⑥ 李寻、李海洋《被疾病拖垮的王朝——大宋》，《天下》2010年第3辑。
⑦ 袁冬梅：《宋代江南地区疾疫成因分析》，《重庆工商大学学报》（社会科学版）2007年第4期。

致了幼年皇子的早夭情况极为严重。而在医疗条件不发达的古代社会，作为皇子看护者的职业乳母，很大程度被视作幼儿守护神。因此以乳母为创作原型的"妇人乳婴"形象，便很自然地被人为赋予了格外明显的保育幼儿意图与祈愿寓意，甚至还被赋予神秘的力量，广为传播。

五　宋代皇室图影造像与祈子宜男

子嗣凋零，皇位后继无人，所选继承者或痴或傻，在赵宋王朝进入风雨飘摇的时期，伴随内忧外患，无异于雪上加霜。南宋首位皇帝高宗赵构，文献载其在南逃途中竟被金兵惊吓到丧失了生育能力，除积极求医问药外，宋史研究专家王曾瑜认为，赵构极其依赖图影造像，求神问卜以期盼生育皇子。[1] 他在宫中设坛祭祀远古时期生育神——简狄。《史记·殷本纪》中记载简狄"见玄鸟堕其卵"，后"取吞之，因孕生契"。也许在高宗看来，生育了商部落先祖契的简狄，或许在某种意义上也开创了伟大的时代，这对于高宗本人似乎具有某种象征意味。[2]《宋史》载南宋始终对祭祀简狄极为重视，绍兴元年，太常少卿赵子画言："自车驾南巡，虽多故之余，礼文难备，至于祓无子，祝多男，所以系万方之心，盖不可阙。"高宗为祭祀简狄而"斋于内殿"，并令秦桧为亲祠使，举办隆重亲祠礼。[3] 即便如此，上天仍未眷顾高宗使之获得一男半女。《宋史》载，"辛未，选宗室子偁之子伯琮育于禁中"；"丙子，复选宗室子彦之子伯玖育于禁中"。[4]

高宗之后，南宋皇室子嗣凋敝几成常态。刘婷玉的研究就阐述了南宋由于皇子早夭极为普遍，造成皇室不断企图使用婴戏图祈福多子。[5] 笔者系统梳理了宋代婴戏图的发展轨迹，发现其与两宋人口变化曲线呈

---

[1] 王曾瑜：《点滴编》，河北大学出版社2010年版，第261页。
[2] 相传简狄为商的祖先，"高辛妃简狄吞燕卵而生契"，于是"后王以为官"。
[3] 详见脱脱等《宋史》卷一百三《礼志六》，第1690页。
[4] 脱脱等：《宋史》卷二十七《高宗纪》，第333、341页。
[5] 刘婷玉：《宋代弃婴习俗研究》，硕士学位论文，山东师范大学，2008年。

明显反方向呼应。即：当北宋人口每年以平均1%比率从立国之初的九百多万增至徽宗时的一亿两千余万时，宋代婴戏图几乎不见发展；而当南渡后人口从一亿两千余万锐减至五千万时，宋代婴戏图却呈现出迥异于历代的爆发式增长。可见图像的象征意味与宣教功能得到了宋代自上而下的高度重视。尤其李嵩供奉画院时的光、宁、理三朝，皇子几乎全部夭折。1210年之前，宋宁宗所生六个皇子均不过周岁即先后夭折，以至于在嘉泰三年（1203）九月，下诏图绘祭祀感生帝、太子星、庶子星以驱邪避祸。此时宋代婴戏图也恰好发展到了历史峰值，这显然不是巧合。施莉亚认为无论是出于政府对收养弃子的救助行为，还是皇室出于祈福多子，此一时期的婴戏图广为盛行，均与此有关。①

黄小峰也认为宋代皇室利用图像进行祛病避祸，祈求延年益寿，多子祈福，逢凶化吉的祈愿行为实际上是十分普遍的。② 今天我们仍旧能够通过考察已有文献了解到两宋皇室为保育幼儿、驱病避祸几乎想尽办法，其中"图影造像"手段最为常见。如北宋时，宋仁宗赵祯由于两位皇子豫王、鄂王均相继夭折，为祈求早生皇子，于景祐四年（1037）二月，"置赤帝像于宫中祈嗣"。③ 哲宗唯一的皇子与三岁的爱女仅隔四日先后夭折，这对哲宗无疑是致命的打击，"自皇子薨，即不御殿，辅臣等同入札子乞对，不许"。④ 在医学条件并不发达的时代，尽管生育孩子对于嫔妃而言十分危险，但是仍然会使整个皇室感到异常兴奋并满怀期待。美国学者伊沛霞就认为宋代内廷孩儿枕的广泛流行与期待生育皇子有关："枕着小孩形状瓷枕躺在床上生育的女人会想到生养孩子的快乐。"⑤ 现存美国克利夫兰艺术博物馆的无款团扇《百子图》，黄小峰认为此图是目前存世最早、最为可信的宋代皇家御制"百子图"⑥。画中不

---

① 施莉亚：《李嵩〈骷髅幻戏图〉研究》，硕士学位论文，南京师范大学，2012年。
② 黄小峰：《繁花、婴戏与骷髅：寻觅宋画中的端午扇》，《浙江大学艺术与考古研究（特辑一）——宋画国际学术会议论文集》，2017年，第196—231页。
③ 脱脱等：《宋史》卷一〇《仁宗纪二》，第202页。
④ 李焘：《续资治通鉴长编》卷五一七，哲宗元符二年冬十月乙巳，中华书局2004年版，第12296页。
⑤ ［美］伊沛霞：《内闱——宋代妇女的婚姻和生活》，胡志宏译，第155页。
⑥ 黄小峰：《公主的婚礼：史学〈百子图〉与南宋婴戏绘画（上）》，《美术观察》2018年第11期。

卷二　"妇人乳婴"形象身份考

仅满布男童，还罕见地绘入了女童形象，因此很可能是皇室授意画院为怀念逝去的某位年幼公主而制。在一种以男孩为传统图式的百子图中，有意绘入女童形象，显然也是出于对皇子与公主健康成长的同等关注。亦可想见南宋时皇室子女夭亡程度之严重。如此情境之下，恰如刘宗迪所认为的，"宋代朝廷甚至将七夕供设摩睺罗纳入了皇家祀典"[①]。同样是服务于南宋宁、理宗时期的院画家陈清波，所绘《瑶台步月图》描绘的正是宫中女眷七夕之夜手捧摩睺罗的祈祷景象，根据摩睺罗众所周知的求子宜男用途，所祈祷内容便可想而知。《宋史》卷一百九《礼志》载，"绍兴十三年二月，臣僚言：窃见元丰五年，神宗始广景灵宫，以奉祖宗衣冠之游，即汉之原庙也……上元结灯楼，寒食设秋千，七夕设摩睺罗……"

六　多子祈福还是驱病避灾

通过上文较为系统的文献梳理与图文考证，基本能够推断，李嵩所绘《骷髅幻戏图》中"妇人乳婴"形象，显然不可能是宋代普通家庭女性在室外，尤其是在陌生人面前哺乳。其可信身份，应是在宋代已高度职业化的乳母形象。上文已述，作为服务于南宋光、宁、理三朝的院画家李嵩，此时，皇室子嗣凋零极为严重。尽管两宋一直处于皇嗣不盛之窘迫境地，然而到南宋中后期，内忧外患，风雨飘摇之下，确保皇室后继有人，江山得以延续与稳固，俨然已经成为统治者首要考虑的关键性问题。换言之，似乎再没有比保育皇室幼子更为重要之事了。

宋代皇嗣很多长到七八岁仍然夭亡，因此，一方面，皇室期待诞生皇子；另一方面，更加期待皇子能够顺利长大。恰如美国学者伊沛霞所认为的，"宋代皇室子女的存活比率并不高，婴儿期存活率基本只有一半，成长过程中，正如宋代一幅呼之欲出的绘画《骷髅幻戏图》所描绘的，死亡似乎总有办法吸引婴儿。"[②] 那么，皇室以保育幼儿为目的驱邪

---

① 刘宗迪：《摩睺罗与宋代七夕风俗的西域渊源》，《民俗研究》2012年第1期。
② [美] 伊沛霞：《内闱——宋代妇女的婚姻和生活》，胡志宏译，第152页。

避祸，祛病防灾，便显得格外重要。

上文已述，在医疗条件并不发达的古代社会，即便是享尽天下资源的皇室，面对死亡依旧束手无策。于是，乳母便扮演起幼儿守护神的重要角色。程郁认为，宋代进入皇室的乳母几乎都享受到了尊贵的礼遇，尤其是养育了皇帝的乳母不仅得到"某国夫人"的尊贵殊荣与封赏，且恩泽家族，使得整个家族从底层跻身上流社会。①

对于《骷髅幻戏图》的绘画性质，历经三朝的重要院画家李嵩，其创作显然不是随意的。邓椿《画继》载，"绘事皆出画院，上时时临幸，少不如意，即加漫垩，别令命思。"便很能说明宋代院画家创作状态十分不自由。而在上文所述皇室频繁使用图影造像进行祈子宜男情境之下，我们应有充足理由相信《骷髅幻戏图》更可能是一幅奉旨之作。

在较为可信的层层梳理之后，图像用途似乎逐渐变得清晰。也使我们大致确信《骷髅幻戏图》应是在皇室授意之下，以祛病辟邪、保育幼儿为用途的奉旨之作。但为进一步辅证上述结论，我们似乎仍需对画中"妇人乳婴"之外的其他元素进一步解读与诠释。

既然《骷髅幻戏图》中傀儡戏承载了图像叙事的重要功能，那么似乎就有必要考察傀儡戏的史学含义。梳理相关文献，可知傀儡戏从产生便一直与驱邪除病、避祸祛灾有直接联系。南宋朱熹《劝农文》载："约束城市乡村，不得以禳灾祈福为名，敛掠钱物，装弄傀儡。"② 卞向阳等研究者也认为，自后晋时的《旧唐书》到唐杜佑所撰《通典》均认为傀儡戏的原始社会功能即是驱除邪煞。至南宋，相关记载则更为常见。孟元老的《东京梦华录》记载了每年清明节，有真人化装成骷髅表演"观杂剧"。《西湖老人繁盛录》亦载，"或为屏风，或做画，或作故事人物，或作傀儡神鬼，驱邪鼎佛。"③ 可见，以傀儡为戏进行防病避祸、驱

---

① 程郁：《宋代的仕女与庶民女性——笔记内外所见妇女生活》，第229—249页。
② 朱熹：《晦庵先生朱文公文集》，北京大学出版社2020年版，第712页。
③ 卞向阳、黄翠、言婷：《以服饰为据的〈骷髅幻戏图〉视觉语境辨析》，《美术学报》2021年第5期。

卷二 "妇人乳婴"形象身份考

邪除灾自古便有，两宋尤甚。而这种带有明显实用意图的活动，既然广泛存在于两宋民间，被历经三朝有着丰富民间生活经历的院画家李嵩绘入画中，其图像的暗示意义与实用目的也就愈发明显。

除此之外，两宋内廷还保留了自唐代便已流行的端午奉扇习俗。宋代徐松的《宋会要辑稿》中便记载了宫廷端午赐扇始于唐代，至宋代已呈制度化，"宋高宗绍兴三十二年（1162）八月一日下诏皇子生日并诸节序，各合取赐物色，除端午扇依已得指挥减半外，余并依元丰令取赐。"① 然而，至少从后唐开始端午扇又被称作"避瘟扇"，后唐冯贽的《云仙杂记·洛阳岁节》中有明确记载，"端午以花丝楼阁插鬓，赠遗避瘟扇。"② 于是，至南宋"端午扇"便有了特定的称谓与形制，大致分为工艺扇、御书扇、画扇三类。因此，《骷髅幻戏图》很有可能就是端午避瘟扇。

所谓"避瘟扇"者，顾名思义，其主要用途即是驱病避瘟。在古代传统认识中，五月为"恶月"，被认为是阴阳相争之时，鬼怪肆虐。《礼记·月令》中记载："五月，日长至，阴阳争，死生分。"东汉王充《论衡》载，"夫毒，太阳之热气也。天下万物，含太阳气而生者，皆有毒螫。"南朝梁宗懔所撰《荆楚岁时记》记载，"五月，俗称恶月，多禁忌。"此外，传统观念认为农历五月初五这天阴阳之气相争，最终阴气胜出，于是鬼魅、邪祟、疫病、百毒、恶热随之而来，在人间猖獗肆虐，所以五月被称为恶月。还认为五月是五毒（蛇、蝎、蜈蚣、壁虎、蟾蜍）活跃的时节。并认为五毒月中，有九个日子最易伤身损气，古人称为"九毒日"。而九毒日正是从五月初五端午日这天开始的。此外，东汉《风俗通义》载："五月五日生子，男害父，女害母"，王充《论衡》也认为："夫正月岁始，五月盛阳，子以生，精炽热烈，厌胜父母，父母不堪，将受其患。"因此，民间多有不举五月子的迷信观念。重视往往源于害怕，端午节庆重要目的即是转"恶"为安。宋代吴自牧的《梦

---

① 徐松：《宋会要辑稿》，中华书局1997年版，第1696页。
② 冯贽：《云仙杂记·洛阳岁节》卷一"端午以花丝楼阁插鬓，赠遗避瘟扇"，《四部丛刊续编》（上海涵芬楼影印常熟瞿氏明刊本）册350。

梁录》也记载五月,"杭城人不论大小之家,焚烧午香一月,不知出何文典"。① 因此,卞向阳与黄小峰都认为宋代端午呈送端午扇,且扇面多绘有孩童嬉戏场景,应该与辟邪祛病、保育幼儿有着直接联系。② 此外,对于《骷髅幻戏图》中表演傀儡戏的大小二骷髅,几乎成为学界关注该作品时的焦点所在。尽管众多学者围绕骷髅与死亡之间直观而明了的联系产生过各种假设与推测,③ 但笔者始终认为学界仍旧未能形成真正具有足够说服力的结论。原因在于多数结论近乎看图说话式研究,未能将图像置于特定历史语境下进行有效且深入的分析。这也正是本文欲从画中"妇人乳婴"形象切入,试图对该画作进行重新解读之初衷。笔者认为,骷髅幻戏的死亡寓意显然明确,过度引申与解读对于研究反倒无益,甚至还会产生误导与曲解。而当两个表演傀儡戏的骷髅出现在刚刚离开襁褓的婴孩面前时,伊沛霞简单而直接的解释似乎更具力量:"死亡总是有办法吸引儿童。"而当理解到这一点,再去关注骷髅背后的"妇人乳婴"形象时,笔者认为本文之前所进行的详细阐释,也就更为可信。

本文还欲特别提及的是,当我们将目光移向李嵩的其他婴戏货郎题材画作时,甚至会有趣地发现,在其作品中竟然频繁出现"妇人乳婴"形象。她们的形象不仅高度相似,且呈现出上文所述的宋代文献所载乳母之典型体貌特征。对于院画家而言,非奉旨焉敢如此。更为有趣的是,当我们将重庆大足石刻中已被公认的以保育幼儿为神职的诃利帝姆神像旁之乳母与李嵩笔下妇人相比较时,居然会发现她们不仅形象高度相似,且身边都围绕各种游戏玩闹的孩童。仿佛大足石刻的保育幼儿雕像,被李嵩搬移到了绢本绘制的画面上。(图18)

---

① 吴自牧:《梦粱录》卷三《五月》,收入《东京梦华录(外四种)》,古典文学出版社1958年版,第157页。

② 卞向阳、黄翠、言婷:《以服饰为据的〈骷髅幻戏图〉视觉语境辨析》,《美术学报》2021年第5期;黄小峰:《繁花、婴戏与骷髅:寻觅宋画中的端午扇》,《浙江大学艺术与考古研究》,2017年。

③ 对于学界从大小二骷髅入手对《骷髅幻戏图》进行阐释的文章,可谓比比皆是,本文不再赘举。

卷二 "妇人乳婴"形象身份考

1

2

3

4

图18 大足北山122号龛中的乳母形象（18-4），与李嵩一系列货郎婴戏题材中的妇人育婴形象（18-1至18-3）高度相似

至于《骷髅幻戏图》究竟是出于多子宜男层面的祈福祝愿，还是出于保育幼童层面的驱病避灾，二者似乎难以明确割离。端午避瘟扇，保育幼童的乳母，装扮成骷髅的死神，防病避祸、驱邪除灾的傀儡戏，图像的意图似乎已十分明显。作为原就充满无限魅力与释读可能的《骷髅幻戏图》，本文之研究或许能为学界开启一种新的解读可能。

结　语

本文关注到学界解读多从《骷髅幻戏图》中的"骷髅幻戏"入手，从而忽略了对其他画面重要元素的深入考证，因而意欲尝试从新的视角对画作进行阐释。无论是着眼于两宋社会环境与历史背景，还是考虑到两宋封建伦理对妇女行为规范之严苛约束，都无法具备充足的证据，使我们相信学界一致认为的画中乳婴妇人是母亲在哺乳儿女。而以下注解则可能会使我们对画中乳婴妇人形成新的认知：第一，宋代上层社会妇人很少亲自哺乳，致使职业乳母高度发展，而乳母的特定身份与职业特点使之衣着举止、行为规范方面明显有别于普通妇人；第二，通过可信文献记载与形象考证，使我们了解到宋代艺术中确实存在着乳母这一创作主题，且该形象明显有别于其他宋画中纤细瘦弱的女性样貌，呈现出肥硕饱满、圆润敦实、趋于类型化与相似性的群体化特征；第三，上述明显趋于一致的体貌特征，与两宋文献所载选择职业乳母之形象要求亦高度吻合；第四，结合宗教艺术中"妇人乳婴"形象之身份考辨、特殊寓意，及其形象演进轨迹，使得图像史学考证变得愈发清晰；第五，当联想到宋代职业乳母在养育孩童时的特殊作用，"妇人乳婴"形象的保育与养护意图便愈发趋于明显。

宋代皇室子嗣凋零之严重，已成学界研究之共识。为养护皇嗣，保育幼童，皇室几乎想尽各种办法。其中以图影造像的方式祈福避祸极为常见，且几乎贯穿两宋之始末。尤其在阴阳相争、鬼怪肆虐、百毒恶热易于侵袭的五月，内庭赐发意在驱病避灾的端午避瘟扇习俗，从唐时一直延续到两宋。而《骷髅幻戏图》中"妇人乳婴"形象的保育意图与"傀儡幻戏"的驱病辟邪作用,同时呈现却又彼此呼应,形成了图像最为实用的创作指向。且其绘画形制、图像内容与情境寓意,更在多个层面上契合了驱病避瘟、保育幼儿的意图。而考虑到李嵩供职画院时的南宋光、宁、理三朝,皇子几乎全部夭亡的史实,该画作无疑应是一幅意在保育皇嗣、驱病避瘟的奉旨之作。

宋代美术史中系列"妇人乳婴"
形象史学探源及身份考证

宋代艺术留存至今有不少"妇人乳婴"形象，既有绢本绘画，亦有雕塑。雕塑者，如重庆大足石篆山1号龛（图1）、大足北山122号龛（图2）、大足石门山9号龛（图3）及雕塑《素烧喂乳妇人》（图4）。

图1 大足石篆山1号龛中"妇人乳婴"形象

采自《大足石刻全集》

图2 大足北山122号龛中"乳母"形象

采自《大足石刻全集》

卷二　"妇人乳婴"形象身份考

图3　大足石门山9号龛中"妇人乳婴"形象
采自《大足石刻全集》

图4　宋代《素烧喂乳妇人》雕塑
采自《宋代的乳医、乳母与生育习俗》

绘画者，如王居正《纺车图》（图14）、李嵩《骷髅幻戏图》（图18）、《市担婴戏图》（图19）等。上述造型多数姿态随意，常大方敞怀喂乳，即便没有哺乳，也常将襦裙领口拉得很低，露出大半个丰满的乳房，肆意宣彰着母性特征。从衣着举止看，她们大多出身下层，显出敦实、勤劳、干练与饱经风霜之态。而宋代"妇人乳婴"造型中妇女丰满的双乳，肥硕的腰臀及略带夸张的姿态，与我们常见的宋代艺术史中内敛、沉静、纤弱，偏于保守的侍女及贵妇形象形成鲜明对比，成为一种具有典型性与类型化特征的艺术形象。然而，该形象却一直未能引起学界充分关注，其背后所蕴含的丰富史学信息与图像寓意也未能得以深入考察与梳理。

一 乳婴形象史学溯源与形态梳理

梳理中国艺术史中的"妇人乳婴"形象，就笔者考察所见，该形象的流传很可能伴随佛教艺术的日趋世俗化倾向演进而来，到宋代呈现创作高峰。在佛教传入中国的早期艺术中，如汉代，甚至更晚的隋代，基本未见"妇人乳婴"形象。而早在印度犍陀罗时期，该形象即已出现（图5）。考察现存两宋之前，中国美术史较具代表性的"妇人乳婴"形象，则有新疆克孜尔出土中晚唐诃利帝姆帛画残片（图6），敦煌壁画第158窟中唐鬼子母像（图7），敦煌31窟盛唐乳母图（图8），新疆交河故城出土唐绢画《鬼子母像》（图9、图10）等（详见表1）。上述乳婴形象，一方面，显然与佛教在中国的传播密切相关，甚至已成为考证佛教在中国本土世俗化演进之有力实证；另一方面，在某一时间段内，特定艺术形象较为有序的形态演进，背后显然蕴含着有待我们深入考察的丰富史学信息与文化价值。

图5 印度犍陀罗时期诃利帝姆乳婴像
美国洛杉矶艺术博物馆藏

卷二 "妇人乳婴"形象身份考

图6 新疆克孜尔出土中晚唐诃利帝姆乳婴帛画残片
采自禅林网

图7 敦煌第158窟中的唐绘"鬼子母"像

宋代美术史中系列"妇人乳婴"形象史学探源及身份考证

图8 敦煌31窟中晚唐乳母育婴像
采自《宋代的乳医、乳母与生育风俗》

图9 中晚唐诃利帝姆乳婴帛画残片
采自中国佛教协会官网

图10 中晚唐诃利帝姆乳婴帛画残片、线描复原图
笔者绘制

· 163 ·

卷二 "妇人乳婴"形象身份考

表1　　　　　宋代及宋之前妇人乳婴形象代表性作品梳理

年代	名称	作者	形象特征	现藏地
初唐	敦煌第158窟唐绘"鬼子母"像	佚名	壁画，描绘佛教中鬼子母形象，鬼子母面貌狰狞可怖，怀中婴儿却饱满圆润、生动可爱	甘肃敦煌
盛唐	敦煌31窟乳母像	佚名	壁画，有两位女性，极可能是女主人与乳母共同抚养幼儿的形象，怀抱婴儿哺乳者应为乳母，面部不甚清晰，画面意境温馨恬静	甘肃敦煌
中晚唐	中晚唐诃利帝姆帛画残片	佚名	帛画，具有明显宗教意味，诃利帝姆形象端庄、娴静，除乳婴姿态外，伴有多名裸体婴戏形象，婴儿比例近于成人	新疆克孜尔
中唐	诃利帝姆麻布画	佚名	麻布画，具有明显宗教世俗化倾向，鬼子母形象恬静温柔，怀抱婴儿手托乳房哺乳，与南宋李嵩《骷髅幻戏图》中"乳婴妇人"颇为相似（图11、图12），四周围绕婴戏场景	新疆交河古城遗址
中唐	《虢国夫人游春图》	张萱	绢本，贵族出游，人物众多，有妇人抱婴形象出现，妇人姿态饱满圆润，已与宋代"妇人乳婴"形象有几分相似	辽宁省博物馆
五代	《浴婴仕女图》	周文矩	绢本团扇，有妇人浴婴形象，伴随婴戏场景，妇人圆润饱满，衣领低垂，与大足石刻中乳母颇为相似，多数学者认为蕴含明显保育养护寓意	美国弗利尔美术馆
北宋	《纺车图》	王居正	绢本绘画，仅描绘乳婴动作未作细节刻画，从人物衣着、形态、体貌看乳婴妇人应为母亲，与乳母有明显区别	故宫博物院
北宋	大足石篆山1号龛中妇人育婴形象	佚名	石刻雕塑，位于诃利帝姆龛中，诃利帝姆怀抱婴孩，带有明显送子寓意，身旁乳母怀抱婴儿，裸露丰满双乳，带有明显保育养护寓意，并伴有孩童嬉戏场景	大足石篆山
北宋	大足北山122号龛乳母	佚名	石刻雕塑，位于诃利帝姆龛中，诃利帝姆怀抱婴儿，身旁乳母呈坐姿，袒露丰满双乳，未抱婴儿，带有明显养护保育意图	大足北山

· 164 ·

续表

年代	名称	作者	形象特征	现藏地
南宋	大足舒城岩 1 号龛乳母	佚名	石刻雕塑，乳母单独出现，丰满圆润，呈现明显趋同化衣着特征，表现出典型风格化样式	大足舒城岩
南宋	大足石门山 9 号龛乳母	佚名	石刻雕塑，位于诃利帝姆龛中，诃利帝姆威严慈祥，身旁乳母怀抱孩童，袒乳育婴，并伴有孩童嬉戏场景，上述形象有学者认为与送子观音形象存在渊源	大足石门山
南宋	大足宝顶大佛湾 15 号龛哺乳养育恩	佚名	石刻雕塑，为父母恩重经变相，与乳母形象存在明显区别，石刻慈觉颂曰："乳哺无时节，怀中岂暂离，不愁肌肉尽，唯恐小儿饥"	大足宝顶大佛湾
南宋	大足宝顶大佛湾 15 号龛生子忘忧恩	佚名	石刻雕塑，为父母恩重经变相，石刻慈觉颂记载明确："初见婴儿面，双亲笑点头，从前忧苦事，到此一时休。"	大足宝顶大佛湾
南宋	《素烧喂乳妇女》	佚名	陶塑，妇人形象衣着随意，袒露双乳，面相憨厚，精神矍铄，怀抱婴儿，哺育婴孩	山东省宁阳县博物馆
南宋	《市担婴戏图》	李嵩	绢本团扇，妇人立于村头，衣着随意，体态丰满，形貌、身姿均呈现宋代"妇人乳婴"形象的典型性与类型化特点，且与文献记载，及大足石刻中乳母形象高度一致，伴有孩童嬉戏场景	台北"故宫博物院"
南宋	《骷髅幻戏图》	李嵩	绢本团扇，乳婴妇人立于五里墩旁，妇人形象与新疆交河古城遗址出土诃利帝姆像，形貌、身姿、服饰均颇为相似（图11、图12），虽不能说明存在沿袭可能，亦不排除此时"妇人乳婴"形象已出现风格化创作趋向	故宫博物院
南宋	《货郎婴戏图》	李嵩	绢本，出现两位立于街头妇人，衣着配饰，体貌身姿，均高度相似，呈现明显类型化创作特征，伴有多名孩童嬉戏场景	故宫博物院
南宋	《货郎图》	李嵩	绢本团扇，街头妇人衣着随意、身材丰满，体貌圆润，与文献所载及大足石刻中乳母形象高度一致，同样伴有孩童嬉戏场景，亦呈现出明显类型化创作特点	美国大都会艺术博物院

· 165 ·

图11 唐代新疆出土绢画《鬼子母》线描图的"妇人乳婴"形象

图12 李嵩《骷髅幻戏图》中"妇人乳婴"形象

宋代美术史中系列"妇人乳婴"形象史学探源及身份考证

对于"妇人乳婴"形象较为集中的出现于唐宋,笔者一直充满探究兴趣,并尝试考证该形象的特定身份与内涵。为使图像考据更具可信度与说服力,便不断尝试从图像之外的留存文字中寻觅更多证据。幸运的是,我们在重庆大足石刻中发现了关于"妇人乳婴"形象的明确文字记载,大足北塔山50号龛石刻题记曰:"奶子等任氏二娘年二十五岁,达妳吴氏年二十岁,虎妳□氏年三十六岁,佛保妳王氏年二十八岁,杨僧妳文氏年二十六岁,闰师妳王氏年三十岁,佛儿妳邓氏年二十八岁。"清代倪涛《六艺之一录》明确记载,"'妳'即'奶'之异体字,为乳母之俗称"。《博雅》称:"嬭,妳,今俗谓乳母为妳,汉人谓母媪姥,凡此皆一音之转也。"① 比较大足宝顶大佛湾15号龛中的父母恩重经变相,会发现二者存在明显不同。后者的石刻慈觉颂文字会明确注明塑造的是父母双亲,如"生子忘忧恩":"初见婴儿面,双亲笑点头。从前忧苦事,到此一时休。"又如"哺乳养育恩":"乳哺无时节,怀中岂暂离。不愁肌肉尽,唯恐小儿饥。"程郁据此认为,大足石刻中的乳母形象是有着确凿证据的。② 明代焦竑《俗书刊误》中则记载,"乳母曰嬭,一作妳,俗作奶,按韵书无奶字"③。这也清楚地告诉我们,上述"妇人乳婴"形象塑造的并非母亲,而是乳母。④ 对笔者考察所见主要"妇人乳婴"形象进行有序梳理,可大致窥见该形象之形态演进概况及相互间影响与借鉴状态(见表1)。

《宣和画谱》载:"张萱,京兆人也。善画人物,而于贵公子与闺房之秀最工。……旧称萱作《贵公子夜游》《宫中乞巧》《乳母抱婴儿》《按羯鼓》等图。"⑤ 这段文献首先应能证明,至迟到唐代,乳母已成为

---

① 倪涛:《六艺之一录》卷一九八,影印文渊阁《四库全书》本,第834册,上海古籍出版社2002年版,第384页。
② 程郁:《从大足石刻观察宋代一些特殊的劳动妇女》,《中华文史论丛》2020年第4期。
③ 焦竑:《俗书刊误》卷十一,影印文渊阁《四库全书》本,第228册,第579页。
④ 对该资料之阐释,可参阅拙文《"妇人乳婴"形象身份考——以南宋李嵩画作为例》,《美术》2022年第10期,本文在此基础上略有增补。
⑤ 俞剑华校注:《宣和画谱》卷五《人物之一》,人民美术出版社2017年版,第72页。

卷二 "妇人乳婴"形象身份考

专门创作主题。尽管张萱这幅《乳母抱婴儿》图今已不传，但上述史料至少能证明以"乳母"为画题，在宋代之前便已存在，甚至已得到如张萱般重要艺术家的青睐。这不禁使我们想起张萱名下，实为宋人摹本的《虢国夫人游春图》。该名作最为吸引观者目光的当然是富贵显赫的贵族车马仪仗，但我们同时也不可忽略画中怀抱婴孩的老妇人（图13），该形象应存在重要参考价值。从其姿态形貌，衣着配饰，行走在队伍中的位次，以及骑在马上仍需怀抱婴孩的举动看，笔者推测她很可能正是文献中曾不止一次出现过的"乳母抱婴儿"形象。

图13 张萱《虢国夫人游春图》中的抱婴妇人
采自中华珍宝网

二 宋代"妇人乳婴"史学形态考辨

梳理学界对宋代李嵩《骷髅幻戏图》《市担婴戏图》,以及王居正《纺车图》(图14、图15)等绢本绘画中的"妇人乳婴"形象之研究,几乎均被认为是母亲在哺育儿女。更有研究者甚至据此进行了大胆推断,认为这种妇女当街哺乳的行为表现出宋代社会的包容与开放,甚至呈现出宋代两性关系的平等与对视。而雕塑中的"妇人乳婴",争议也颇多,或认为是母子哺乳造型,或认为是乳母形象,亦有认定为宗教艺术中之鬼子母者。整体看,上述研究状态缺乏在立足社会学、历史学与民俗学视角下的图像归类式深入考察,因而难以形成较具说服力的结论,甚至许多论断存在明显漏洞。本文立足两宋社会历史语境,对上述作品进行了较为细致的形态比较与史学考察。认为上述"妇人乳婴"形象,几乎无一例外地伴随婴戏、孩童活动,呈现出特定历史语境下的明确寓意。若从图像类型化研究角度考察,宋代艺术中"妇人乳婴"形象存在不同层面的图像分类与形象解读。

第一种类型,如王居正《纺车图》中"妇人乳婴"形象(图14),笔者赞同是母亲在哺育子女。原因在于,该形象不仅不具备宋代多数

图14 (宋)王居正《纺车图》(局部)
采自中华珍宝网

卷二　"妇人乳婴"形象身份考

图15　(宋)王居正《纺车图》中"妇人乳婴"形象

"妇人乳婴"形象趋于类型化的丰乳肥臀、圆润饱满、姿态随意、衣着暴露等特点，相反呈现出朴实、贫困、消瘦的形象特征（图15）。妇人因忙于劳作又无奈怀中婴儿饥饿啼哭，才选择背对观者乳婴，这样的细节不仅表现出宋代民间底层生活之艰辛，更表现出母亲哺乳时的羞涩心理。因而，从图像分类的研究角度，本文将之排除于讨论范围之外。

第二种类型，便是本文讨论重点。即上述在宋代频繁出现，且带有明显类型化特征的"妇人乳婴"形象。她们几乎一致呈现饱满圆润、衣着宽松、身材肥硕、姿态随意、精神爽健、袒胸露乳，以及怀抱婴儿，大方乳哺等共性特征。目前学界对该形象的特定身份，尚存争议。然而，若对这一频繁出现的典型形象身份认定出现偏差，则很有可能会对宋史研究造成解读误区。

图16 （南宋）李嵩《市担货郎图》中"妇人乳婴"形象
采自中华珍宝网

图17 （南宋）李嵩《骷髅幻戏图》中"妇人乳婴"形象

例如，倘若笼统而不加分析地认为李嵩笔下"妇人乳婴"形象是母亲在面对陌生男子当街哺乳，显然是缺乏足够说服力的。恰如美国学者伊沛霞所言，"宋朝吸引学者的原因在于它是妇女的处境明显趋向变坏的时代……古代社会多数妇女的活动场所是在家庭以内的"[①]。现有文献也证明在两宋历史语境与社会背景下，理学的发展与社会伦理对妇女行为有着严苛的约束，她们并不可能开放到在陌生人面前毫无顾忌地袒露双乳哺育婴儿。因此，"妇人乳婴"形象的真实身份，以及背后所传递的信息便值得深入考证。鉴于以上论述，本文意欲考证：第一，学界所认为的，在两宋社会环境下，宋代普通妇人当众哺乳之可能性，进而探

---

① ［美］伊沛霞：《内闱——宋代妇女的婚姻和生活》，胡志宏译，第5—6页。

究该形象背后所隐含的宋代两性关系。第二，结合宋代历史背景，从衣着形态、人物特征、身份认定等角度考证宋代"妇人乳婴"形象所承担的特定社会角色。第三，探究宋代民间"妇人乳婴"造像的史学演进轨迹与形象发展脉络，进而考证该形象所蕴含的历史信息及图像寓意。

三 特定史学语境下的"妇人乳婴"形态考证

回到宋代，欲对此时艺术史中多次出现的"妇人乳婴"形象进行身份认定，则首先需要对宋代妇人身份进行社会学层面的考察。[①] 在中国社会，尤其封建时代，对妇女行为规范之约束，传统礼教从一开始便有严格规定。如汉代即已出现皇帝对妇人贞节的褒奖，此时班昭《女诫》既已倡导妇人三从四德。贾贵荣认为汉代所重视的贞节观主要体现在妇人对丈夫忠贞程度之考量层面。[②] 然而，尽管魏晋南北朝时期，佛老之说的兴起导致传统伦理与贞节观受到一定冲击，但如顾恺之《女史箴图》的流传实际仍是此时对女性行为约束的有力证据。至少从中唐以后，以韩愈为代表的一批士大夫文人开始推崇重振儒学，这为宋代儒学的再度兴盛开启了前奏，也为规范并约束女性的行为培植了土壤。发展到宋代，程朱理学的兴起便进一步确立了一系列社会规范，进而成为构架整个社会伦理道德与行为的准绳。

从现有史料看，笔者认为宋代普通妇人在户外，尤其当着远道而来的表演艺人或市担货郎袒胸喂乳的可能性极小。贾贵荣认为社会现实和儒学重建迫使二程选择伦理观作为建立思想体系的重点。而在二程的伦理观中，关系到家庭安危的夫妇之伦成为其中心论题。[③] 不少研究者也注意到，在宋代男子纳妾比较随意，并且对女性提出了更多角色

[①] 拙文《"妇人乳婴"形象身份考——以南宋李嵩画作为例》对此曾有详细论证，可参阅。
[②] 贾贵荣：《宋代妇女地位与二程贞节观的产生》，《山东社会科学》1992年第3期。
[③] 贾贵荣：《宋代妇女地位与二程贞节观的产生》，《山东社会科学》1992年第3期。

要求，制定出诸多对女性极为不利的规则，如"夫有出妻之理，妻无弃夫之条"①。程颐说："妻不贤，出之何害？如子思亦尝出妻。今世俗乃以出妻为丑行，遂不敢为。古人如此，妻有不善，便当出也。"② 在此背景下，宋代妇女行为便成为影响夫妻间和睦与家庭稳定的重要因素，普通妇人是不可能有随意且出格举动的。

实际上，从伦理与道德层面强调妇女对丈夫的忠贞，始终根植于中国传统文化最基本的思想体系。首先，尽管二程观点在一定程度上强调夫妇应在彼此尊重的前提下，维系家庭伦理与社会道德。但当阐释该如何做到夫妻关系稳定时，却又主张妇女对丈夫的绝对服从。如，"妇人以从为正，以顺为德"③。"男女有尊卑之序，夫妇有唱随之礼，此常理也。"④ 其次，他们更看重妇人守贞的重要性，甚至认为一女只可侍一夫，即使丈夫因故去世，也应忠贞不渝。"凡人为夫妇时，岂有一人先死，一人再娶，一人再嫁之约？只约终身夫妇也。"⑤ "夫妇之道，不可以不久也。故受之以恒，恒，久也。"⑥ 倘若丈夫去世而妇人再嫁即为"失节"，并认为"饿死事极小，失节事极大"⑦。

而在宋代新儒学家们所强调的家国天下中，家庭的和睦与伦理道德的有序被视为社稷稳定与天下久治的基础性条件。因此，他们极其强调夫妇之伦的重要性，如二程提倡"天地，万物之本。夫妇，人伦之始""有天下国家者，未有不自齐家始"⑧"推一家之道，可以及天下，故家正则天下定矣"⑨。这显然是对儒家经典《大学》中"齐家治国平天下"的发挥与继承。

---

① 周明峰校译：《名公书判清明集》之《婚嫁·妻以夫家贫而倪离》，法律出版社2020年版，第167页。
② 《河南程氏遗书》卷一八《伊川先生语四》，山东人民出版社2020年版，第276页。
③ 程颐撰，孙劲松、范云飞、何瑞麟译注：《周易程氏传译注·随》，第291页。
④ 程颐撰，孙劲松、范云飞、何瑞麟译注：《周易程氏传译注·随》，第371页。
⑤ 程颢、程颐：《二程遗书》卷二十二下，上海古籍出版社2020年版，第1261页。
⑥ 程颐撰，孙劲松、范云飞、何瑞麟译注：《周易程氏传译注·恒》，第221页。
⑦ 程颢、程颐：《二程遗书》卷二十二下，第1261页。
⑧ 程颢、程颐：《二程遗书》卷四，第112页。
⑨ 程颐撰，孙劲松、范云飞、何瑞麟译注：《周易程氏传译注·家人》，第268页。

卷二　"妇人乳婴"形象身份考

上述环境下，对女性隐秘部位的掩藏与保护，更被视作守贞之最重要一环。① 在宋代民间很多地方，"出妻"行为甚至被当作一种正确合理的行为加以倡导并风行。如司马光就主张："若妻实犯礼而出之，乃义也。"② 宋史专家朱瑞熙认为，"跟唐代尤其是唐代中叶以前相比，宋代妇女的社会地位有较多的变化，主要表现为夫权得到加强，女权进一步被剥夺"③。谭志儒发现在宋代的石刻铭文中还能够见到一些针对妇女的家规乡约，如男子可以凭借一些条例直接"休妻"，而妇女如果出现妇德失当就要被处死。因此，他认为在宋代，妇女的一切社会活动应是对于家庭与男性依附之下的外在体现。④ 可知，宋代民间对于女性社会行为与道德准则的要求，尽管尚未达到宋明理学影响最严重时明清妇女社会地位之低下，但已在很多方面进行了各种约束。

上述情形下，宋代妇女很大程度已成为男子之附庸，言行绝无可能不顾及礼仪规范与社会伦理。尤其南宋，"男女授受不亲"的观点深入人心，女子见到陌生男子唯恐躲之不及，又怎会当街哺乳（图18、图19）。李清照《点绛唇》生动描绘了宋代妇人的羞怯与谨慎："蹴罢秋千，起来慵整纤纤手。露浓花瘦，薄汗轻衣透。见客入来，袜刬金钗溜，和羞走。倚门回首，却把青梅嗅。"⑤ 亦如李海燕所言，"对于传统中国妇女来说，她们的社会地位更重要的是通过家庭地位以及道德品质来决定其社会地位的……而其社会地位的评价标准往往依据其言行生活的准则"⑥。这中肯地表达出一种在考虑到文化语境与社会环境前提下的身份定位。

---

① 详细论证可参见拙文《"妇人乳婴"形象身份考——以南宋李嵩画作为例》，《美术》2022年第10期。
② 司马光著，郭熹鹰译注：《家范》卷八《妻上》，上海古籍出版社2020年版，第92页。
③ 朱瑞熙：《宋代社会研究》，台北弘文馆1986年版，第1297页。
④ 谭志儒：《从宋代石刻看宋代妇女社会地位变化》，《文物鉴定与鉴赏》2019年第6期。
⑤ 张健雄、易畅：《唐宋词百首浅析》，湖南教育出版社1985年版，第126页。
⑥ 李海燕：《论传统中国妇女社会地位评价的层次与维度》，《西部学刊》2016年第7期。

宋代美术史中系列"妇人乳婴"形象史学探源及身份考证

图18 （南宋）李嵩《骷髅幻戏图》
采自中华珍宝网

图19 （南宋）李嵩《市担货郎图》
采自中华珍宝网

卷二 "妇人乳婴"形象身份考

通过上述论证，我们可以确知，宋代无论中上层社会，还是普通民间妇女，其社会身份均带有明显的依附性与约束性，个人行为无法不虑及社会舆论与男性心理。而本文稍后之论述，则在较大程度上证明两宋上层社会妇女存在较为严重的不亲自哺乳现象，也在一定程度上说明宋代如长期活动于民间，后进入南宋画院的李嵩所绘《骷髅幻戏图》与《市担婴戏图》，大足石刻中的"妇女乳婴"形象，及民间雕像《素烧喂乳妇人》等袒胸喂乳者，应无可能是普通的宋代家庭妇人。

四 "妇人乳婴"形象辨析及身份认定

宋代乳母职业化问题受到许多学者的关注，如方建新、徐吉军《中国妇女通史·宋代卷》便认为宋代乳母行业呈现高度职业化特点，皇室、贵族甚至慈善机构都在大量雇佣乳母。[1] 乳母在宋代不仅演变为一

图20 李嵩《市担货郎图》中的"妇人乳婴"形象（一）　　图21 李嵩《市担货郎图》中的"妇人乳婴"形象（二）

---

[1] 方建新、徐吉军：《中国妇女通史·宋代卷》，杭州出版社2011年版，第204—213页。

图22 李嵩《市担货郎图》中的"妇人乳婴"形象（三）

图23 大足北山122号龛中妇人形象

种职业，且广泛参与到各阶层日常生活，成为被普遍接受并被类型化的群体。《宋会要辑稿》中记载，"当是时有司观望，奉行失当，于居养、安济皆给衣被器用，专雇乳母及女使之类，资给过厚"。可见宋代官办慈幼保育机构也在雇佣职业乳母进行幼孤救助，亦可想见宋代乳母职业化程度之高。

当然，这种社会身份与角色功能是有着明显传承与演进关系的。刘琴丽就认为，"寺观奴婢和雇佣成为唐代乳母的新来源，其社会角色除传统的乳哺参与家务劳动外，还有辅助教育的功能"[1]。黄清连则认为乳母作为一种职业从唐代便逐渐走向了商业化。无论宫廷还是民间，以婢仆充任乳母的现象十分突出。[2] 宋承唐制，因此乳母在宋代基本进入一

---

[1] 刘琴丽：《论唐代乳母角色地位的新发展》，《兰州学刊》2009年第11期。
[2] 黄清连：《唐代的雇佣劳动》，《"中研院"历史语言研究所集刊》1978年第3分。

卷二 "妇人乳婴"形象身份考

种职业化状态。尤其在中上层社会,雇用乳母近乎成为一种风尚。程郁也认为,"唐宋以后,雇用乳母的阶层有下移倾向,即不再限于皇室及大贵族,更多的一般富裕家庭也开始雇用"[1]。

程郁进一步留意到,宋代中上层社会妇女不亲自哺乳情况十分普遍,这成为乳母职业化的重要诱因。总结不哺乳原因则主要有:宋代妇女急于再次怀孕、怕哺乳损伤身体耗损元气、觉得哺乳过于辛劳麻烦等。[2]而宋代妇科名医陈自明《妇人大全良方》中记载,"世俗之家,妇人产后复乳其子,产既损气已甚,乳又伤血至深,蠹命耗神,莫极于此"[3]。这种观点,颇具代表性,且流行于中上阶层。此外,宋代周辉《清波杂记》亦载,宋儒表彰了杨诚斋夫人罗氏:"生四子三女悉自乳,曰:'饥人之子以哺吾子,是诚何心哉!'"[4]母亲哺乳子女即便今日看来也属正常,但在宋代的中上层社会中却能得到嘉奖,并被记录,这也在很大程度说明宋代上层妇人哺乳并不多见。

《妇人大全良方》还记载了选择乳母的基本标准:"又择乳母,须精神爽健,情性和悦,肌肉充肥,无诸疾病,知寒温之宜,能调节乳食,妳汁浓白,则可以饲儿。"[5]可见"精神爽健,情性和悦,肌肉充肥"是选择乳母时极为看重的身体条件,也成为乳母形象的典型表征。因此,无论是从已有文献记载,还是对丰乳肥臀的体态相貌进行比较,宋代艺术中多次出现的"妇人乳婴"造像,如李嵩《市担婴戏图》《骷髅幻戏图》、《素烧喂乳妇人》雕塑,以及大足石刻中的"妇人乳婴"像,均呈现面相饱满圆润、衣着宽松、身材肥硕、姿态随意、袒胸露乳及怀抱婴儿、坦然哺乳等共同特征。

---

[1] 程郁:《从大足石刻观察宋代一些特殊的劳动妇女》,《中华文史论丛》2020年第4期。
[2] 程郁:《从大足石刻观察宋代一些特殊的劳动妇女》,《中华文史论丛》2020年第4期。
[3] 陈自明:《妇人大全良方》卷一《精血篇第二》、卷一二《妊娠漏胎下血方论第五》、卷一六《坐月门》,第62、189、216页。
[4] 周辉:《清波杂志》卷二,见《全宋笔记》五编九册,大象出版社2012年版,第27页。
[5] 陈自明:《妇人大全良方》卷二四,第659页。

上述形貌特点，显然又与上文所述两宋社会环境下对普通女性的礼教约束相矛盾。在夫为妻纲，男权至上的古代社会，即使没有接受过良好礼教规范与约束的乡村妇人，就算做不到"见有人来，袜刬金钗溜，和羞走"①，也不可能开放到一边与远道而来的陌生货郎自如谈笑，一边大方地袒露双胸哺乳幼儿。而这一类型化的"妇人乳婴"形象更与宋代艺术中普通妇女娇柔、娴静、纤细、文弱的身姿形成明显对比（图24、图25）。因此，可以推证"妇人乳婴"形象，作为一种明显风格化与类型化的创作主题，很可能就是以宋代乳母为原型。②

图24　（北宋）苏汉臣《靓妆仕女图》中的宋代仕女形象

---

① 王仲闻校注：《李清照集校注·点绛唇》，人民文学出版社2019年版，第83页。
② 程郁：《从大足石刻观察宋代一些特殊的劳动妇女》，《中华文史论丛》2020年第4期。

图 25　（南宋）《蕉荫击球图》中的宋代仕女形象
采自中华珍宝网

在宋代，中上层家庭往往通过女性中介"牙媪"寻找乳母。换言之，宋代乳母职业化程度已到了具有专门中介参与，规范化运作之境地。因此，其身份应该是被社会普遍接受的，且本人也应该很坦然地进行了自我身份界定，否则中介是不容易寻找到她们的。[1] 乳母往往出身寒微，所受文化与成长环境都不算好，亦未受过严格礼教训练，因此生活相对随意。如此一来，宋代民间"妇人乳婴"造型衣着宽松、身材健硕、姿态夸张、袒乳育婴的体貌特征似乎就变得颇为正常了。

刘琴丽认为宋代乳母作为一种职业在逐渐"商业化"，尤其是皇室

---

[1] 程郁：《从大足石刻观察宋代一些特殊的劳动妇女》，《中华文史论丛》2020 年第 4 期。

和贵族的乳母主要来源于奴婢,属于贱民阶层,身份地位低下。①而当被作为一种典型的艺术形象塑造时,有意识凸显其母性特征,并使之具有诱惑性与暗喻性是颇为正常的。程郁甚至认为乳母由于出身下层、身材丰满、体态健硕、不拘小节,因而更具成熟女性的魅力,较之宋代普通家庭妇女纤细、修长、柔弱、胸脯扁平的身姿,她们对男主人更具吸引力,因此乳母甚至给主家带来子孙血统上的困惑。

毫无疑问,作为职业乳母的身份实际是街坊四邻都普遍知晓的。现有文献也证明宋代乳母不但职业化,而且私生活较为混乱,很多家庭出现问题常与乳母介入有关,司马光说:"乳母不良,非惟败乱家法,兼令所饲之子,性行亦类之。"②从自我身份认定与职业化特征看,对于出身下层且具有典型商业化特点的乳母而言,她们能够十分大方随意地当街育婴,且丝毫不觉得羞涩为难。恰如程郁所说,"露出丰乳或胸部微露并不会让她们觉得难为情"③。而当在主家随意哺乳时,则极有可能会对男主人形成巨大诱惑。

宋代艺术偏重写实,仕女画更以柔弱纤细为美,却唯有乳母形象丰满、健硕、圆润、敦实,且具有很强的形态张力。另外,即使宋代妇人存在亲自哺育子女的行为,在上文对女性行为规范极为严苛的社会背景下,也该是在家中或僻静之处悄然进行,并无可能开放到在官道之侧、陌生人面前坦然乳哺的程度。加之上文所述,从唐代开始乳母就已成为一种类型化的创作主题,且得到如张萱般重要艺术家的青睐。以乳母为画题之名,甚至还被明确记录于《宣和画谱》——重庆大足石刻的雕像题记中。这也使我们更有信心得出如下结论:即宋代艺术中,除个别符合人物心理与行为规范的作品,如王居正《纺车图》。民间更多"妇人乳婴"形象应该不是普通妇女在哺育子女,而应是两宋高度职业化的乳母形象。此外,在医疗条件并不发达的古代社会,幼儿夭折率之高出乎

---

① 刘琴丽:《论唐代乳母角色地位的新发展》,《兰州学刊》2009年第11期。
② 真德秀:《西山读书记》卷二一,《景印文渊阁四库全书》,第705册,第644页。
③ 程郁:《从大足石刻观察宋代一些特殊的劳动妇女》,《中华文史论丛》2020年第4期。

今人之想象，很多孩子到了七八岁还面临夭折风险。即使是享尽天下最好医疗条件的皇室，子女夭折率也极为惊人。毫无疑问，对于中上阶层而言，幼儿能否健康长大，乳母至关重要。在某种程度上，乳母甚至被视作一个家庭幼儿的守护神。因此，宋代艺术中反复出现的"妇人乳婴"造像，所呈现出的类型化与典型性特征，其形象背后必然存在明确历史信息与图像寓意。这也为我们理解服务过光、宁、理三朝的重要院画家李嵩，其笔下为何会反复出现风格高度一致的"妇人乳婴"形象，提供了有力支撑。更为重要的是，光、宁、理、度四朝皇子几乎全部夭折。①

五 "妇人乳婴"类型化背后的史学寓意

回望本文第一节对"妇人乳婴"形象的史学梳理，可知在唐代佛教极度兴盛之时，艺术史开始不断出现该形象。而在此之前的印度犍陀罗前期雕塑中，已有该形象存在。印度佛教中，"妇人乳婴"主要为描绘诃利帝姆形象。而自诃利帝姆传入中土后，无论是新疆出土的壁画还是敦煌壁画（如敦煌第158窟中唐绘鬼子母形象），再到南宋大足石刻中已基本被认定为诃利帝姆像的雕塑，其造型的出现往往与哺乳的形象有关。

根据《根本说一切有部毗奈耶杂事》记载，古印度王舍城有独觉佛现世，世人欢庆。一怀孕牧牛女也参与到庆祝人群，因舞蹈太过猛烈导致婴儿堕胎。众人不予理睬，弃她而去，牧牛女发誓食尽王舍城中小儿。后果投生此地，并产五百子，她日夜捕食城中婴孩，民众日日恐慌。后佛祖释迦欲收服她，故藏其一爱子，她哭求佛祖，佛祖教其将心比心，遂幡然醒悟广散其子于民间，终成孩童守护神。该神在印度佛教中被称为诃利帝姆，俗称鬼子母，为繁殖女神，是佛教中幼儿的守护神。

---

① 参见史泠歌《帝王的健康与政治——宋代皇帝疾病问题研究》，博士学位论文，河北大学，2012年。

该故事随佛教传入中土后，一开始因带有很强的恐怖色彩，并不受本土信众欢迎。因此在绘制过程中常将诃利帝姆描绘得恐怖且狰狞（如图7为敦煌第158窟中唐绘鬼子母）。画中诃利帝姆面目可怖，青面獠牙，毛发倒竖，十分狰狞。而怀中婴孩却被描绘得憨态可掬，白净圆胖，极为可爱。随着佛教造像的不断本土化，诃利帝姆形象逐渐演化的更加符合中国人的审美喜好。这也如同我们所熟知的弥勒、观音造型之形态演进，鬼子母的造型也逐渐带有明显的世俗性与亲和力。尤其到宋代，当她逐渐被民间接受而成为孩童保护神后，民间往往将她画作身材健硕、圆润丰满、慈祥端庄的母性形象。甚至有不少研究者据此推断中国民间的送子观音造像与之相关（图26）。如胡适在《魔合罗》中写道："我们可以猜想那个送子观音也是从鬼子母演变出来的。"[①] 无论怎样，该形象送子保育的神职功能是颇为明显的。

图26　大足北山石窟中9号龛中的诃利帝姆与"妇人乳婴"形象

① 胡适：《胡适古典文学研究论集》，上海古籍出版社2013年版，第518页。

卷二　"妇人乳婴"形象身份考

伴随对该形象的逐步接受与愈发崇敬，鬼子母也逐渐由一开始的亲自哺乳到身旁伴有"妇人乳婴"形象，如大足北山石窟9号龛、李嵩一系列货郎婴戏图（图2、图22）。此时，"妇人乳婴"形象则愈发呈现上文所述的趋于一致的类型化特征，即身材肥硕圆润，形象敦实，姿态随意，双乳丰满且有意凸显母性特征等。笔者认为无论是从一开始诃利帝姆的乳婴形象，还是逐渐演进为诃利帝姆身旁出现"妇人乳婴"形象，描绘者的初衷都不是在表现婴孩的母亲，理由上文已述。显然，对于彼时的中上层社会，这种并不雅观的袒胸露乳形象应十分忌讳。正如程郁、刘琴丽所认为的，乳母从唐代就已经呈现群体化与职业化特点。[①] 作为具有典型职业化特征的人物形象，在美术创作中将之类型化处理，并反复出现，显然具备特定形象之明确寓意。这不仅符合图像传播的规律，也更易于被民众接受。因此我们才能够看到宋代艺术中多次出现造型相近的"妇人乳婴"形象。到元代时，美术史上"妇人乳婴"形象趋于沉寂，代之而来的是怀抱婴孩的送子观音像不断出现。到了元代，怀抱婴儿的圣洁圣母形象开始涌现，使得原本带有明显世俗性意味的"妇人乳婴"形象，被更具宗教神圣感的形象所取代。董丽慧认为，"元代出现的怀抱圣婴的圣母像证明基督教信仰与中国当地信仰（比如业已存在的佛教信仰）的某种融合与互渗"[②]。

更为有趣的是，当我们将李嵩《骷髅幻戏图》中的"妇人乳婴"形象（图12）与新疆出土的唐代绢画《鬼子母》线描图中的"妇人乳婴"形象（图11）进行比较时，会发现无论是动态、衣着、人物表情与身体姿态都极为相似。本文之比较，并非意在考证二者之间存在必然的继承与模仿，但其间相似性却很可能证明"妇人乳婴"形象的传承与演进轨迹有章可循。更有可能证明，该形象是在演进过程中出现了图像的类型

[①] 刘琴丽：《论唐代乳母角色地位的新发展》，《兰州学刊》2009年第11期；程郁：《从大足石刻观察宋代一些特殊的劳动妇女》，《中华文史论丛》2020年第4期。

[②] 董丽慧：《圣母形象在中国的形成、图像转译及其影响——以〈中国风圣母子〉为例》，《文艺研究》2013年第10期。

化与程式化特点。而对于以守护与保育幼儿存在的宗教崇拜形象，诃利帝姆的乳婴形象很可能成为宋代艺术中反复出现的"妇人乳婴"形象源头。而宋代职业乳母的出现，同样呈现出趋于一致的体貌特征，她们之所以成为"妇人乳婴"形象原型，与两宋医疗条件不发达背景之下的保育幼儿意图相关。

结　语

当一种艺术形象呈现出高度趋同化与相似性特点，并反复出现于历史上某一特定时期，且表现出较为典型性与类型化的图像寓意时，我们便有必要将之进行系统化的归类式研究。宋代反复出现的"妇人乳婴"形象便是如此。该形象之确切身份一直存在争议，而形象背后所蕴含的丰富史学信息与文化含义则被学界明显低估，甚至忽略。当联系传统伦理教化与行为规范对宋代普通女性形成的严苛约束时，学界习惯性看图说话式将"妇人乳婴"形象理解为是在哺乳子女的观点，显然失之偏颇。毫无疑问，若将该形象脱离社会背景与人文语境进行单一形态论证，则又会明显失之于肤浅。追溯"妇人乳婴"形象演进源头，其图像溯源应来自宗教艺术中的保育幼儿之神祇崇拜。而在医疗条件并不发达的两宋，幼儿夭折比率之高令人愕然。加之在两宋中上层社会，妇女普遍不愿亲自哺乳的背景下，乳母呈现高度职业化特征。而作为养育幼童的直接参与者，乳母甚至扮演了幼儿守护神的重要角色。联系到"妇人乳婴"形象与文献所载乳母体貌特征的高度一致性，基本可认定该形象原型即为职业乳母，是带有明显宗教象征意味，蕴含保育幼儿寓意的图像形态。

卷三

宋代风俗画中的情景叙事

卷 首 语

宋代艺术史中，由于有为数不少的重要艺术家进行着风俗画创作，才使得今人对两宋历史如此痴迷与向往。更使众多史学研究者，能够更加细致真切地了解到宋代社会与历史情境。值得一提的是，两宋艺术格物致知、谨严写实的创作态度，同样影响到了宋代风俗画创作。因而也在很大程度上使得宋代风俗画在研究者看来，其史学考据价值远胜艺术性审美价值。这亦不失为宋画研究领域之一大缺憾。事实上，宋代风俗画除具备史学记录价值与历史考据意义之外，同样值得我们从绘画本体性审美角度进行深入考察与研究。

然而，需要留意的是，由于目前学术界对风俗画概念限定的模糊性，使得对于宋代风俗画的研究一度陷入混乱与盲从状态。就笔者目前研究所见，甚至不少知名学者的宋代风俗画研究，亦缺乏从学理界定与概念厘清层面的深入梳理。因此，从概念范畴、创作内容、图式形态与图像分类的角度对宋代风俗画进行较为明确的范围界定，显然有助于我们深入细致地考察两宋历史与宋代美术史。

而从艺术创作与图式形态的审美学研究角度考察两宋风俗画，则又需要从影响性因素考察两宋风俗画情境构建之关键。毋庸置疑，对于两宋风俗画创作而言，之所以能够引起研究者的高度关注，恰恰是因为宋代风俗画创作进入一个关键性历史时期。即在山水与花鸟画进入两宋，从而达到高度发达的状态之下，宋代风俗画家将真实客观的人物活动与丰富细腻的情景空间进行了完美融合。这一融合不仅完成了中国美术史的关键性史学形态转变，亦使得宋代史学研究者具备了最为有力的可信性证据。宋代之后，元明清绘画均未能达到两宋风俗画的置景造境史学高度。这无疑要归因于宋代理学在两宋绘画中的影响性因素。

　　于是，宋代风俗画中人物活动之外的配景显然值得深入考证与研究，其间亦关涉到丰富的社会学、历史学、文化学、风俗学等方方面面的知识储备，亦需要众多宋史与宋画研究者的共同努力与齐心合力攻关。而笔者之研究，仅从绘画创作形态的本体语言、形态演进、史学变迁与情景构建等层面进行了粗浅考察。尚有诸多不足，有待日后研究中的深入与细化。

试论学界对"风俗画"概念阐释之模糊性

学界目前研究常将风俗画定义为"广义"与"狭义"两个范畴。广义的风俗画是指：以与现实生活中人们的生活风习相关，并以现实中与人们生活相联系的事物为表现主题的绘画作品。① 狭义的风俗画则指：以人们日常生活情景为创作对象的绘画作品。② 这两个定义均较为宽泛，难以在画史研究中对"风俗画"的形成进行有效界定。

一　风俗画概念的源起

在中国绘画史上，风俗画有着较为悠久的历史，其产生可上溯至人类的洪荒时代，在已发现的旧石器时期的岩画和新石器时期的彩陶纹饰中均有风俗画之雏形。从出土的一些战国、两汉帛画、墓穴壁画中我们能了解到当时人们的生活状态。这种以表现人们时代生活风貌的绘画形式，一直都在历代绘画中有所呈现。

"风俗画"一词的起源可追溯至魏晋。如南朝宋顾宝光有"射雉图……麻纸画洛中车马图、斗鸡图、越中风俗图，并传于世"。③ 此时中国人物画已形成较为完备的创作与理论体系，并出现了较为宽泛的创作

---

① 见《辞海·风俗画词条》，光明日报出版社 2012 年版，第 393 页。
② 畏冬：《中国古代风俗画概论·上》，《故宫博物院院刊》1991 年 10 月。
③ 畏冬：《中国古代风俗画概论·上》，《故宫博物院院刊》1991 年 10 月。

题材与表现类型。至唐代，画理画论中对"风俗画"的概念阐述则较为多见。如朱景玄《唐朝名画录》："陆探微画人物极其妙绝……且萧史、木雁、风俗、洛神等图画尚在人间，可见之矣。"① 又："（韩）能图田家风俗，人物水牛，曲尽其妙。"② 张彦远《历代名画记》亦有记载晋明帝司马绍有人物风土图传于代，范长寿有风俗图、醉道士图传于代。

由此可见，最晚至唐代，"风俗画"已成为一个被较为广泛使用的艺术概念，且用以对某一类艺术形式与类别做界定。

二 风俗画创作的兴盛

至五代两宋，风俗画的称谓便被广泛沿用。如宋郭若虚《图画见闻志》："叙图画名意"中列举"典范""观德""忠鲠""高节""壮气""写景""靡丽""风俗"八大类绘画题材。《宣和画谱》亦有"风俗画"一词的明确记载。③ 不仅如此，此时见于画史而专擅风俗画的画家也为数不少。如郭若虚《图画见闻志》中就曾记载："张质，工画田家风物，有村田鼓笛、村社醉散、踏歌等图传于世。"又："（宋）叶仁遇……工画人物，多状江表市肆风俗、田家人物。"在西方，风俗画成为专门的画种称谓，则要到19世纪后半叶，由艺术批评家J. 伯克哈德在其《荷兰的风俗画》中才正式提及Genre Painting，这要晚于中国近千年。

然而，中国画史上风俗画的创作高峰应出现于两宋，且伴随山水画与人物画艺术语言融合的日渐成熟，此时画中配景亦成为画面意境营造的重要驱动元素。此时，风俗画创作不仅涌现出如张择端、苏汉臣、阎次平、李嵩等可谓彪炳史册的优秀画家，且在整个两宋，风俗画创作都呈现出较为普遍的状态。宋代画史上为我们所熟知的艺术大师，很多都有过与风俗画相关的创作。

---

① 参见朱景玄《唐朝名画录·序》，载王伯敏、任道斌主编《画学集成》（六朝—元）。
② 朱景玄：《唐朝名画录》，载王伯敏、任道斌主编《画学集成》（六朝—元），第62页。
③ 参见《宣和画谱》卷三，俞剑华注译，江苏美术出版社2006年版。

三 风俗画概念界定的模糊性

《大不列颠百科全书》定义"风俗画"（Genre Painting）为："自日常生活取材，一般用写实手法描绘普通人工作或娱乐的图画。……风俗画的主题几乎一成不变的是日常生活中的习见情景，它排除想象的因素和理想的事物，而把注意力集中于对类型、服饰和背景机敏的观察。"① 尽管这一概念相对国内学界研究已具体明确了不少，但其外延仍具有很大的延展性与不确定性。而国内有些研究者所常用的"广义"风俗画概念则更为模糊："以与现实生活中人们的生活风习相关，并以现实中与人们生活相联系的事物为表现主题的绘画作品。"②

若如此定义，目前所见传承至今的许多除花鸟画、历史、神话题材之外的绘画遗迹都可被笼统纳入风俗画范畴。这无疑会将风俗画范围无限扩大，进而使得学术研究进入不可行的轨迹。本文认为，以较小的笔墨分量表现与时代生活风习相关具有点景人物的山水行旅图，不应被纳入风俗画概念范畴。如董源、巨然、李成、范宽、郭熙等山水画大师的很多作品，画中点景人物虽也表现了当时人们的生活情境，但创作主体却不在此，故而不应被视作风俗画。③

四 本文对风俗画概念的再诠释

鉴于学界对风俗画概念界定的模糊性，本文认为风俗画概念范围应具体界定为：以真实表现社会习俗生活，采取客观的视角，具有较为明

---

① 见《大不列颠百科全书·美术卷》"风俗画"词条，中国大百科全书出版社1986年版。
② 畏冬：《中国古代风俗画概论·上》，《故宫博物院院刊》1991年10月。
③ 宋代山水画中，许多作品都有点景人物，且画面人物多是表现了当时人们的生活情境。但从主题表现看，画面人物显然是依附于山水造景的艺术需要，尽管也在很大程度上具有点题作用，但鉴于学术研究的系统分类与严谨性，此类画作不应被刻意扩大化地纳入风俗画的研究范畴。

卷三 宋代风俗画中的情景叙事

确的民间性、社会性、群体性、季节与时令性、现实性、历史文献性、常见性等艺术特征，并基本排除想象与理想因素，并不带有政治、宗教或伦理等价值判断。且以表现人物活动为主要信息传递主体的绘画作品。在上述范围之外，如宗教、历史人物、山水点景、人物肖像、高士、宫苑、仕女、没有很强季节性的婴戏图、百子图与类似《溪山行旅图》有点景人物的山水画，由于表现主题并不旨在历史记录与客观叙事，因此，不应被笼统纳入风俗画研究范畴。

如学界目前研究几乎视宋代所有婴戏图均为风俗画，但本文考察认为宋代除流传至今为数不多的几幅婴戏图之外，如苏汉臣《秋庭婴戏图》、佚名《冬日戏婴图》、刘松年《傀儡婴戏图》等明显具有群体性、现实感、生活化、常见性、季节与时令性的婴戏图，更多的婴戏图不具有明显季节性与现实感。这类作品装饰意味浓厚，寓意性强，人物造型较为概念，画面置景中往往是被置入了诸如枣树、荷花、石榴、山羊、莲蓬、百子等具有明显象征多子、多福与吉祥寓意的景物，其造境意趣实际类似于现代年画，如现代年画中的《福娃》《百子图》《大阿福》《五子登科》《莲生贵子》等，由于画面明显的装饰性与寓意性，因此，也不应被纳入风俗画研究范畴。

又如贵妇、宫苑、仕女等题材，多是以表现皇家贵族与宫苑仕女生活场景的人物画。① 恰如王宗英在分析张彦远对周仕女画评述时所言："'初效张萱，后则小异，颇极风姿。全法衣冠，不近闾里'，由此可以得出一个结论——'不近闾里'就是说跟平民百姓是毫无关系的，言外之意是专门描绘贵族妇女。"② 分析此类作品，具有以下特点：（1）画面描述的是贵族阶层，具有明显程式化与理想性的艺术形象；（2）画面也并非日常生活中的习见情景；（3）画面具有较强的装饰意味，并在很大

---

① 正如晚唐诗人温庭筠的《菩萨蛮》所写："小山重叠金明灭，鬓云欲度香腮雪。懒起画蛾眉，弄妆梳洗迟。照花前后镜，花面交相映。新帖绣罗襦，双双金鹧鸪。"这应是对唐宋仕女画最好的写照。显然，这种情景意境应非世人常见，已明显不属于风俗画概念范畴，而成为一个独立的题材样式。

② 王宗英：《中国仕女画研究》，东南大学出版社2009年版，第2页。

程度上带有想象与寓意性因素；（4）画中意趣营造也常会流于典型样式的概念化处理。宋代类似题材较为典型者有：赵佶《听琴图》、王诜《绣栊晓镜图》、苏汉臣《妆靓仕女图》、马和之《唐风图》、李公麟《孝经图》等。综合上述因素，类似作品也不具备明确民俗性、客观性与叙事性等共同特点，因此，此类作品亦不应被纳入风俗画研究范畴。

但是，这也不禁令我们产生以下疑惑：（1）是否风俗画的表现题材就一定要是最普通的平民百姓的日常生活？（2）难道客观真实、全面丰富，没有过于理想化的处理，具有明显群体性与历史文献价值，以表现某一社会群体日常生活情景的作品，如顾闳中《韩熙载夜宴图》，就应一概被排除于风俗画之外？（3）以客观真实的视角，不具有概念化与程式化的表现诸如文人日常生活的作品，如王齐翰《勘书图》，是否也应被排除在风俗画之外？倘如此，似乎又将风俗画表现"普通人"日常生活的概念限定得过于狭隘，也就使学术研究陷入另一极端。显然，以上两幅作品不同于具有明显寓意性的赵佶《听琴图》，更不同于具有典型理想化与装饰意味的贵妇、宫苑、仕女题材。正是由于对不同社会群体日常生活状态不具有明显装饰性、寓意性、概念化、象征性的客观描述，才共同构筑起风俗画丰富的历史与文献图证价值。

结　语

综上分析，本文对学界研究中风俗画概念界定的模糊性做出匡正，认为以真实表现社会习俗生活，采取客观的视角，具有较为明确的民间性、社会性、群体性、季节与时令性、现实性、历史文献性、常见性等艺术特征，并基本排除想象与理想因素，不带有政治、宗教或伦理等价值判断，且以表现人物现实活动为主要信息传递主体的绘画作品方为风俗画。在此之外，如宗教神怪、历史人物、山水点景、人物肖像、高士、宫苑、仕女、没有很强季节性的婴戏图、百子图等不应被视作风俗画。学术研究中不应将此概念含混模糊，进而使图像研究的外延无限扩大。

宋代商品社会发展与民间风俗画创作兴盛关系考证

宋代商业社会的快速发展，使得绘画作为商品走入普通百姓家庭。风俗画因其题材贴近百姓生活、气息欢快热烈、样式淳朴自然等特点，尤其受到普通市民的广泛喜爱。在很大程度上吸引了众多画家参与其中，进而将风俗画创作带入画史发展高峰。由于受市民阶层审美水平、装饰目的及购买能力之所限，使得民间风俗画创作在题材选择、图式风格、气氛营造、置景造境及尺幅要求等方面都呈现出迥异于皇家院体与文人画家所绘风俗画的独特样式。在立足宋代社会变迁与经济发展的历史情境下，试析商品社会发展对民间风俗画创作产生的影响，成为一个值得深入研究的学术课题。

两宋商品经济的发展实际已似近代商业的雏形，市民在商业发展过程中也很大程度体会到商品经济对自我生活的影响。对此，不少学者认为宋代社会开启了中国封建社会发展的"近代性"步伐。如日本汉学家内藤虎次郎所著《概括的唐宋时代观》，将中国古代社会分为：古代（先秦至东汉）、中世（魏晋至唐中期）、近世（宋代以后）三个时期。其中宋、元为近世前期，明、清为近世后期。胡适在《中国哲学史大纲》导言中也从中国哲学思想的演变提出了类似"三世说"，其中宋元明清为近世。于是，近代化了的较为频繁与发达的商业活动无疑将对宋代普通市民的文艺生活产生极大影响，说明宋代风俗画的鼎盛与此近代性有关联。

一 风俗画作为商品广泛进入普通家庭

从五代、宋初开始,商品经济的发展与绘画市场的繁荣,使很大一部分画家将视线转向满足市民需求。从整体上看,与市民阶层日常生活贴近、形象质朴生动、具有浓郁生活气息、设色艳丽、富有装饰意趣的作品颇受市民欢迎。如婴戏货郎、市井风情、仕女美人、田家风物等。尤其具有浓郁生活气息的风俗画更受市民喜爱。宋代画家刘道醇《圣朝名画录》记载当时绘画情况:"好画尘世人物,描绘民间货物经商。"[①]与此同时,伴随农业的进步、手工业的发展、工商业的繁荣以及市民阶层的不断壮大,使得绘画不再是个别贵族阶层的雅玩与收藏,更成为商品进入市场,走进普通市民家庭。从仁宗时起,里坊制度被"坊市合一"的城市规划取代。随之,艺术活动作为商业交易日趋频繁。如宋代文学家孟元老《东京梦华录》卷二载:"以东街北曰潘楼酒店,其下每日自五更市合,买卖衣物书画珍玩犀玉。"又载:"朱雀门外及州桥之西,谓之果子行,纸画儿亦在彼处,兴贩不绝。"还有"潘楼东去十字街谓之土市子……每五更点灯博易买卖衣图画"。宋代吴自牧《梦粱录》也有记载,"今杭城茶肆亦如此,插四时花,挂名人画,装点店面"。

从绘画样式上看,宋代市民喜好的风俗画,相比皇家院体与文人情趣,在题材与形式上更为自由多样。大多以小品形式出现,画幅通常不大,少见构图与画面内容极繁复者。更少如张择端《清明上河图》、苏汉臣《秋庭婴戏图》之类巨制。人物造型追求稚趣性与生活化,质朴纯真甚或憨态可掬。如李唐《村医图》、李嵩《龙骨车图》、刘履中《田畯醉归图》(图1)等。多出现贴近生活、喜庆欢快、叙事性强、色彩明艳的日常情景,如市井、村田、耕织、牧放、曲艺,甚至春宫图。此类图式出现有诸多原因:第一,市民阶层整体购买能力有限,因此多会选择

---

① 刘道醇:《宋朝名画评》卷一,载任道斌、王伯敏主编《画学集成》(六朝—元),第242页。

价格便宜的小品画；第二，不同于皇家的富贵典雅与宣传教化，亦不同于文人的密室把玩，市民购买的画作多为直接张贴的家庭装饰；第三，市民阶层整体文化水平不高，欣赏水平有限，相比山水与花鸟，风俗画雅俗共赏、贴近生活、易于理解、气氛浓烈，故而更受欢迎。

图1　（南宋）刘履中《田畯醉归图》

综合来看，市民喜好的宋代风俗画，其情境旨趣即是在追求雅俗共赏的审美趣味基础上，明显偏重俗。这在与院体和文人审美的风俗画比较后尤为凸显。第一，院体画风以皇家审美为创作旨归，受阶级因素、社会身份、创作主体、文化修养与赞助人喜好制约，其作品整体看也是追求雅俗共赏，但却明显偏重雅，甚至某些作品显示出尚雅忌俗的倾向，如顾闳中、周文矩、张择端、苏汉臣、李唐、阎次平等。作品设色、笔墨、造型、置景造境都表现出极高的艺术修养。换言之，院体审美其创作目的旨在让懂行者看门道，故偏重"雅"；而市民审美则旨在让不懂行者看热闹，故偏重"俗"。第二，文人审美则不必顾及他人之好尚，作品旨在钟情于自我心境与修养的流露，画面所呈现的视觉形象与绘画语言实为文人传情达意之媒介。故此，文人所作风俗性题材绘画实际亦为文人士大夫"高雅绝尘"式审美。但需说明的是，宋代市民喜好的风俗画其偏重"俗"的画面情境，整体看并非"低俗""恶俗"，应为"通俗""世俗"。

二 广泛的市场需求促使画家队伍壮大

市民阶层对绘画的喜好，无形中助推了画家队伍的壮大。当时对于民间画工数目之巨，南宋邓椿在《画继》中用"车载斗量"形容。于此，亦可想象当时盛况。据宋代刘道醇《圣朝名画评》卷一载："景德末，章圣（宋真宗）营玉清昭应宫，募天下画流逾三千数，中程者不减一百人。"开封、临安当时都有专门的绘画市场。如北宋时著名画家燕文贵就曾在初入开封时于天门道上售卖山水、人物；许道宁也曾在开封端门外以附赠药品的方式兜售绘画。由于民间画工的社会地位与创作身份，多数画家未能留下名字。除以上提及者，北宋郭若虚《图画见闻志》亦载民间画工高元亨、毛文昌、陈垣等多作田家风物、城郭夜市、孩童婴戏。南宋邓椿《画继》中载当时颇有名的民间画工杨威："绛州人，工画村田乐。每有贩其画者，威必问其所往，若至都下，则告之曰：'汝往画院前易也。'如其言，院中人争出取之，获价必倍。"元代夏文彦《图绘宝鉴》中记载了一位画家兼做画商的赵彦，汴梁人，居临安，"开市铺，画扇得名"，这种双重身份，恰能更方便扮演制作与销售间的桥梁。① 此外，北宋尚有"京师杜孩儿"，因擅绘婴戏得名，但也是有姓

---

① 夏文彦：《图绘宝鉴·南渡后》卷四，京华出版社2000年版，第196页。

卷三 宋代风俗画中的情景叙事

无名,仅留下一个类似绰号的名字。虽如此,杜孩儿在当时名声极大,其画"画院众工必专求之,以应宫禁之需"。另外尚有"照盆孩儿"刘宗道、南宋画工李东曾于临安御街前售卖《尝酸图》等。

如前所述,两宋院画家多为社会招募,尽管许多民间画工通过层层筛选进入画院,其间也包含一些诗文辞章的考测,但这些院画家原本固有的"工匠"身份并未根本改变。他们长期扎根民间而形成的民间审美可谓根深蒂固,这尤其表现于南宋。即使是世代供奉御前的院画家,由于他们对民间生活接触远没有民间画工频繁细致,但"凡作一画"又要"必先呈稿",①因此也多会购买一些民间画工作品,以做参考甚至仿效。故而创作上院画家与民间画工在当时多有互动。其结果就是两宋时,尤其南宋院画家所绘风俗画很大程度上带有市民审美情趣。如王居正《纺车图》、李唐《村医图》、李嵩《货郎图》和《龙骨车图》以及大量南宋"牧牛图"等。

据北宋刘道醇《圣朝名画评》记载,江南叶仁遇曾作《维扬春市图》,所绘为扬州市场交易场景,"土俗繁浩,货殖相委,往来疾缓之态,深可嘉赏,至于春色怡荡,花光互照,不远数幅,深得淮楚之胜";汴京高元亨尝作《多状京师市肆车马》,并有对开封城内琼苑、角抵、夜市等场景的描绘;又载燕文贵曾作《七夕夜市图》,记录了"自安业界北头至潘楼竹木市"的"浩穰之所",并以展现太平车、江州车、酒肆前的"绞缚楼子"著称于世。②画工赵春以工画酒楼豪饮为世人喜看,画工李东则常在御街卖其所画《村田乐》《尝醋图》之类,颇受欢迎。③此类作品,描绘的多为城市生活的繁荣与忙碌,热衷表现热闹繁忙的生活气息与市井氛围。由于与普通市民的生活相关,既能引起市民的亲切感,颇受欢迎,又在一定程度上展现了皇家治下的太平繁阜,亦能受到

---

① 邓椿:《画继》卷十《杂说》,载任道斌、王伯敏主编《画学集成》(六朝—元),第671页。

② 刘道醇:《宋朝名画评》卷一,载任道斌、王伯敏主编《画学集成》(六朝—元),第242页。

③ 王伯敏:《中国绘画史》,上海人民美术出版社1982年版,第196页。

统治者认同。

正因如此，市民喜好的风俗画其创作主体并非只有民间画工，许多曾在民间生活多年后进入画院的院画家，其创作风格亦多受市民喜好影响。但需留意的是，即使是同一题材，民间画工与院画家各自在情境处理上也有差异。一方面，院画家所绘风俗画情景造境在尊重客观现实基础上更趋唯美，讲求对天下太平、国泰民安、物阜民丰、安居乐业的宣教作用；画中配景布局也更多虑及皇家赞助者的审美要求。如：马远《踏歌图》、阎次平《四季牧牛图》、李唐《村医图》、李嵩《货郎图》等。另一方面，民间画工则以市井销售为目的，更倾向于揣摩市民喜好，因此作品更加亲切感人，生动质朴，具有明显民间性、生活化、写实性、情趣化等特点。如佚名的《杂剧眼药酸图》（图2）、《杂剧击板鼓表演图》（图3）、佚名《柳荫群盲图》等。

图2　（南宋）佚名《杂剧眼药酸图》

图3 （南宋）佚名《杂剧击板鼓表演图》

三 市民喜好的多样化丰富了创作类型

  从题材类型看，如商业贸易、戏曲杂剧、市民生活、娱乐竞渡、时令风俗类作品多属市井范畴，极受市民喜好。在宋代市民日常生活中，曲艺杂剧表演应为重要娱乐休闲形式，故而商业性与文艺性并重的戏曲杂剧类两宋风俗画应为市井题材重要代表。孟元老《东京梦华录》是记叙东京汴梁繁华胜迹的一部著作，其中就记载了北宋末年在瓦市中深受市民喜爱的各种戏剧曲艺表演，如小唱、影戏、说诨话、叫果子、杂剧、诸宫调、舞旋等形式。而从事曲艺表演者则有歌伎、舞伎、乡村艺人、宫廷乐工等。那时的曲艺表演"浅酌低唱"实际已成为商业性艺术活动呈现于市民日常生活。如刘道醇《圣朝名画评》卷一载，高元亨所绘《从驾两军角抵戏场图》（佚），画中"写其观者，四合如堵，坐立翘企，攀扶仰俯，及富贵贫贱、老幼长少、缁黄技术，外夷之人，莫不具备。至有争怒解挽，千变万状，求真尽得，古未有也"①。宋代社会的商品化使曲艺杂剧有了生长的土壤，在宋代风俗画中我们常见街市、青楼、酒肆、瓦子、茶馆到处都有"低吟浅唱"式的表演艺术。而大量存在着的民间艺人也以此作为谋生手段，如北宋颇有名气的诨话艺人张山人就曾说过："某乃于都下三十余年，但生而为十七字诗，鬻钱以糊口。"② 关于艺人张山人，在北宋汴京应是极有名气，如何薳所著《春渚纪闻》卷五《张山人谑》，洪迈所著《夷坚乙志》卷十八《张山人诗》，王灼所著《碧鸡漫志》卷二皆有言及张山人；孟元老《东京梦华录》卷五《京瓦伎艺》条，亦有关于"张山人说诨话"的记载。综合以上著述，对于"张山人"可总结如下：张山人，山东兖州人，自乡里入汴京，在瓦舍间以说诨话为生，善以十七字作诗，颖脱含讥讽；人多畏其口，著名于熙宁至崇宁间（1068—1106）。类似日常发生在城市间与市民生活联系紧密的活动则又被表现在风俗画中，如传为苏汉臣所作《杂剧戏孩图》。另外在百科全书式的《清明上河图》中也多有表现。

　　流传至今的佚名《杂剧眼药酸图》，这幅风俗画是现存宋代较能体现宋人市井生活中曲艺表演的典型代表。画中描绘的是瓦市间表演艺人从事戏曲杂剧表演的情境，左边一人高冠长袍，身上绘有眼睛图案，应为卖眼药者。另一人手指眼睛应是在告知售药者他患有眼疾，急需医治。病者身后插有一把写着"诨"字的圆扇，据孟元老《东京梦华录》卷五"民俗"条记载，此为宋代戏剧表演时典型情景记录。③ 画面用笔轻松，人物造型诙谐有趣，稚拙生动，富有戏剧化与表演性的艺术情境，能令

---

① 刘道醇：《宋朝名画评》卷一，载任道斌、王伯敏《画学集成》（六朝—元），第242页。
② 王辟之：《渑水燕谈录》卷十，载纪昀总纂《四库全书总目提要》，河北人民出版社2000年版，第696页。
③ 孟元老：《东京梦华录》卷五"民俗"条，中华书局1982年版，第131页。

观者联想到整个杂剧表演过程。画面情景描绘也远没有院画家所绘复杂，显示出流行于普通市民间绘画样式的简朴与直白，画面直陈主题，不作繁复背景描绘。类似作品还有故宫博物院所藏南宋无款《杂剧击板鼓表演图》。画中两位艺人正在进行板鼓表演，人物的眼神、动作、服饰都具有典型的舞台表演特点。左侧男性身旁有斗笠扁担，右侧妇人身上则插有写着"末色"的蒲扇，身后置有板鼓。画中配景以典型道具描绘了宋代市井生活中曲艺表演的瞬间，描绘情境与《杂剧眼药酸图》有异曲同工之妙，此类作品多无款识，应为民间画工所作。

张择端除绘有《清明上河图》外，对于"市井"题材的表现，亦有如《金明池争标图》（图4）这类表现娱乐竞渡的作品。此画属市民常喜之小品样式，以较小尺幅（28.5cm×28.6cm）描绘了北宋清明节后、端午节前金明池上龙舟竞渡的游乐场景。该作尺幅虽小，描绘之细，却令人惊叹。人物虽如蝼蚁般大小，但神态动作、用笔用色却清晰可辨。就连画中竞渡的龙舟造型亦历历可数，如小龙舟、虎头舟、飞鱼舟、鳅鱼舟等。金明池原为北宋水兵演练之地，后成为水上娱乐场所，徽宗时不禁游人，每年自三月起，游人如织，观龙舟争标等娱乐。据宋代孟元老《东京梦华录》载："池在州西顺天门外街北，周围约九里三十步。池西直径约七里许。入池门内南岸，西去百余步，有面北临水殿，车架临幸，观争标赐宴于此。……往日旋以彩幄，政和间以土木工造成矣。又西去数百步，乃仙桥，南北约数百步，桥面三虹，朱漆阑楯，下排雁柱，中央隆起，谓之'骆驼虹'，若飞虹之状……"① 对照张择端《金明池争标图》，情境大致不差。这种市民生活中的龙舟竞渡曾一度延续至南宋。如南宋耐得翁《都城纪胜》中载："西湖春中，浙江秋中，皆有龙舟争标，轻捷可观，有金明池之遗风。"南宋李嵩也曾作《龙舟图》，台北"故宫博物院"尚有他的《钱塘观潮图》，故宫博物院亦有宋代佚名《龙舟竞渡图》，这些作品都是以客观视角细致表现市民生活的风俗画。

---

① 孟元老：《东京梦华录》卷七，第181页。

图 4　（北宋）张择端《金明池争标图》

除市井题材外，"田家风物"也深受市民欢迎。如《宣和画谱》卷三载："盖田父村家，或依山林，或处平陆，丰年乐岁，马牛羊鸡犬熙熙然。至于追逐婚姻，鼓舞社下，率有古风，而多见其真，非深得其情，无由命意，然击壤鼓腹，可写太平之象，古人谓礼失而求诸野。"[1] 此类创作，作者大都对田园风情、城市生活、市井百态、平民活动有着极为深入的观察与体会。情境创建亲切生动、淳朴真挚，具有浓郁的生活趣味与诗意美感。其作者要么是民间画工，要么就是在民间生活多年与普通百姓有过长期接触后又成为院画家者。这种情形尤其表现在南宋，如

---

[1] 俞剑华：《宣和画谱》卷三，江苏美术出版社 2007 年版，第 86 页。

身为院画家的李唐，却能在《村医图》（图5）中将民间艾灸治疗的声嘶力竭与痛苦不已表现得如此生动细致，且对画中人物动作表情、服饰衣着、空间场景描绘得真实细腻，生动可信。若没有对现实生活细致、深入和长期的观察，显然难以做到。这应与李唐48岁才进入画院且在两宋间又颠沛流离多年的民间生活经历密切相关。诚然，这种对乡村生活真实生动的描写除能满足皇家好奇之心外，也更符合市民喜好。由此我们明显能够感觉到南宋画院中的世俗性远胜北宋。

图5　（南宋）李唐《村医图》

当然，对于"田家风物"题材的创作，民间画工也相当踊跃。如见于画史记载者有"江南祁序擅长田园牧放，有《放牧图》卷传世；神宗时有晋阳画工陈坦，擅长田家风景，有《村医》《村学》《田家娶妇》《移居丰社》等；徽宗时绛州民间画工杨威'工画村田乐'，其画至京都贩卖，每被画院中人高价购入；还有民间画工李东所画《雪江卖鱼图》等"①。

结　语

　　伴随宋代社会的近代性与商品经济的发展，绘画成为一种深受市民普遍喜爱的商品。由于市民阶层构成的复杂性，加之文化欣赏水平及购买能力有限，风俗画以其雅俗共赏、喜闻乐见、易于理解的特点，以及创作题材的丰富多样更为市民所中意。而此类风俗画在情境营造与构思布局中形制、造型、设色、内容等多带有质朴纯真、欢快热烈、亲切生动、避雅尚俗、尺幅较小等审美倾向。但宋代民间审美中"俗"的倾向，并不能将之简单理解为"低俗""恶俗"，更多的是带有"通俗""世俗"的意味。创作主体的丰富多样亦不限于民间画工，流落民间多年后进入宫廷的院画家情景创建中也同样传递出一种亲切、生动、热烈、淳朴的画面气息，深受市民欢迎。

---

　　① 吕少卿：《大众趣味与文人审美：两宋风俗画研究》，天津人民美术出版社2014年版，第23页。

宋代风俗画创作情境构建中的三种审美因素

宋代风俗画创作之盛已为学界所公认。无论是题材样式、图式风格，还是造型特点、绘画语言，甚至画中配景，宋代风俗画的成就都是其他时代无可比拟的。本文通过梳理、研究大量宋代风俗画后发现，尽管其存世数量巨大，参与创作的画家众多，创作题材丰富，但始终受到三种审美因素的影响，即院体画风、文人意趣、市民喜好。本文从分类学的角度对宋代风俗画进行归纳与梳理，试图探究审美因素主导下风俗画在风格上的创作规律与图式状态，以期将复杂的画史现象明朗化。

宋代三百余年，风俗画的创作之盛堪称画史之最，其画面情境的创建基本受到了三种主导性审美因素的影响，即院体画风、文人意趣、市民喜好。此三者之间不仅各自形成了相对独立完整的审美导向，且彼此之间相互渗透、影响。宋代商品经济飞速发展，涌现出大批庶族、平民出身而跻身士大夫的贵族阶层，由此而形成的社会整体的审美喜好与前代有很大程度的不同。这种审美倾向不仅具有贵族崇尚雅致精巧的特点，同时也不断融入平民阶层"俗"文化的审美喜好。雅与俗的文化在宋代互相渗透，从上而下，自然流布。

宋代风俗画创作情境构建中的三种审美因素

图1 （五代）顾闳中《韩熙载夜宴图》
绢本设色，局部，故宫博物院藏

一 院体画风

宋代风俗画在创作主体上，基本由院画家、文人士大夫画家、民间画工三大群体构成，据此则形成院体画风、文人意趣、市民喜好三种审美导向。

（一）从社会历史学角度分析风俗画

纵观画史，绘画始终受到社会阶级构成的影响，如《左传》有言："昔夏之方有德也，远方图物，贡金九牧，铸鼎象物，百物而为之备，使民知神奸。"① 曹植认为："存乎鉴戒者，图画也。"② 西晋陆机则认为："丹青之兴，比雅颂之述作，美大业之馨香。"③ 唐张彦远的《历代名画记》中也有"宣物莫大于言，存形莫善于画"④ 之句。上述这些观点大多从统治阶级的立场赋予绘画明显的宣教色彩。画史已不断证明，在阶级分化极其明显的中国封建社会，纯粹的、不附着阶级意味的绘画并不存在。尽管从历史学与考证学的角度出发，我们今天常将风俗画视为对一个时代社会生活的有效图证，但其对现实生活的反映也是相对而非绝对的，这些作品大都带有阶级色彩与粉饰意味。画院虽然正式设置于五代，但雏形机构滥觞于汉、唐。历代宫廷画师的称谓有"画史"（先秦）、"应召画士"、"尚方画工"（汉）、"御前画师"、"秘阁待诏"（魏晋）等。汉代虽无"画院"这一叫法，但有在功能上几乎等同于画院的画室。唐代有隶属于翰林院的画院，并有写真待诏一职。⑤ 唐张彦远在《历代名画记》中曾两次提及隶属集贤院的画院，此时实际已有画

---

① 李卫军：《左传集评》，北京大学出版社2016年版，第784页。
② 曹植：《画赞序》，载韦宾笺注《六朝画论笺注》，天津古籍出版社2018年版，第227页。
③ 葛路：《中国画论史》，北京大学出版社2010年版，第25—26页。
④ 张彦远：《历代名画记》，朱和平注译，江苏美术出版社2007年版，第2页。
⑤ 冯远、张晓凌主编：《中国绘画发展史》，天津人民美术出版社2006年版，第267页。

官应奉禁宫，其规模亦不小。五代、两宋成为古代画院发展的鼎盛期，而五代又以西蜀、南唐最盛。宋时画院又称翰林图画院，在吸收西蜀、南唐体制及画家基础上于太宗雍熙元年（984）建立。至徽宗时，其建制、规模、人才、创作皆最盛。两宋院画家得到史上最高礼遇，如南宋邓椿《画继》载："本朝旧制，凡以艺进者，虽服绯紫，不得佩鱼。政、宣间独许书画院出职人佩鱼，此异数也。"① 南宋院画家更被频繁授以金带，仅高宗朝被授金带且著名者有李唐、杨士贤、李迪、李安忠、朱锐、顾亮、李从训、阎仲、周仪、马公显、萧照、马世荣等，孝、光、宁宗三朝有阎次平、刘松年、马远、夏圭、陈居中、梁楷、林椿、吴炳等。② 尽管礼遇颇高，但历代画工多半无创作自由，宋时亦然。《绘画微言》有载："宋画院众工，凡作一画，必先呈稿本，然后上其所画。"《画继》中也有记载："其后宝箓宫成，绘事皆出画院，上（徽宗）时时临幸，少不如意，即加漫垩，别令命思。"久而久之，院画家所绘作品便留下了较深的阶级烙印，成为映照赞助人审美喜好的载体，这其中尤以风俗画最为明显，如王伯敏所言："宗教绘画中的神，往往具有世俗的风貌，因为它不可能是超阶级的产物。"③

（二）从绘画演进的历程看院体画风

由于画院在宋代画坛的主导力，院画家便自然成为风俗画创作最核心的群体。而院体画风则首推皇家趣味。所谓皇家趣味，也并非专从题材而言，除描绘皇家、贵族生活的情景外，更多是为了迎合赞助人审美情趣并为其政权服务。

那么，何为院体画风？"院体"一词较早由宋郭若虚提及，其《图画见闻志》卷四"李吉"条载："学黄氏为有功，后来院体，未有继

---

① 邓椿：《画继》，人民美术出版社1963年版，第125页。
② 邓乔彬：《南宋初院画的兴盛及其原因》，《广州大学学报》（社会科学版）2005年第3期。
③ 王伯敏：《中国绘画史》（修订版），文化艺术出版社2009年版，第4页。

图 2 （南宋）李唐《牧牛图》
绢本设色，61cm×63cm，故宫博物院藏

者。"① 可见，最初的院体专指"黄家富贵"体。随后，赵昌、崔白的加入为画院注入新鲜血液，院体的说法也继续存在。《宣和画谱》卷十九载武臣吴元瑜："善画，师崔白，能变世俗之气，所谓院体者，而素为院体之人，亦因元瑜革去故态，稍稍放笔墨以出胸臆。"宋徽宗时，"宣和体"一度取代院体的说法，如《画继》中"李诞"条载："多画丛竹，笋箨鞭节，色色毕具，宣和体也。"至南宋，山水、花鸟画兴盛，画院中亦出现主导性画风，代表性画家有"南宋四大家"。此后，南宋院体画一度被视为院体画的象征，如元夏文彦《图绘宝鉴》载："王渊，字

---

① 郭若虚《图画见闻志》成书于元丰六年（1083），是所见较早使用"院体"一词者。

若水,号潏轩,杭人。幼习丹青,赵文敏多指教之,故所画皆师古人,无一笔院体。"这里的"院体"画风专指"马、夏画风"。

综上所析,可知盛行于五代、两宋的院体画风实际上是不断变换的绘画形式,其在一定程度上与院画、院画家互为指代。"黄家富贵"、郭熙、"南宋四大家",甚至宋徽宗本人,都曾对院体画风起到主导性的影响。南宋赵升在《朝野类要》中总结道:"院体,唐以来翰林院诸色皆有,后遂效之,即学宫样之谓也。"[1] 顾平概括"院体"主要有三种样式:(1)"黄氏"画风的富贵与谨严;(2)"宣和体"讲究"法度"与"形似";(3)南宋"马、夏",高古精工。[2]

(三) 两宋院体画风的状态

无论上述宋代院体画风的形式如何变化,皇家审美主导下的风格演进是始终不变的。只不过,两宋风俗画的皇家审美趣味各不相同。

纵观五代、两宋风俗画史,重要者如五代卫贤的《闸口盘车图》、顾闳中的《韩熙载夜宴图》、赵幹的《江行初雪图》,北宋张择端的《清明上河图》、苏汉臣的《秋庭婴戏图》、王居正的《纺车图》,南宋李唐的《村医图》、马远的《踏歌图》、李嵩的《货郎图》以至李唐、阎次平、李迪等人的"牧牛图"等,几乎均为院画家所绘,这亦见证了院画家的主导力。苏汉臣的《秋庭婴戏图》应为北宋院体风俗画之典型。元夏文彦《图绘宝鉴》记其"释道人物臻妙,尤善婴儿",其所绘"婴戏图"可谓"深得其状貌而更尽其情,着色鲜润,体度如生,熟玩支不诋相与言笑者"。清厉鹗《南宋院画录》载:"苏汉臣作婴儿,深得其状貌,而更尽神情,亦以其专心为之也……婉媚清丽,尤可赏玩,宜其称隆于绍隆间也。"[3] 苏汉臣的画风可被视为北宋皇家样式风俗画之典型:

---

[1] 赵升:《朝野类要》,上海:商务印书馆1939年版,第20页。
[2] 顾平:《皇家赞助与文化认同——南宋院体山水画风格研究》,博士学位论文,南京艺术学院,2002年。
[3] 《南宋院画录》,上海人民美术出版社1963年版,第32页。

隽美华丽、清秀饱满，设色典雅、工细巧正、线条细腻、工巧温婉，造型谨严、细腻柔美。

　　这种画风的形成很可能源于北宋时期社会稳定、经济繁荣、"右文"盛行，皇家贵族、文人士大夫能够沉浸在闲适安宁、吟风弄月、自我满足的生活环境之中。另外，在彼时绘画整体审美的引导下，北宋风俗画中的皇家趣味倾向于追求场面宏大、背景繁复、巨细无遗、端庄典雅、设色艳丽、谨严写实且重形似格法，如张择端《清明上河图》《金明池争标图》、苏汉臣《货郎图》《秋庭婴戏图》、佚名《盘车图》《冬日婴戏图》等。总体而言，北宋风俗画对院体画风的体现基本是在承续"黄家富贵"典雅之风的基础上融入"宣和体"的谨严法度与对形似的追求。

　　"靖康之变"后，赵宋皇室偏安于江南地区，深感危机四伏。为巩固风雨飘摇的政权，南宋统治者将画院的宣教功能发挥到了极致。画院的创作也因此多旨在夸耀统治阶级的英明神武与百姓的安康富足。出于此种政治目的，表现现实情境的风俗画在彼时首先担负起了宣教的重任，这便导致南宋风俗画的创作较北宋而言更为繁荣。从整体上来看，南宋院画家所绘风俗画是在继承"南宋四大家"章法的基础上，将边角置景、典型聚焦、诗意美感画风融入南宋盛行的小品样式，使审美趣味倾向于更易为普通百姓所接受的质朴纯真、含蓄内敛、设色轻柔、清新秀雅的诗意美感，如李唐《村医图》《牧牛图》、李嵩《货郎图》《服田图》《市担婴戏图》、李迪《雪中归牧图》、佚名《征人晓发图》等。

（四）两宋风俗画的题材

　　两宋皇家审美风俗画的题材主要有如下两大类：第一类是表现贵族的日常生活，意在彰显贵族生活之富贵典雅与精致巧丽。此类题材以五代、北宋时期的一些画作最为典型，如顾闳中《韩熙载夜宴图》、苏汉臣《秋庭婴戏图》、佚名《冬日婴戏图》等。第二类是表现皇家统治下的百姓生活，此类作品宣教意味尤重，如张择端《清明上河图》、马远

《踏歌图》、阎次平《四季牧牛图》、李嵩《货郎图》等。

图3　（南宋）苏汉臣《秋庭婴戏图》
纸本设色，25cm×25cm

尽管历史、社会、政治、地域等因素造成两宋风俗画的院体画风在表现形式与艺术风格上存在显著差异，但从审美的本质上来看，其为维护统治阶级利益而设置的宣教目的从未改变。从情境描绘与审美风格来看，北宋风俗画的院体画风更接近真正意义上的皇家审美。这应当是源于皇家画院的正统审美更重格法规矩，力求精确严谨、恢宏富丽，表面上看是在彰显皇家治下的隆盛富足与太平祥睦，实际上仍然是对政权的巩固与强化。南宋风俗画则因特殊的历史原因，更多地体现出一种既体现皇家趣味又兼顾百姓接受度的含蓄式平衡。

需要留意的是，两宋画院所绘风俗画的题材虽常有重叠，但情境意趣的区别十分明显。比如虽然主题上同为"货郎图"，但苏汉臣与李嵩所选择的表现形式就不同。其中原因也与上述所论及的背景相同，尽管两人均为院画家，但苏汉臣创作《货郎图》是出于满足赞助者喜好的目的，因而画中有许多华丽、浓艳的装饰，而绘制另一幅《货郎图》的李嵩则因为出身民间，与普通百姓接触更多，其作品尽管在某种程度上也有粉饰太平的意味，但设色更加淡雅、画风更加朴素，更为贴近生活。

二　文人意趣

从严格的分类学角度将宋代文人的审美单独划分出来似乎不够严谨。因为在宋代文风极盛的时代背景下，绘画领域投射出极高的文化修养，宋代有传世画作的画家中多数都应被视作文人。李成、范宽、苏轼、李公麟、米芾、王诜等不在画院体制内的文人画家自不待言，而院画家如郭熙者，若无高深的文化修养，又岂会有流传百世之《林泉高致》？习惯上，人们多认为院画家中的风俗画家文化修养略低，然而事实并非如此。金代张著于《清明上河图》上题写的跋文就很能说明这一点："翰林张择端，字正道，东武人也。幼读书，游学于京师。后习绘事……"[1] 先游学，不得志而后改习绘画者在宋代颇为常见。南宋画院中出身书香门第、世代业儒者更是不胜枚举，如马远家族便是典型例证，其曾祖父马贲、祖父马兴祖、伯父马公显、父亲马世荣、弟弟马逵、儿子马麟等都是具有很高文化修养的院画家。[2]

因此，需要说明的是，本文所述文人审美是相对院画家与民间画工而言的，前者受皇家审美的约束，后者又被市民喜好的绘画市场左右，二者在创作中很难有主观创造性。本文所指文人审美由于既不在画院体制内判定，亦不为艺术市场所左右，因而较能显现文人审美的情趣。

（一）宋代文人士大夫的世俗性

尽管学界习惯上将宋代文人视为两宋高雅文化的代言者与实践者，

---

[1] 参见《清明上河图》后张著题跋。
[2] 陈寅恪：《金明馆丛稿二编》，上海古籍出版社1980年版，第245页。

但实际上他们的审美与生活却处处透露出世俗的一面。虽然宋代士大夫雅俗观念的核心是忌俗尚雅,但又与前代士人那种远离现实社会、绝尘高蹈的心境有所不同。他们的审美追求不仅表现为精神上对崇高人格和内心世界的探索,而且表现为对世俗生活的体验欲望和对官能感受的追求。

图4 (北宋)王诜《渔村小雪图》(局部)
绢本设色,故宫博物院藏

之所以形成这样的审美追求,是因为在各种精神养分的滋润中成长起来的宋代文人士大夫是一个有着高度文化修养的阶层,这造就了他们克制、自省而又超脱的品性。宋代文人在充分继承前代文化思想的基础上,也继承了历代儒学精义中修身养性、洁操慎行的升华个人精神境界的方法,并将其推向了极致。与此同时,丰裕的生活和大量空闲时间又使得他们能够充分享受生活。邓乔彬认为:"平民化、通俗化与精英化、典雅化一起,如鸟之双翼,遂使宋代绘画形成了具有现代意义的发展趋势，造就出前所未有的局面。"① 李希凡也认为，宋代艺术有两个显著特点："一是繁荣的市民文化消费生活带来通俗文化的极端兴盛，后世一切通俗文艺品种几乎都在此时产生……二是丰裕和有闲使得士大夫阶层充满精力，庄、禅、理的作用使其心境清简，于是他们将目光投向艺术，发挥出极强的创造力，对古典艺术做出全面的总结与完善，同时又撷取市井艺术的精华，由此开辟出生机勃勃的新境界。"②

（二）雅俗文化交融中的图像生成

在宋代，几乎所有文化艺术形式"都出现了上层文化与下层文化交融的趋势，走向大众化和世俗化"③。因此，尽管士大夫文人阶层培养出了知识层次与文化品位都极高的审美观照方式，但在生活态度上他们又是纵逸的一代。市井幽宅之内，耳鬓厮磨之时，歌舞升平之际，优越的生活条件加重了文人对世俗生活的眷恋。他们难以从艳冶的欢歌乐舞和物质生活中超脱出来，积极参与并投身市井艺术创作。

然而，两宋的"右文"政策又使得宋代文人真正拥有了自得的地位。虽然"文治天下""以文驭武""重文轻武"等治国理念使得文人士大夫在那个时代拥有了更多的话语权，但宦海沉浮、党派纷争的政治旋涡亦使得沉浮不定的文人士大夫产生了强烈的遁隐山林、寄情书画的愿望，于是便出现了以苏轼、米芾、文同、李公麟、王诜、赵伯驹、赵令穰等为代表的一批文人画家。他们不仅在绘画上有新的开拓，而且在理论上开时代之先。无处不在的文学气息自然而然地便渗透进了风俗画创作领域。显然，文人画家在造境中将自身的文化修养与画面情境进行了巧妙融合。

---

① 邓乔彬：《宋代绘画研究》，河南大学出版社2006年版，第17页。
② 廖奔主编：《中华艺术通史·五代两宋辽西夏金卷》（上编），北京师范大学出版社2006年版，第22页。
③ 龙登高：《南宋临安的娱乐市场》，《历史研究》2002年第5期。

(三) 诗意与画境的结合

文学与绘画的结合在汉代即已出现，只是当时人们的绘画技艺尚显稚拙，文学语境与画面情境的配合并不十分融洽。至魏晋时，这种结合有了很大发展，如顾恺之的名作《洛神赋》《女史箴图》均取材自文学名著，且较好地把握住了文学名著的内涵。至唐代，文学与绘画的结合已十分普遍，最典型者当数被董其昌尊为文人画始祖的王维。就王维而言，诗人与画家的双重身份使他具备了绘画文学化的先决优势。尽管无可靠画作传世，我们也可以通过苏轼在《使至塞上》中的评价——"味摩诘之诗，诗中有画；观摩诘之画，画中有诗"看出，王维绘画作品的诗意情境最起码大大满足了苏轼挑剔的眼光。幸运的是，画作虽然未见流传，但我们还是能从王维"大漠孤烟直，长河落日圆""山中一夜雨，树杪百重泉""行到水穷处，坐看云起时""明月松间照，清泉石上流"等诗句所营造的意境中感受其所主张的画境。

图 5　（南宋）李嵩《货郎图》
绢本设色，25.5cm×70.4cm，故宫博物院藏

邓乔彬认为："虽我国的文人画出现较早，但绘画的文学化却是始于

宋代。"① 文人画家自不待言，即使是院画家，对文学与诗歌的结合也是不遗余力的，如画院考试常以诗词命题来选取画工，"蝴蝶梦中家万里""深山藏古寺""嫩绿枝头红一点，恼人春色不须多""踏花归去马蹄香""野水无人渡，孤舟尽日横""竹索桥头卖酒家"等诗词名句是考试中常见的题目。考生对画面情境的构建亦着意于文学意味。南宋俞成的《萤雪丛说》上卷载："徽宗政和中，建设画学，用太学法补四方画工，以古人诗句命题，不知抡选几许人也。"② 这样的文学化命题虽然令许多知识积累不够的民间画工"仕途"不幸，但对提高画家整体文化水平和艺术想象力的助益无疑是良多的。就文人画家而言，他们视绘画为传达自我心境的手段，因此，诗意与画境的结合是他们最理想的画面造境追求。

（四）以《渔村小雪图》为例看风俗画作中的文人情境

宋代文人画家亦有不少从事风俗性题材创作，如李成绘制了《读碑窠石图》，郭忠恕绘制了《雪霁江行图》，李公麟绘制了《五马图》，等等。这里要特别提出的画家是王诜。据《宣和画谱》记载，宋代内府所藏王诜作品有35件，其中风俗题材的有《柳溪渔捕图》《江山渔乐图》《渔乡曝网图》等，传世的则有《渔村小雪图》（图4）。虽然贵为驸马都尉，但王诜寄情书画，志趣、思想、性情更近文人，又因自身不俗的文学修养与鉴赏功力，其画作显现出很高的造诣，更因出身及成长环境等因素，其贵族气质和文人气息在作品中得以完美融合，因而画作少了一分皇家院体的富贵艳丽，多了一分清新脱俗的诗意温情。《宣和画谱》便赞其"写烟江远壑，柳溪渔浦，晴岚绝涧，寒林幽谷，桃溪苇村，皆词人墨卿难状之景。而诜落笔思致，遂将到古人超逸处"③。

《大不列颠百科全书》中对"风俗画"的释义为："自日常生活取材，一般用写实手法描绘普通人工作或娱乐的图画……风俗画的主题几

---

① 邓乔彬：《论宋代绘画发达的原因》，《中国文化研究》2005 年第 2 期。
② 参见南宋俞成《萤雪丛说》。
③ 俞剑华校注：《宣和画谱》，人民美术出版社 2016 年版，第 203 页。

乎一成不变的是日常生活中的习见情景，它排除想象因素和理想的事物，而把注意力集中于对类型、服饰和背景机敏的观察。"[1]《渔村小雪图》正是以客观真实的视角表现丰富的人物活动与社会风习。与范宽《溪山行旅图》中的人物点景不同，这幅画人物众多、情节丰富，对建筑、舟船、网渔等均有细致描画，具有明确的民间性、社会性、群体性、季节与时令性、现实性、历史文献性、常见性等艺术特征，且基本排除了想象因素，更不带有明显的政治、宗教或伦理等价值判断。

宋欧阳修《论画·论精鉴之事》谓："萧条淡泊，此难画之意，画者得之，览者未必识也。故飞走、迟速、意浅之物易见，而闲和、严静、趣远之心难形。"王安石谓："欲寄荒寒无善画，赖传悲壮有能琴。"在宋人眼中，"萧条淡泊""荒寒趣远"应是最富艺术魅力的画境，且最难表现之境亦莫过于"萧条淡泊"与"趣远之心"。《渔村小雪图》一画在造境时依托于丘壑经营与笔墨意趣，营造出秩序井然的渔村环境，彰显出小雪初降、天地青岚、浑然一片、恬静萧疏的诗意之美，含蓄地透露出文人超逸、孤寂、清冷、萧疏的审美心境。此作应为宋画中文人所绘将山水情境与丰富的人物活动巧妙融合的典范。宋人静观内省、含蓄内敛的置景意趣在此画中得以淋漓映现。

三 市民喜好

两宋商品经济的发展实际已具备近代商业的雏形，市民也在很大程度上体会到商品经济对个人生活的影响。不少学者认为宋代社会开启了中国封建社会近代性的步伐。比如日本汉学家内藤虎次郎在《概括的唐宋时代观》中将中国古代社会分为古代（先秦至东汉）、中世（魏晋至唐中期）、近世（宋代以后）三个时期，其中宋、元为近世前期，明、清为近世后期。胡适《中国哲学史大纲》导言中也依据中国哲学思想的演变，提出与

---

[1] 参见《大不列颠百科全书·美术卷》"风俗画"词条。

卷三 宋代风俗画中的情景叙事

前者类似的"三世说",认为宋、元、明、清为近世。[①] 呈现出"近世"特征的较为频繁与发达的商业活动无疑对宋代普通市民的文艺生活产生了极大影响,宋代风俗画的鼎盛与这种近代性的呈现不无关系。

(一) 宋代绘画作为商品广泛进入普通家庭

从五代、宋初开始,商品经济的发展与绘画市场的繁荣使很大一部分画家将视线转向满足市民需求。从整体上来看,与市民阶层日常生活贴近、形象质朴生动、具有浓郁生活气息、设色艳丽、富有装饰意趣的作品颇受市民欢迎,如婴戏货郎、市井风情、仕女美人、田家风物等题材,其中尤以具有浓郁生活气息的风俗画更受市民喜爱。据宋代刘道醇的《圣朝名画评》记载,当时的绘画"好画尘世人物,描绘民间货物经商"[②]。与此同时,伴随两宋绘画的商品化,以及农业的进步、手工业的发展、工商业的繁荣、市民阶层的不断壮大,绘画不再专供个别贵族赏玩与收藏,而是作为商品进入市场,走入普通市民的家中。从宋仁宗时起,里坊制度被"坊市合一"的城市规划取代,艺术活动随之日趋频繁。比如宋孟元老的《东京梦华录》卷二记载道:"以东街北曰潘楼酒店,其下每日自五更市合,买卖衣物书画珍玩犀玉……朱雀门外及州桥之西,谓之果子行。纸画儿亦在彼处,兴贩不绝。"宋代吴自牧的《梦粱录》记载道:"今杭城茶肆亦如之,插四时花,挂名人画,装点店面。"

从绘画的样式来分析,相比皇家院体与文人情趣,宋代市民喜好的风俗画在题材与形式上更为自由多样。这些作品大多以小品形式呈现,画幅通常不大,少见构图与内容极繁复者,更少如张择端《清明上河图》、苏汉臣《秋庭婴戏图》之类巨制。人物造型追求稚趣性与生活化,质朴纯真,甚或憨态可掬,代表性作品有李唐《村医图》、李嵩《龙骨车图》、刘履中《田畯醉归图》等。就这些作品来说,它们的画面贴近

---

① 参见《大不列颠百科全书·美术卷》"风俗画"词条。
② 刘道醇撰,徐声校注:《圣朝名画评·五代名画补遗》,罗世平总主编,山西教育出版社2017年版。

图6　（南宋）苏汉臣《货郎图》

绢本设色，104.5cm×191.8cm，台北"故宫博物院"藏

生活，同时喜庆欢快、叙事性强、色彩明艳，所涉题材有市井、村田、耕织、牧放、曲艺等，五花八门。此类图式的出现有诸多原因：其一，由于市民阶层整体购买能力有限，因此多会选择价格便宜的小品画；其二，不同于皇家的富贵典雅与宣传教化，亦不同于文人的私密把玩，市民购买的画作多为直接张贴的家庭装饰；其三，市民阶层整体文化水平不高，欣赏能力有限，相比山水与花鸟，风俗画雅俗共赏、贴近生活、易于理解、气氛浓烈，故而更受欢迎。

综合来看，市民喜好的宋代风俗画，其情境旨趣是在追求雅俗共赏的审美趣味的基础上，明显偏重俗。与院体及文人审美的风俗画相比，这一特点尤为凸显。院体画风以皇家审美为创作旨归，受阶级因素、社会身份、创作主体、文化修养与赞助人喜好的制约，其作品整体看亦追求雅俗共赏，但明显偏重雅，甚至某些作品显现出尚雅忌俗的倾向，如顾闳中、周文矩、张择端、苏汉臣、李唐、阎次平等人的作品。这些画家作品的设色、笔墨、造型、置景造境都表现出极高的修养。换言之，院体审美的创作目的是供懂行者看门道，故偏重雅，而市民审美则供不懂行者看热闹，故偏重俗。文人审美不必顾及他人之好尚，作品钟情于文人自我心境与修养的流露，画面所呈现的视觉形象与绘画语言实为文人传情达意之媒介。故文人所作风俗题材绘画所体现出的实际为文人士大夫"高雅绝尘"式的审美。不过需要说明的是，宋代市民喜好的风俗画的画面情境虽然偏重于"俗"，但整体看并非"低俗""恶俗"，而是"通俗""世俗"。

（二）庞杂的画家队伍促成题材的大众化

市民阶层对绘画的喜好，无形中助推了画家队伍的壮大。南宋邓椿在《画继》中用"车载斗量"一词形容当时民间画工数目之巨。宋代刘道醇的《圣朝名画评》卷一记载："景德末，章圣营玉清昭应宫，募天下画流逾三千数，中程者不减一百人。"开封、临安当时都有专门的绘画市场。北宋时期的著名画家燕文贵就曾在初入开封时于天门道上售卖山水、人物画，许道宁也曾在开封端门外以附赠药品的方式兜售绘画。由于民间画工的社会地位与创作身份较低，多数画家未能留下名字。除以上提及者之外，北宋郭若虚在《图画见闻志》中对民间画工高元亨、毛文

图7　（南宋）马远《踏歌图》
绢本水墨，191.8cm×104.5cm，故宫博物院藏

昌、陈垣等人多作田家风物、城郭夜市、孩童婴戏的情况亦有记载。《画继》中亦曾载当时颇有名的民间画工杨威:"绛州人,工画村田乐。每有贩其画者,威必问所往,若至都下,则告之曰:'汝往画院前易也。'如其言,院中人争出取之,获价必倍。"元夏文彦《图绘宝鉴》中记载了一位兼做画商的画家赵彦,其为汴梁人,居临安,"开市铺,画扇得名"①,这种双重性质的身份恰能使画者更方便地扮演制作方与销售方的桥梁。此外,北宋尚有"京师杜孩儿",因擅绘"婴戏图"著称,但人们也只知其姓杜,不知其全名。这位"京师杜孩儿"在当时名声极大,其画"画院众工必专求之,以应宫禁之需"。另尚有刘宗道和南宋画工李东曾于临安御街前售卖《尝酸图》。

如前文所述,两宋院画家多为社会招募,尽管许多民间画工通过层层筛选进入画院,其间也有一些诗文辞章的考测,但这些院画家原本的工匠身份并未从根本上得到改变。他们长期扎根民间而形成的审美可谓根深蒂固,这在南宋时期表现得尤为明显。即便是世代供奉御前的院画家,由于对民间生活的接触远没有民间画工频繁、细致,且"凡作一画"又要"必先呈稿",②因此也多会购买一些民间画工的作品,以作参考甚至仿效。这就形成了院画家与民间画工在创作上多有互动的状况,其结果就是两宋尤其南宋院画家所绘风俗画带有明显的市民审美情趣,如王居正《纺车图》、李唐《村医图》、李嵩《货郎图》《龙骨车图》以及南宋时期大量的"牧牛图"等。

北宋刘道醇的《圣朝名画评》中记载了江南叶仁遇所作《维扬春市图》,画面描绘了扬州市场交易的场景:"土俗繁浩,货殖相委,往来疾缓之态,深可嘉赏,至于春色怡荡,花光互照,不远数幅,深得淮楚之胜。"汴京高元亨作《多状京师市肆车马》,对开封城内的琼苑、角抵、夜市等场景进行了描绘。同样由其所创作的《角抵戏场图》中,"写其观者四合如堵,坐立翘企,攀扶俯仰,及富贵贫贱,老幼长少,缁黄技

---

① 夏文彦:《图绘宝鉴》,商务印书馆1937年版,第77页。
② 唐志契:《绘事微言》,人民美术出版社1985年版,第33页。

术，外夷之人，莫不具备。至于争怒解挽，千变万状，求真尽得，古未有也"。燕文贵绘有《七夕夜市图》，记录了"自安业界北头至潘楼竹木市"的"浩穰之所"。他的许多作品因形象展现了太平车、江州车、酒肆前的"绞缚楼子"而得到广泛关注。① 画工赵春所画酒楼豪饮之场景为世人喜看，画工李东则常在御街卖其所画《村田乐》等。② 这些画家热衷表现城市热闹繁忙的生活与市井氛围，他们的作品既由于贴近世俗生活而颇受百姓欢迎，又在一定程度上展现了皇家统治下的太平景象，因此得到了统治者的认可。

正因如此，本文认为，受市民喜好的风俗画的创作主体并非只有民间画工，许多曾在民间生活多年后进入画院的院画家的创作风格亦多受市民喜好。不过需要留意的是，即使是对同一题材的表现，民间画工与院画家彼此在情境处理上又有差异。整体来看，在绘制风俗画时，院画家在尊重客观现实的基础上显现出对唯美的偏重，讲求对国泰民安、物阜民丰的宣教，画中置景布局更多会考虑皇家赞助者的审美要求。民间画工则以市井销售为目的，更倾向于揣摩市民喜好，因此作品更加亲切感人、生动质朴，具有明显的民间性、写实性、生活化、情趣化等特点。

结　语

综合本文所述，从分类学的角度来看，宋代风俗画在不同审美因素的主导下形成了三种创作样式：院体画风、文人意趣与市民喜好。三者不仅各自形成了相对独立且完整的审美体系，亦相互影响与渗透。本文研究认为，在宋代风俗画的创作中，审美取向上雅俗互渗的现象普遍存在，即平民化、通俗化与精英化、典雅化比翼双飞。

宋代院画家是风俗画创作的主力，赞助者的审美主导了院体画风，故而风俗画的创作便旨在迎合贵族阶层富贵典雅的审美倾向。尽管画中

---

① 参见刘道醇撰，徐声校注《圣朝名画评·五代名画补遗》。
② 王伯敏：《中国绘画史》（修订版），第196页。

情境大多或是炫耀皇家的富贵权威，或是对维护统治的宣扬，或是彰显贵族精致典雅的生活，且两宋时期因政治、历史、地域与审美风格的差异而形成了风俗画创作样式上的显著区别，但由于宋代皇家赞助人整体修养及文治之风所致，院体画风在整体审美取向上是忌俗尚雅的。

宋代文风极盛，文人在社会中占有主导地位，进行绘画创作之人很多。这些人在营造画面情境时多追求精英化的萧条淡泊与趣远之心。他们绘制风俗画时于形神兼备的要求之外更重神韵，注重笔墨意趣与自我心绪的传达，画中配景处处透露出文学气息，文学与绘画有较高程度的融合。

另外，随着宋代社会与商品经济的发展，绘画普遍受到市民阶层的喜爱。因受文化欣赏水平及购买能力的限制，风俗画以其雅俗共赏、喜闻乐见、易于理解的特点，以及欢快喜悦的气氛而深受普通大众的喜爱。此类风俗画作品的画面形制、造型、设色、内容等多带有质朴纯真、欢快热烈、亲切生动、避雅尚俗的特征。不过在笔者看来，这里的"俗"并非"低俗""恶俗"，而是"通俗""世俗"。与此同时，风俗画的创作主体亦不限于民间画工，在民间浸润多年后进入宫廷的院画家所绘风俗画中，也同样传递出一种亲切、生动、热烈、淳朴的画面气息，深受市民欢迎。

· 227 ·

宋代理学与两宋风俗画中
配景创作形态的关系

在思想认识领域，宋代理学的发展，全面影响到宋代风俗画中配景的创作。本文便尝试立足宋代历史文化语境，探讨理学对于宋代风俗画家在创建画面背景时的影响性因素。

儒学在中国历史上出现了两次兴盛：一是汉武帝罢黜百家、独尊儒术；二是宋代儒学的再度复兴。儒学的哲学化与理学的建立，是宋代文化上的一大变化。儒学在宋代的新变化，北宋以来称其为"道学"，南宋以来则称"理学"，至今学界也常称之为"新儒学"。如冯友兰就将宋代理学称为"新儒学"，一是指宋代理学的本质是儒学；二是指这种儒学不同于先秦、汉代儒学的特点。[①] 宋代理学作为"新儒学"是相对于孔孟儒学而言，说明理学不仅具备儒学的基本特征，而且不同于先秦儒学，它吸收了佛、道的成分，"把伦理原则上升到本体论和宇宙论，从而构建起精致的理论体系"。[②] 尤其南宋，理学的发展异常明显，可谓学派林立，影响之广，无所不入。基本形成了以朱熹为代表的道学、以陆九渊为代表的心学、以叶适为代表的永嘉事功学、以吕祖谦为代表的婺（金华）学、以陈亮为代表的永康学等学派，此外尚有以胡安国、胡宏、张栻为代表的湖湘学，以及以李焘、李石为代表的蜀学。

[①] 徐习文：《理学影响下宋代绘画的观念》，东南大学出版社2010年版，第14页。
[②] 徐习文：《理学影响下宋代绘画的观念》，第7页。

一 理学影响下宋代文人的群体特征

作为风俗画的创作主体,宋代文人在理学的风行之下显示出独特的社会群体特征。宋代文人对于来自理学的影响似乎与其内心观照有一种天然的默契,因此使得理学在绘画创作中影响颇为明显。实际上,这与时代风气以及宋代文人的生活观念与生活方式不无关系。宋代的文人始终都是生活在一种颇为矛盾的状态中:(1)宋代文人处在历史上最为优越与舒适的状态中,他们安于现状害怕外界丝毫的变动会引起自己生活状态的不适。(2)他们所饱受的传统文化的教育,又使得他们内心带有

图1 (北宋)郭忠恕《雪霁江行图》

不甘于平庸与安逸的"企图",因此也就出现了宋理中儒学出入于佛老。佛门也在学理上融合儒道,道教则从佛教中汲取养分,形成相互混杂的所谓"三教合流"的状态。(3)宋代的儒生矛盾的内心里其实是不愿意"终信一家、死守一经"的,这也使他们各种行为都拥有了比较完满的解释。(4)宋代是中国传统文化观念转折的时期。由于时代与客观环境的变迁,宋人开始形成新的哲学意识、新的思想方法和处世态度。

"从心理意象看,宋人静弱而不雄强,幽微而不开朗,收敛而不扩张。从行事倾向看,宋人重文轻武,不追求外部事功,重内在修养。从行为方式看,宋人喜好坐而论道,多议论而少决断,缺乏行动能力。从行为准则看,宋人推崇沉稳庄重老成,反感轻举躁进。在这种趋势的整体支配下,宋人最终走向文化心理的封闭、内倾与保守。"[①]

二 理学对宋代风俗画家的置景心境影响

徐习文认为理学对宋代绘画影响的媒介有三个:一是理学影响下的宋代文化环境;二是理学与绘画的主体士大夫产生了相互作用;三是画家对理学的积极反应。而宋代文化的大环境实际上是宋代理学对绘画产生影响的最关键因素与土壤。徐习文认为宋代的文化语境具有"体悟内省"的思维方式、"格物致知"的认知方式、"涵养心性"的修为方式三大特点。[②] 体现到绘画中就成为对于自然的"静观":观物、观情、观理、冥思、内省。理学在两宋作为具有广泛影响力的思想形式与文化背景,在有着高度文化修养的士人阶层成为风尚。这毫无疑问也必将会辐射到绘画领域,对于绘画的思维方式、创作理念、价值判断甚至表现技巧都有直接而全面的影响。朱良志就认为:"画家染指理学,绘画理论家以理学为基础建立自己的绘画理论思想以及理学家本身兼画家。这三

---

① 李希凡总主编:《中华艺术通史·五代两宋辽西夏金卷》(上编),本卷主编廖奔,北京师范大学出版社2006年版,第12页。

② 徐习文:《理学影响下宋代绘画的观念》,第18页。

种现象形成了宋代画坛中比较浓厚的理学气氛"。① 显然，融置景造境与人物活动于一体的风俗画，势必受之影响尤甚。徐习文认为，"理学影响了宋代绘画观念中的绘画本质观、创作思维方式、作品观、境界论"。② 本文认为宋代理学对于风俗画家在配景择取的心境影响主要体现在静、理、气三个关键字上。

（一）静，即静观内省式的取景心态

理学对于宋代风俗画家配景选择时创作心态影响最著之处，应是使画家养成了"静观"的取景心态。邵雍《观物内篇》谓："因静照物、以物观物。"程景《秋日偶成》中也提到"万物静观皆自得"。这些理论在很大程度上全面影响了两宋画家对风俗画中配景的择取。即以"静观内省"式的造境心态，完成对于自然物象的冷静观察与平静书写，以使风俗画中人文活动与情景构建达到高度和谐。最显著的例子便是《清明上河图》，倘若没有作者静观内省式创作心态，画面如此复杂的配景元素、宏大的场景布局、繁复的铺陈关系、人物与环境多样的空间衔接与处理是无法得以有条不紊、井然有序地铺展与描绘的。

（二）理，即穷理尽性的写景要求

宋代风俗画的创作予后世研究者最直接的感受应是创作者以循理求真的态度，将人物活动与环境情景真实而细致地融合。宋代理学认为，"一物有一理，万物皆有理"。这实际影响了宋代风俗画中配景对于所要描绘事物原理与规律近乎严格的把握上。在此基础上便衍生出对于情景描绘时求"真"的创作理念。画中配景严谨写实、真实可信、循理求真的创作态度令后人赞叹，这突出表现在宋代风俗画配景常见的界画舟车建筑中。这方面宋代风俗画置景造境中的案例可谓比比皆是，从五代卫贤的《闸口盘车图》、顾闳中的《韩熙载夜宴图》、王居翰的《勘书

---

① 朱良志：《扁舟一叶》，安徽教育出版社1999年版，第11页。
② 徐习文：《理学影响下宋代绘画的观念》，第9页。

图》，到北宋郭忠恕的《雪霁江行图》、张择端的《清明上河图》《金明池竞标图》、苏汉臣的《秋庭婴戏图》，再到南宋李嵩的《货郎图》。看似并非画面主体的配景，却能严格遵照循理、求真原则，在把握自然情景内在原理规律基础上承载人物活动的理想置景空间，进而成为宋代风俗画独具特色的时代魅力。

（三）气，即气脉贯通的造境理念

风俗画中配景的择取，若刻意追逐于"穷理尽性""格物致知"，就有可能会伤及作者"心境"的自然传达。而"心性"的观照与传达在宋人眼中是比什么都重要的。于是，"心性一理"便成为"新儒家""新道家"和"新禅学"各自追求宇宙万物道德本体的共同原则。因此，对于"造境"悉心追求的宋人而言，哪怕是风俗画，配景既要做到"格物穷理"，又要使"物随心动""境由心生"，从而能够在尊重客观规律的基础上达到与自我"心境"的契合。这不仅体现在如《清明上河图》这般鸿篇巨制中对于配景的自然衔接与流畅转换，也同样表现于南宋以诗意造境见长的小品式风俗画，如阎次平的《四季牧牛图》、李嵩的《市担货郎图》《龙骨车图》、马远的《晓雪山行图》、刘履中的《田畯醉归图》等。

三 宋代理学对风俗画中配景创建的影响

（一）整体影响

理学"静观内省""格物致知""穷理尽性""气脉相通""心性一理"的理念对于宋代风俗画中置景造境的总体影响应是：以从容不迫、静观内省式的造境心态，既要做到置景"格物穷理""循理求真"的客观真实，又要使"物随心动""气脉贯通"，从而在尊重客观规律基础上达到风俗画中自然物象与人物活动，以及与作者创作心境的契合。

（二）具体影响

1. 重"气"

理学对于宋代风俗画中配景创建的影响首先表现在对"气"的重视上，这是一个在画面意境层面上的精神性要求。中国传统哲学将"气"视为组成天地万物最重要的元素，这也深深地影响到了中国人对于绘画艺术的品评与鉴赏。如谢赫"六法"中，排在第一位的便是"气韵生动"。联系到中国画创作，"气""气韵""气息"，一直都格外受关注。为此，历代画论中处处都有对于"气"的表述。如："气理""气脉""气息""春山早见气如蒸"①，等等。宋代理学大家张载的"气本论"就提出气为世界之本原，认为"天地之性"与"气质之性"有区别，提出"穷理尽性"和"穷神知化"的命题。理学这种对于"气"的关注，在很大程度上影响了宋代绘画，自然也包括风俗画的创作。

2. 循"理"

这应是宋代理学对风俗画中配景创建最为细致深入的影响。其主要表现在以"格物致知"的方式，内重修心，外重修行，本末一贯。对此本文打算花费一点笔墨略加分析。

首先我们需要对"格物致知"有一个基本的认识。"格物致知"始见于《礼记·大学》："古人欲明明德于天下者，先治其国；欲治其国者，先齐其家；欲齐其家者，先修其身；欲修其身者，先正其心；欲正其心者，先诚其意；欲诚其意者，先致其知。致知在格物。格物而后知至，知至而后意诚，意诚而后心正，心正而后身修，身修而后家齐，家齐而后国治，国治而后天下平。"②

对于"格物致知"，宋代理学大家每每都有自己的解释，例如二程：

---

① 此为乾隆帝为郭熙《早春图》题诗："树饶岩叶溪开冻，楼阁仙居家上层。不籍柳槐间点缀，春山早见气如蒸。"该诗形容《早春图》画境颇为贴切。

② 陈戍国：《礼记校注》，岳麓书社2004年版，第485页。

卷三 宋代风俗画中的情景叙事

"穷理然后足以致知,不穷则不能致也。"① 朱熹:"所谓致知在格物者,言欲致吾之知,在即物而穷其理也。"② 宋代大学问家司马光甚至有专门的《致知在格物论》。"格物致知"是儒家经典"内圣外王"的"八条目"之一。且其影响至深,并不限于宋代,如清代邹一桂"欲穷神而达化,必格物以致知"。

这些理论在很大程度上对宋代风俗画中配景创建有指导性意义。正是由于宋代崇尚理学,提倡"格物"的精神,才直接影响了宋代风俗画家们以分析研究的方法观察每一件事物,大到自然万物,小到一花一木,都有着极为深入的观察、认识与表现。与此相应,宋代风俗画在配景创建的过程中也就表现出了对于观察、描绘上的极度严谨认真。例如:张择端的《清明上河图》中配景观察之细腻,描绘之准确,已为我们所熟知,然而《清明上河图》绝非孤例。宋代风俗画家对于自然事物的观察之严谨认真显然具有普遍性。他们这种"穷尽物理"的态度,目的并非仅仅是在刻画上达到背景逼真的程度。而是在于通过这种"格物致知"的态度,在表象的深入刻画基础上,寻找并展现事物的内在规律,即"理"。张载认为:"万物皆有理,若不知穷理如梦过一生。"③ 朱熹认为:"未有天地之先,毕竟也只是理。有此理,便有此天地。若无此理,便亦无天地。无人无物,都无该载了。有理,便有气,流行发育万物。"④ 在这里朱熹甚至更是将天地万物与"理"实现了平等的对接,将"理"的作用与影响推而广之到对整个宇宙天地的认识与感知了。可见宋人对于"理"的重视,实际已成为他们对于自我人生肯定与认同的重要尺度。"格物穷理,非是要尽穷天下之物,但于一事上穷尽,其他可以类推。"⑤

---

① 程颐、程颢:《二程遗书》,上海古籍出版社2000年版,第1197页。
② 朱熹:《四书集注·大学章句》,中华书局1986年版,第539页。
③ 黄宗羲撰,全祖望补修,陈金生、梁运华点校:《宋元学案》卷十八《横渠学案下》,中华书局1986年版,第764页。
④ 朱熹:《朱子语类》卷一。
⑤ 程颢、程颐:《二程遗书》卷十五。

宋代理学与两宋风俗画中配景创作形态的关系

　　学界多数研究者都有类似共识，即通过对宋代风俗画配景中房舍建筑、舟车市桥、自然环境的观察，能够深入地了解到宋代很多事物的构造原理。我们甚至能在较早时期五代卫贤《闸口盘车图》中体会到这种严谨。画中以界画绘成的建筑，有研究者认为，完全可以将其作为样本，依样建造出完全一模一样的建筑。不仅如此，更令我们赞叹者，一如画面右下角并不显眼角落中的两架推车，我们完全可清晰地观测出它们是如何构建而成的。宋代风俗画配景中这种对于"求真写实"的刻意追求，着实令后人赞叹。而这种具有严谨写实态度的置景手法，在宋代几乎具有普遍性意义。又如郭忠恕的《雪霁江行图》，不大的画幅上，两艘大船，全以界画的线条写出，几乎占据画面大半。线条严谨细致、一丝不苟，以至于船只的构造、结构，甚至细节装饰都清晰可辨。宋文莹《玉壶清话》卷二载："郭忠恕画殿阁重复之状，梓人较之，毫厘不差。"宋李廌《德隅斋美术大观画品》称赞郭忠恕的界画可用作施工图："以毫记寸，以分记尺，以尺记丈，增而倍之，以作大宇，皆中规度，毫无小差。"而《宣和画谱》对于郭若虚亦不吝褒奖："虽一点一画，必求诸绳矩，比他画为难工"，"游规矩准绳之内，而不为所窘，如忠恕之高古者，岂复有斯人之徒欤"。① 显然，郭忠恕所绘风俗画中配景恰是对于事物构造规律与原理最严谨之表现。而南宋李嵩的风俗画《货郎图》以其精致的观察与耐心的刻画，将货郎担上琳琅满目的货物细致严谨地展现于观者眼前。画面不仅刻画细腻且极富情趣，画中人物顾盼生情与并不复杂的环境巧妙结合，产生出轻松、质朴的画面意趣，富有诗意美感。

　　正是由于宋人这种严谨的态度，我们才有幸体认到宋人在风俗画配景创建过程中的一丝不苟。而对于写实精神的追慕实际正彰显了理学影响下对于"循理"的追求。郑午昌认为，"宋人之画论，以讲理为主，欲以理以讲求神趣"。② 贡布里希认为："在再现艺术的历史上，古希腊、

---

① 《宣和画谱》卷八《宫室绪论》。
② 郑午昌：《中国画学全史》（重印本），上海书画出版社1985年版，第281页。

卷三 宋代风俗画中的情景叙事

宋代和欧洲文艺复兴三个时期,创造了辉煌的成就。"① 罗一平认为:"宋代艺术家对于'现代性'的自觉追求就体现在'循理''穷理'两个方面。说宋人循理是因为宋代艺术家能循理而行,在前人的基础上建立了一整套笔墨体系的形式规范。"②

宋代画论中对于"理"的阐述亦不鲜见,现试举几例。如:我们熟知的苏轼"常理说":"余尝论画,以为人禽、宫室、器用皆有常形,至于山石、竹木、水波、烟云,虽无常形,而有常理。常形之失,人皆知之;常理之不当,虽晓画者有不知……"又如沈括:"盖不知以大观小法,其间折高折远,自有妙理。"③ 刘道醇《圣朝名画评·序》提到观画之法时说:"先观其气象,后观其去就,次观其意,终求其理,此乃定画质钤键也。"④ 韩拙:"其笔太粗则寡其理趣,其笔太细则绝乎气韵。"⑤ 由此可见,理学的影响实际已延伸至对于绘画理论的认知高度,并进而对绘画实践作出普遍性指导。而作为以细致而机敏地观察现实生活,并以严谨写实的现实主义创作手法来表现时代风习的风俗画,在这一风气之下,必然遵循了对于循"理"、穷"理"的时代追求,而画面配景倘若脱离了这一创作理念,便难以显现对于现实生活的真实观照。

3. 求"真"

对于"真"这一美学概念的阐述古已有之,如《庄子·渔文》:"真者,精诚之至也。不精不诚,不能动人。"而画论中对于"真"的追求实际也传承有序。尽管谢赫"六法"中并未出现对于"真"的具体描述,但其"应物象形、随类赋彩"二法,实际上讲的正是"求真"。自荆浩《笔法记》中提出"图真说"之后,画论中对于"真"这一美学概

---

① 贡布里希著,范景中、杨思梁译:《木马沉思录》,广西美术出版社2015年版,第126页。
② 罗一平:《历史与叙事——中国美术史中的人物图像》,岭南美术出版社2006年版,第197页。
③ 俞剑华:《中国画论类编》,人民美术出版社1986年版,第625页。
④ 卢辅圣主编:《中国书画全书》第一册,上海书画出版社1993年版,第446页。
⑤ 周积寅:《中国画论辑要》,江苏美术出版社1985年版,第379页。

念的阐述便蔚然成风。荆浩提出对画面置景的要求是"制度时因,搜妙创真",认为"似者,得其形而遗其气;真者,气质俱盛","忘笔墨而有真景",荆浩在这里并不只是在告诉世人求"真"就是对事物客观规律的观察与逼真程度的描绘,而是将"真"上升到一个哲学的认知高度。于是画中之景也就不再简单对等于客观自然界世人眼中之景了。而是能够与创作者、观者、自然天地,在思想与意境上达到呼应与观照的理想"造境"承载与外现。宋代理学恰是由于对"理"的严格遵循进而才衍生出对于求"真"的阐释。如宋代的韩琦:"观画之术,惟逼真而已,得真之全者绝矣,得多者上也,非真即下矣。"① 在这里韩琦不仅阐述了循"理"之外的另一个重要的美学范畴"真",而且提出了对于观画的要求:"逼真。"

图2　（五代）王齐翰《勘书图》（又名《挑耳图》）

理学的影响使得宋代画家对"真"有了不懈的追求。表现在宋代风俗画领域,画面最为动人之处恰是画中配景的真实可信。由于风俗画创作对于现实性、社会性、民间性、写实性的要求,求"真"甚至成了风俗画这一艺术形式之所以能够成立的基本要求。在这方面,百科全书式

---

① 卢辅圣主编:《中国书画全书》第二册,第68页。

的《清明上河图》无疑仍是最好的范例。它几乎成为一种在市井生活题材表现中求真、循理的典范。事实是，宋代风俗画中对于循理、求真的追求，并不仅仅只表现在像《清明上河图》这样经典的鸿篇巨制中。即使是画幅不大的作品，对于严谨、写实、循理、求真的遵循程度也足以令后人惊叹。这在婴戏、货郎、盘车、市井等题材中都有很好的彰显。对此，我们不妨再举例论之。我们习惯上认为五代是风俗画兴盛的先声，那么其画面配景是否就没有达到类似《清明上河图》的高度呢？事实远非如此。王齐翰《勘书图》（又名《挑耳图》），此图流传有序，有徽宗赵佶题字"王齐翰妙笔勘书图"。画中绘一老者勘书之余，挑耳自娱的场景。画中老者造型生动传神，白衣长髯，袒胸裸足，左目微闭，一手扶椅，一手挑耳，双脚轻叠，怡然自得，另有一黑衣童子侍立，具有浓郁的生活气息与风俗意味。此图尽管尺幅不大（纵28.4厘米，横65.7厘米），但画中配景却一丝不苟地成功营造出文人轻松抒怀、惬意自得的生活状态。文士身后为三叠屏风，上绘小青绿山水，画风空勾无皴，林峦苍翠，草木茂密，明显带有晚唐董巨遗风。屏风前设一长案，上置古籍卷册，身前有一画几，陈列笔砚简编等。以上陈设勾法精密严谨、细致认真，以极为简练的用笔刻画出形态、质感之区别，逼真程度令人赞叹。

4. 心性一理

本文认为宋代理学对于风俗画的影响，还表现在要求画中配景不仅应能在技术语言上臻于完美，更要求与天理、人心的对应。邵雍在宋代理学产生之初便提出："以物观物，性也；以我观物，情也，性公而明，情偏而暗。"突出强调了理学对于自我内心观照的重要影响。顾平认为："'宋学'在确立儒学思想的正统地位时，特别强调'天理'的重要性。"[①] 宋代风俗画中对于配景的创建亦秉持宋人通过对景（天地自然）的描绘意在达到物我相融、天人感应之目的，并力图使置景能够对秩序、

---

① 顾平：《皇家赞助与文化认同：南宋院体山水画风格研究》，博士学位论文，南京艺术学院，2002年。

规范（理）有自觉的皈依，使外在的造化万物、自然景致与人心达到自觉的协调与统一。

恰如苏轼所言："文以达吾心，画以适吾意。"① 苏轼阐述的正是内心静观与思想意念如何与艺术表达建立理想联系与有效传递的问题。而韩拙《山水纯全集》"凡未操笔，当凝神著思，豫在目前，所以意在笔先，然后以格法推之，可谓得之于心应之于手也"②，则是讲到了"意在笔先、笔随意动"的内心观照与外在表现的关系。也正因如此，冯友兰认为宋代理学的核心思想是"关于人的学问，它所讲的是人在宇宙中的地位，人和自然的关系，个人和社会的关系，个人发展的前途和目的"。③ 这种思想亦必将影响至宋代风俗画在配景创建时对于人文活动与自然情景关系的思考，进而也就投射出内心情境与画面情态的自然契合。

5. 宣教作用

宋人不仅最善论理，且能使理成为自我领域中任用自如的工具。这在很大程度上恰是由于宋代理学思想显著影响的主导作用。清代学人就认为，"宋儒以理杀人"④。"同时理学家还认为绘画要有益于国家社会以及世道人心。"⑤ 南宋以后，理学的影响力愈发凸显，甚至一度使理学成为一种现实的利器。而南宋统治者更一度试图利用绘画直观易懂的特点作为标榜自我统治的宣传利器与赞扬自身统治的美化工具。在此过程中，以表现现实百姓生活为创作题材的风俗画，便更能够较为普遍地受到普通民众的接受与欢迎，且由于画中配景更能直接表现民风百态，因而关涉民心与政局之稳定，便成为这一宣传利器中的排头兵。

加之，风俗画作者也多为院画家，而画院最重要的功用即是宣教作

---

① 《宣和画谱》卷七，载卢辅圣主编《中国书画全书》第二册，第86页。
② 韩拙：《山水纯全集》，载卢辅圣主编《中国书画全书》第二册，第357页。
③ 冯友兰：《略论道学的特点、名称和性质》，《论宋明理学》，浙江人民出版社1983年版，第37—38页。
④ 吕少卿：《大众趣味与文人审美——两宋风俗画研究》，天津人民美术出版社2014年版，第116页。
⑤ 朱良志：《扁舟一叶》，第61页。

用。尤其南宋不仅是理学的兴盛期,且也正是宋代风俗画创作进入最为高产的旺盛期。正如吕少卿所言:"南宋以后,理学成了官方统治哲学。"① 因此,诸如理学所主张之"经世致用"② 等思想亦必影响到风俗画创作的宣教与粉饰意图。又如"格物致知",二程较早提出"格物穷理",此处"格"是为"穷尽"之义,"物"则囊括了天地万象与造化自然(自然包括"配景"),进而由物与理的辩证关系关涉于对内心的自我观照与社会行为的约束规范。而南宋理学大家朱熹不仅强调理学对于民心治乱的指引之效;且最终完成了理、气统一的宇宙论、认识论、修养论,这也必将影响宋代文人在创作风俗画时试图将天理、人心与自然景物上升到更高认识层面;而朱熹对于"格物致知"亦有独特见解,在其看来"格物"是一种治学的态度与过程,应是在体味感知天地自然过程中研究造化之理的至极,其目的则是"致知",终归于"致用"。即在研究造化自然之理的过程中提升自身修养与学识,从而达到修、齐、治、平之目的。而司马光则对于风俗与国家治理的关系,通过儒家对于"礼"的重视与风俗对于"习"的重视联系了起来:"窃以国家之治乱本于礼,而风俗之善恶系于习。……是故上行下效谓之风,薰烝渐渍谓之化,沦胥委靡谓之流,众心安定谓之俗。及夫风化已失,流俗已成,则虽有辩智弗能谕也,强毅不能制也,重赏不能劝也,严刑不能止也。"③

上述观点无疑对统治者、文人画家、院画家均产生深刻影响,进而渗透并影响到宋代风俗画的创作。使之在迎合赞助人审美风尚的基础上,更能含蓄表达画中人物活动与自然情景在融合互动过程中所蕴含的深层意味。同时力图使人文活动与情景构建走进百姓当中,起到宣教与粉饰之效。如南宋林椿的《牧牛图》、马远的《踏歌图》、李嵩的《货郎图》《龙骨车图》、刘履中的《田畯醉归图》、阎次平的《四季牧牛图》等。

---

① 朱良志:《扁舟一叶》,第115页。
② "经世致用"远承孔孟学派的"大学之道",近取明末清初顾炎武、王夫之诸人学旨。"经世"即"经国济世",强调理想抱负,志存高远,胸怀天下,求索治世之道;"致用"即"学以致用",强调积极入世、致力社会民生的实践精神和智慧。
③ 司马光:《司马政公传家集》卷十四《上谨习疏》。

以上作品，可为南宋风俗画诗意造境之典范，画面恬静优美、温婉含蓄、质朴纯真的置景造境背后，恰恰隐现了统治者内心想要的宣教意图与粉饰意味。

结　语

在宋代独特的历史文化语境下，理学影响无处不在，潜移默化地渗透于两宋绘画诸多领域。风俗画因其社会现实性、记录性、客观性、群体性等特点受之影响尤甚。表现于画中配景，理学对宋代风俗画家置景造境创作心态的影响可界定于"静、理、气"三个关键字：即静观内省式的取景心态；穷理尽性的写景要求；气脉贯通的造境理念。而理学对宋代风俗画中配景创建则体现于整体影响与具体影响两个方面。理学"静观内省""格物致知""穷理尽性""气脉相通""心性一理"的理念对于宋代风俗画中配景创作的总体影响是，以从容不迫、静观内省式的造境心态，既要做到置景"格物穷理""循理求真"的客观真实，又要使"物随心动""气脉贯通"，从而在尊重客观规律基础上达到风俗画中自然物象与人物活动，以及与作者创作心境的契合。对配景创建的具体影响则表现为重气、循理、求真、心性一理、宣教五个方面。

宋代风俗画中配景的
形态演变及历史原因

在中国绘画史从北宋至南宋的图式演进历程中，各绘画种类都呈现出较为明显的形态变迁、样式更新与风格转换。而由于风俗画客观记录性的历史呈现与文献图证价值，学界对其关注点常定格于历史学、政治学、社会学与文献学等以图证史的研究领域，却对图像本体层面上的史学价值不断忽略。本文尝试从画面信息传递主体人物活动之外的配景入手，从比较学的角度考证对风俗画中配景产生明显图式改变与风格变迁的影响性因素，并进一步挖掘此一史学现象背后所隐含的图像学研究价值及深层文化学内涵。

纵观中国绘画形态演进的时代历程，应是一种在审美因素驱动之下受时间、空间、历史、政治、哲学等综合因素影响的史学现象，更是一种创作主体在心理认知与审美体验层面上的外在图式呈现。而考察中国绘画史图像形态的演进历程，两宋时期绘画风格变迁备受学界瞩目。本文尝试从常被学界研究所忽略的风俗画中的配景入手，试图对一种画面并不被重视的"陪衬"做出"以小观大"式的画史延伸，进而从一个新的角度探讨两宋画风形态变迁的史学面貌。

一 两宋风俗画中配景的主要形态差异

（一）从北宋恢宏壮阔的全景铺陈到南宋含蓄内敛的典型聚焦

由五代至北宋绘画演进历程中，多数风俗画表现为长卷形制，如顾闳中《韩熙载夜宴图》、赵幹《江行初雪图》、卫贤《闸口盘车图》、王居正《纺车图》、王诜《渔村小雪图》、张择端《清明上河图》等。北宋时期手卷形制在风俗画领域的应用较之山水、花鸟等画科更为常见，这应与风俗画自身所固有的叙事性因素有关。

由于长卷形式的叙事性与空间容纳度，北宋风俗画在画面情景叙事过程中便比较容易融入时间与空间的对接与互换。观者在欣赏画作时，也常有一种置身画中的视觉体验，画中配景则如电影横扫镜头般自然铺展与过渡。如《清明上河图》，其繁复的配景元素，在空间转换过程中便运用到了复杂的透视关系。画面整体配景是一种我们习惯认为的东方式散点透视，但具体情景空间又多次产生透视消失点。由于北宋风俗画中建筑、树石、舟车市桥、山川花木均较为完整，没有明显裁切感，因而很自然会在空间转换过程中容纳不同叙事情节，进而通过景的起承转合使画面充满故事性。这种看似矛盾的透视关系却因时间因素在空间造境中的有效介入，而使得配景衔接趋于合理。

图1 （五代）卫贤《闸口盘车图》

又如五代卫贤的《闸口盘车图》，在不大的画幅中，空间转换却极为繁复。从前景的山体树石自然过渡至孤桥野涧，再从充满书写感的中景转化至严谨细腻的界画楼阁，进而将空间推向中远景的官营磨坊，画

卷三 宋代风俗画中的情景叙事

面虽尺幅不大,但布景空间却能层层递进,描绘了众多人物情节,信息容纳量极大。再如顾闳中《韩熙载夜宴图》在"异时同画"的置景空间中,同一人物能同时出现于"听乐""观舞""休息""清吹""宴散"五段画面空间中,并能在置景造境中自然地过渡与流转,令观者有一种类似欣赏电影切换镜头时,伴随室内环境的转换,而感受到同一主角在不同置景空间内活动变化所带来的视觉体验与审美感受。而室内布局的典型性与生活化则又使主体人物在配景的起承流转中完成了情节叙事。

南宋则几乎没有似北宋《清明上河图》般全景式宏大如百科全书般的铺陈与气势壮阔。南宋风俗画中配景不再面面俱到、巨细无遗,而是大胆取舍;取景亦不再全景铺陈,而是选取自然景物的精彩之处局部截取;这种配景形态实质透露出从北宋宏大壮阔向南宋简约含蓄的审美心理层面的风格转换。

南宋风俗画几乎少见长卷形制,画中配景多为典型场景聚焦而非长焦镜头式横向推移。王伯敏形容南宋马远《踏歌图》:"所画峭峰直上,云树参差,竟把描写山水与描写风俗巧妙地结合在一起。"[1] 此一时期,"时而峭峰直上而不见其顶,时而绝壁直下而不见其脚"[2] 的置景布局常被学界形容为南宋流行的"边角构图"。又如李唐《村医图》、阎次平《四季牧牛图》、李嵩《龙骨车图》及李唐历史人物画《采薇图》等,多为小品形制,画幅不大,配景凝练概括,常为一株树、半片湖、一抹山。这显然是融入作者主观情感后的大胆取舍,其意则在衬托与辅助于画面造境,助力于营造富于个性面貌的画面氛围。南宋风俗画的空间层次、配景元素显然更为简洁、洗练、概括,画中人物多截取生活的某一情节片段,使之成为画中焦点。

较之北宋,南宋风俗画中人物身体比例明显放大,截取式构图不再

---

[1] 王伯敏:《中国绘画史》(修订版),第238页。
[2] 马远《踏歌图》在《东图玄览编》《诸家藏画簿》《佩文斋书画谱》《南宋院画录》等均有著录明曹昭《格古要论》。明代曹昭在《格古要论》中评价马远画作:"全境不多,其小幅,或峭峰直上而不见其顶,或绝壁直下而不见其脚,或近山参天而远山则低,或孤舟泛月而一人独坐。"

关涉其他空间环境内的叙事情节，但却愈发强调人物自身动作表情的个性化特征。配景元素如建筑、树木、山石、水流，虽不完整，但常被更加细腻地做典型性情节式放大描绘。因此，尽管南宋风俗画配景较之北宋"上留天之位，下留地之位，中间立意定景"①的全景式铺陈显得不够完整，但由于作者巧妙布局、精心取舍，这种裁切感非但没有给观者造成观感上的缺憾，相反置景造境却更有一种言有尽而意无穷的审美体验。

（二）从北宋无我之境到南宋有我之境的造境形态转变

五代、北宋风俗画中配景秉持北宋一贯谨严写实画风，创造了几可成为现实模板的教科书式写实意境。北宋惯用铁线描与游丝描法，意在严谨细腻、客观真实地再现物象，书写过程平静舒缓，尽量不融入作者明显情感因素，如卫贤《闸口盘车图》、郭忠恕《雪霁江行图》、张择端《清明上河图》中严谨细腻的界画楼阁、舟车市桥与树石体貌之勾勒，以及对于主体人物之外舟车市桥、建筑样式、山川体貌，工整、严谨、细腻的写实精神在北宋甚至具有普遍性意义，体现的则是一种循理求真、格物致知的写实心境，这甚至成为北宋风俗画中配景得以成立的依据。

而两宋风俗画配景中严谨写实与挥洒写意的区别在用墨上表现得更为明显。北宋风俗画配景中对于笔墨塑形冷静客观、逼真严谨的刻意追求，到南宋已不再常见。相较而言，南宋风俗画明显是在融入作者情感因素基础之上的抒情与写意。我们常会看到南宋风俗画，或诗意内敛如阎次平《四季牧牛图》，或劲风疾雨如李迪《风雨归牧图》，或自然淳朴如李嵩《货郎图》，或荒寒寂寥如马远《晓雪山行图》，以及李唐《村医图》、马远《晓雪山行图》《踏歌图》、刘履中《田畯醉归图》等画中，双勾塑形中书法用笔的抑扬顿挫与起承转合之下那难掩的个性化笔墨情绪之传达。这些作品实际无不显映出南宋风俗画在记录时人风情物态同

---

① 郭熙、郭思：《林泉高致·画诀》，载王伯敏、任道斌主编《画学集成》（六朝—元），第569页。

卷三 宋代风俗画中的情景叙事

时融入了作者的主观诗意造境心态。

"有我之境,以我观物,故物皆着我之色彩。无我之境,以物观物,故不知何者为我,何者为物。古人为词,写有我之境者多,然未始不能写无我之境。此在豪杰之士能自树立耳……又谓:无我之境,人惟于静中得之;有我之境,于由动之静时得之。故一优美一宏壮也。"① 王国维《人间词话》中这段经典之语,用来形容两宋风俗画中情景造境的图式差异颇为贴切。如"南宋,李唐《村医图》中人物个性迥异,树石房舍以静衬动;牧牛图或诗意温婉,或疾风骤雨,或荒寒萧疏;李嵩《货郎图》于常见情景彰显村田野趣,此有我之境也。北宋,如《清明上河图》大气铺陈、宏观叙事、巨细无遗;王居正《纺车图》'田家作苦余,轧轧缲车鸣';苏汉臣《秋庭婴戏图》情境再现,含蓄典雅,此无我之境也……南宋有我之境,以我观景,故置景皆著我之色彩。北宋无我之境,以景观景,故不知何者为我,何者为景。宋人置景,绘有我之景者多,然未始不能绘无我之景。……无我之景,人惟于静中得之;有我之景,于由动之静时得之。故一优美一宏壮也。"②

以上情景造境之别,与南宋小品画的广泛流行密切相关。小品画受画面尺幅所限,在容纳主体人物的叙事情节之外,便很难再融入更多配景元素。恰如李唐《村医图》正是由于尺幅所限,故而在试图尽可能容纳丰富情节叙事的同时便不得不裁切画中背景。这种构图在南宋逐渐演变为普遍现象。反观北宋,除少数作品,风俗画中配景鲜有裁切痕迹,树石、山体、河流、建筑都较为完整,且多做全景铺陈,注重画面对客观环境的真实描写。相形之下,南宋风俗画家则不再满足于仅将风俗画创作侧重于冷静的记录与叙事之目的,而更期望能成为一种真正具有艺术感染力与个性风格特征的绘画样式,进而寄寓风俗画以更为丰富的内在情感与思想内涵。而充满诗意韵味的配景,恰恰成为南宋风俗画情景造境的重要驱动性元素。

---

① 王国维:《人间词话》,上海古籍出版社2004年版,第5—6页。
② 卞永誉:《式古堂书画汇考》卷十一,浙江人民美术出版社2012年版,第162页。

(三) 从精工典雅的写实语言到质朴含蓄的写意笔墨

五代、北宋风俗画虽并非全是设色华美艳丽、富于装饰意味与色彩视觉张力的作品，但如顾闳中《韩熙载夜宴图》、张择端《清明上河图》、王居正《纺车图》、苏汉臣《秋庭婴戏图》，以及传为苏汉臣所绘大量"货郎图"，其恢宏大气、赋色浓郁、工细巧整之画风却颇为明显。上述风格在南宋风俗画中则极为少见。例如，两宋存在着两种不同画风的"货郎图"，即北宋苏汉臣式（传）与南宋李嵩式。被认为苏汉臣所绘"货郎图"为数不少，造型工细，设色艳丽且具有明显装饰意味。配景或以假山秀石，或以名花异木、水榭楼台，极尽富贵艳丽之能事。南宋李嵩所绘"货郎图"则主要通过细腻的线条勾勒与秀润的笔墨晕染为主，色彩成为一种辅助，追求淡雅、秀润、含蓄画风，且无过多艳丽装饰，多以细微的笔墨变化营造出充满诗意美感的画面情境。

又如，南宋流传至今有一幅不太被研究者所关注的风俗画，即刘履中的《田畯醉归图》。此图人物造型生动传神，质朴憨厚，已有几分写意韵味。画中配景为典型南宋裁切式构图，且笔墨形态较之北宋的严谨准确明显率意洒脱，予观者以轻松质朴、亲切自然之感。这种画风在南宋之前几乎难以寻觅，较之北宋细致精工、典雅华美的时代画风，此类作品则明显透出南宋意趣清新之美。

北宋刻意追求造型的逼真程度，相较之下，南宋便显得更为抒情写意。一方面，北宋惯用铁线描与游丝描法，意在严谨细腻、客观真实地再现形体，书写过程平静舒缓。南宋人物线条则出现富有情感的"钉头鼠尾描""橛头钉描""蚂蝗描"，如李唐《村医图》、马远《踏歌图》、马和之《鹿鸣之什图》。另外，两宋风俗画造型差异更凸显于画中配景。以建筑为例，北宋的严谨准确、细致科学早已成为学界共识，以至于学界认为依据北宋风俗画配景中的建筑作为参照，可依样建出可供居住的房舍。这种严谨到近乎科学的写实精神，显然为其他时代所无法比拟。南宋对于建筑的描绘则常代之以更为抒情写意的线条，甚至还出现了如马和之"蚂蟥描"这种介乎工写之间的描法。而树石较之北宋"十日一水、五日一石"的严谨塑形与格物循理,丘壑内营式的情景创写,到南宋则变为率意洒脱与笔墨抒怀。如李唐、马远、李迪者,或劲风疾雨,或恬静诗意,或大刀阔斧,恰是通过书写式的配景描绘寄寓风俗画叙事之外的诗意美感。

相较于北宋风俗画配景中严谨细腻、沉稳厚重、巨细无遗的笔墨形态,南宋笔墨语言则有以下具体时代变化:(1)在继承北宋笔墨塑形基础上,在运笔速度、用笔力度、笔墨宽度、水的饱和度上有所加大,这突出表现于对山石坡岸、水波烟云的描绘;(2)加强了线条的提摁顿挫与起承转合,赋予景物更明显的情感因素与个性特征,如建筑描法与树石勾勒;(3)加强了中淡墨之间的细微变化,强调水在笔墨中的渗透魅力,以利于对主体人物活动环境的气氛营造与空气感的渲染。

二 两宋风俗画配景形态演变的原因

(一)南迁后的地域因素

这应是学界在考察两宋绘画,尤其山水画风转换时首先留意到的。显然,从北方高山大岭、气势恢宏、连绵不绝的石质山体到南方平缓秀丽、含蓄温婉、茂密葱茏的土质山体。宋人对于"师法自然"的艺术传统,并未因地域的转换而有所改变。南渡画家当面对视觉感知下的自然世界,对于图像客观性呈现的表现需求迫使他们开始钻研并酝酿绘画风格的时代变迁。

对于风俗画中的配景而言,对客观呈现性及叙事性的绘画要求,更加迫使风俗画家们不得不费尽心思从北方的浑厚苍茫转换至南方的秀雅温润,以使图像的现实记录性得以更好呈现。其中最典型者当数李唐。很大程度上,恰是由于李唐在人物画中配景的图式形态及绘画风格上的锐意创新,如《采薇图》《村医图》,才在很大程度上引领了以院画家为创作主体的两宋风俗画配景因素的时代变迁。于是我们便看到从五代北宋《闸口盘车图》《清明上河图》到南宋《牧牛图》《村医图》这样明显的图像差异与风格转换。显然，南方随处可见的清秀华滋、温润恬美景致，促成了南宋风俗画家空灵娟秀、含蓄温婉，富有诗意美感的配景形态。

（二）皇家赞助背后的政治意图

宋代皇家自立国之初便有着对于绘画的偏爱与不遗余力的支持与赞助，以及"郁郁乎文哉"的时代风气，使得皇室偏爱绘画成为传统。最甚者当数徽宗，他对于治国之外文辞艺事的狂热与偏爱，也在很大程度上助推了北宋覆灭的步伐。但南宋开国皇帝高宗赵构并不逊于其父，即使是在山河破碎、国破家亡、偏安一隅的境遇下，他甚至仍有余暇醉心艺事。并在南渡政权稍稍稳定之后，便召集起了一大批享受俸禄的御用画家。历数南宋诸帝，正是他们不遗余力的赞助与提倡，才使得绘画艺术在江南一隅缔结出不逊甚至超越于北宋的繁荣。这种文化上的极度昌盛，以南宋高宗赵构与孝宗赵昚在位时表现得最为显著。[①]

南宋所绘大量风俗画中，画中配景充满着诗意美感，及静谧自然之下掩映着的主观情景造境。配景形态则迥异于北宋的恢宏大气与全景铺陈，此一温润、含蓄画风的转变恰在很大程度上彰显了皇家对于太平繁盛的渴慕与内心不安的掩饰。考察南宋风俗画置景中常见之轻扬的垂柳、和煦的暖风、嬉闹的村野、轻柔的用笔，恰在很大程度迎合了赞助人对于"湖山歌舞，务在粉饰太平"的政治需要。

诚然，即使西子湖畔的山明水秀与莺歌燕舞早已迷醉了南宋皇室进取的决心与勇气，但曾经发生且正在蔓延着的危急存亡，以及内心挥之

---

① 高宗赵构为南渡后第一位皇帝，在位35年，谦逊节俭，重文轻武，精通书法，明陶宗仪《书史会要》赞其"善真行草书，天纵其能，无不造妙……或云初学米芾，又辅以六朝风骨，自成一家"。所著《翰墨志》《草书洛神赋》《正草千字文》《光明塔碑》具有极高的艺术造诣。《画继补遗》："（高宗）书法复出唐宋帝王上，而于万几之暇，时作小笔山水，专写烟岚昏雨难状之景，非群庶所可企及也。"孝宗赵昚因"乾淳之治"被赞誉为"卓然为南渡诸帝之称首"，在位27年，开创了南宋政治、经济、文化的巨大繁荣。

卷三　宋代风俗画中的情景叙事

不去的"靖康之耻",抹不掉的家仇国恨,却愈发使得皇室极力掩饰自身的怯弱、无助与恐慌。进而便试图以图画的形式凸显自己治下的温馨与诗意,也在很大程度上反映了皇室对于清幽祥和与华美惬意生活的向往与憧憬。显然,以记录形式表现百姓生活的风俗画,因其直观易懂且贴近生活,便成为这一画风的重要承载。于是,皇家赞助人这种思想便必然会浸漫于整个南宋院画家的创作头脑,这些情绪也便始终萦绕于他们的风俗画创作之中。于是,我们便看到北宋宏观大气、富丽典雅的风俗画配景一变成为充满诗意美感与温婉甜美画境的南宋形态。

(三) 禅宗思想盛行

禅宗在南宋的盛行,在很大程度上影响了南宋风俗画配景对于空灵、寂寥、含蓄、静谧的诗意性造境追求。禅宗主张从"青青翠竹,郁郁黄花"[1]中发现禅意,要求从青山绿水中体察禅味。因此较之北宋,南宋画家显然更倾注于对自我心境与自然山川的关契性表达,"眼耳若通随处足,水声山色自悠悠"[2]。禅宗主张"直指人心,见性成佛",认为对于悟道可进行于日常生活的细微点滴,甚至自然界中的山川草木、溪水河流、鸟语花香、万物生灵、风雨雷电,以及人世间百般万相都可成为顿悟佛性的机缘[3]。那么与普通百姓紧密相连的生活细节也可以时常显露出对于禅机与妙理的参悟与体味。禅宗这一思想也显著影响了南宋风俗画对于画面尺幅的凝缩与配景的大胆裁切,使得风俗画创作不再如北宋般成为一种工程式、浩瀚宏大、面面俱到的细致描绘,而更似南宋小景式随手偶得的诗意造境。

而且,当我们审视于南宋诸如李唐《村医图》那飘荡于静谧天地间声嘶力竭的呻吟,便愈发彰显了寂静自然对于万物生灵的包容与滋养;

---

[1] 见《祖堂集》卷三,收入《禅宗全书》第一册,载蓝吉言主编《禅宗全书》,北京图书馆出版社2004年版,第791页。
[2] 见洪济宗颐《古尊宿语录》卷一,中华书局1994年版,第132页。
[3] 见《六祖坛经·自序品·顿渐品第八》,辽宁美术出版社2005年版,第75页。

更如阎次平《四季牧牛图》情景的诗意造境,显然弥漫着对于人生与世事的深切思索;而南宋在画史中显然迥异于历代丰富的"牧牛"题材,于苍茫天际间,营造出静谧世界里牧童与黄牛的空灵与寂然,又明显隐含着无限禅理与哲思。在佛教的世界里,牛被视为"圣物",传入我国后,以牛喻心、喻佛、喻菩萨、喻比丘之修习、喻行者调伏心意修习禅观次第的佛教经轨,亦为数不少,这便在很大程度注解了南宋风俗画缘何会有如李唐、李迪、李嵩、阎次平、毛益、林椿、智融等充满诗意美感的牧牛题材。

图2 (南宋)李迪《风雨归牧图》

画僧担当曾说过:"画本无禅,唯画通禅。"① 顿悟的思想亦可借由

---

① 《中国名画家全集·担当》,河北教育出版社2005年版,第152页。

现实世界一切凡俗人事而得来，因此我们见到南宋非止宗教绘画中隐映着禅意，表现世人日常生活题材的风俗画，尤其画中配景无论树木峰峦，抑或楼阁栈道、水波烟云，静谧幽深、诗意美感之下亦隐含禅意的妙境。这亦迥异于北宋。

（四）理学渗透式干预

宋代理学是因儒学在此时的再度兴盛而形成的新学说，指宋代程颢、程颐、周敦颐、朱熹、陆九渊等人致力于探讨性、理、道、器等问题的哲学思想。其兴盛期恰在南宋，尤其孝宗至宁宗时期是理学的极盛期。《中国社会思想史》认为："宋元明清七百多年，儒家出现了真正'独尊'的局面，程朱理学成了加强封建专制统治的思想工具，在中国封建社会后期产生了深远的影响。"[1] 恰是在这样的历史情境与统治需求下，宋儒进而提出"天理观"，主张天理与人性的对应，讲求天人相合。如二程所言"父子君臣，天下之定理，无所逃于天地之间""圣人循天理而欲万物同之"，[2] 朱熹进而提出并强化了对"三纲五常"的宣教。显然，这些思想，对于处在风雨飘摇中的临安小朝廷而言，无异于"救命稻草"，受到高度重视与推崇也就顺理成章。而理学大家积极向政治中心靠拢也是不争的事实，如胡安国甚至围绕秦桧形成"桧党"，可见南宋理学实际在很大程度上已成为维护统治集团利益的利器。

在上述背景之下，理学家对于绘画的创作思想提出了全新的要求。恰如吕少卿所言"理学家还认为绘画要有益于国家社会以及世道人心"。[3] 尤其南宋统治者，甚至一度试图利用图像直观易懂的说教功能使之成为政治宣传与教化粉饰的利器，于是便有了类似《中兴瑞应图》《光武渡河图》《晋文公复国图》等一系列带有宣教性质的作品。而风俗

---

[1] 陈定闳：《中国社会思想史》，北京大学出版社1990年版，第445页。
[2] 程颢、程颐：《河南程氏遗书》卷五，中华书局2004年版，第629页。
[3] 吕少卿：《大众趣味与文人审美——两宋风俗画研究》，天津人民美术出版社2014年版，第61页。

画因客观地表现了现实百姓生活情景,更为通俗易懂、贴近大众,也就顺理成章成为有力的图式工具。此外,南宋风俗画创作者多为院画家,便需首先迎合赞助者的审美喜好与政治需求。于是大量融入田园牧歌式的置景形态便不断出现于以描绘普通百姓生活的创作题材,而这种功利性的宣教意图又在很大程度上决定了南宋风俗画需要有明了直观式简约的情景形态。这些作品多数尺幅不大、设色淡雅、画面和煦、静谧温馨,富有田园美感与诗意造境。而在此过程中,理学对于南宋风俗画中配景产生了明显的影响作用,即静观内省式的置景心境,穷理尽性式的写景要求;气脉贯通式的情境理念与服务政权式的宣教功能。因此,这种局部截取式诗意配景形态在很大程度上恰恰昭示出理学盛行境况下创作者的造境心态。

(五) 文人画广泛影响

考察两宋风俗画配景演进历程中的形态演变,无法忽略的一点应是从北宋时即已兴起的文人画风。邓乔彬认为以苏轼为代表而确立起来的文人画思想具有以下三大理论贡献:(1)提出了系统的画家修养论;(2)倡导绘画的传神论;(3)确立了"书画当观韵"的标准。[1]这种思想在绘画传统高度传承与延续式演进历程中,明显具有前后相继的影响作用。从欧阳修"画意不画形"[2],到沈括"书画之妙,当以神会,难可以形器求也";[3]从苏轼"诗中有画、画中有诗",[4]"诗画本一律,天工与清新",[5]到米芾倡导"真趣""尚意""天真"[6]的理论命

---

[1] 邓乔彬:《论文人画从南宋到北宋之变》,《浙江大学学报》(人文社会科学版)2005年。
[2] 欧阳修:《欧阳文忠公文集》卷一三,四部丛刊本,上海:商务印书馆1919—1930年版,第876页。
[3] 沈括:《梦溪笔谈》卷一七《书画》,张富祥译注,中华书局2009年版,第251页。
[4] 苏轼:《苏轼全集》卷七,第582页。
[5] 苏轼:《书鄢陵王主簿所画折枝二首》其一,《苏轼全集》卷七,第619页。
[6] 米芾的《书史》《画史》《海岳名言》等著述中曾多次提到对于书画艺术"真趣""尚意""天真"等思想的推崇。

题，都无疑延续到了南宋。南宋邓椿对于文人绘画的极力倡导，① 除一脉相承地延续郭若虚"气韵非师"说外，也在很大程度上助推了北宋文人画思想在南宋的影响。

恰如米芾《画史》中论述树石画法时所说，"意足我自足，放笔一戏空""树石不取细，意似便已"。② 两宋风俗画配景风格差异中我们显见南宋重笔墨意趣、重气韵逸气、重形式美感、重书法入画、重情感抒发，不刻意追求形似等艺术形态，恰恰映现了文人画思想对于笔墨形式美感的艺术性追求于风俗画配景中的显现。显然，南宋致力于典型场景的诗意性意境传达与笔墨语言的个性化处理，则在很大程度上凸显了文人画思想的影响印记。无论阎次平的《四季牧牛图》、马远的《踏歌图》，抑或李嵩的《龙骨车图》、李迪的《风雨归牧图》等，置景造境中水与墨交融而形成的丰富变化，通过绘画语言的独立形态而创造出的南宋风俗画配景中所独有的含蓄温婉、恬静诗意、萧疏放逸、自在抒怀的意境，则无疑成为文人画思想影响下南宋风俗画配景最为有力的图像佐证。

（六）时代审美转变

当山水、花鸟画在五代两宋异军突起、进而一度占据画坛主流后，人物画中便自然会在时代审美的需求下融入丰富"配景"，进而使之风行。同样，当南宋在禅宗、理学等思想影响下，在风雨飘摇的政治背景下，在历史变迁的时代境遇下，在环境改变的地理条件下，以及在赞助者的审美与宣教意图左右下，在文人画风行的境况下，也必将促使时代审美做出相应调整与改变。于是，我们便看到风俗画中与北宋全景铺陈、宏观叙事、巨细无遗、典雅华美、客观写实的配景相对应的，便是南宋边角取景、典型聚焦、主体突出、温润含蓄、主观诗意的配景形态。

---

① 邓椿：《画继》卷二，上海古籍出版社 1991 年影印本，第 61 页。
② 米芾：《画史·论树石画法》，载王伯敏、任道斌主编《画学集成》（六朝—元），第 529 页。

显然，北宋风俗画配景中客观映照式"以毫记寸，以分记尺，以尺记丈，增而倍之，以作大字，皆中规度，毫无小差"①的表现形式，以谨严、写实、细腻惊艳于画史。而南宋这种客观再现性意味明显减少，代之以更多的是融入了丰富的思想情感与诗意造境。这是一种绘画演进历程中时代步伐所形成审美转换的必然结果，是一种时代综合因素共同发酵后所形成的艺术现象。内里隐现的恰是时代审美在特定历史时空中，综合了政治、历史、哲学、宗教以及审美心理、创作技法等因素的必然结果。两宋风俗画配景形态中构图、布局、风格、技法的改变，表面看，似是一种图像样式与造境意趣的转换，实际隐现的恰是一种作者观物取景的思考方式、时代审美的客观需要，以及艺术发展自身规律的时代转换。

---

① 李廌:《德隅斋画品》,《四库全书》本，商务印书馆2019年版，第67页。

卷四 从形象到历史

卷四

从狐鼠到国夫

卷 首 语

　　本卷主要围绕笔者近年关注的宋史研究中图像学语境下的历史形态与社会情境问题展开讨论。研究内容涉及点虽略显庞杂，但整体仍是围绕图像史学形态与演进脉络探究下的宋画考证。

　　人物画发展到宋代，最为重要的时代特征之一，便是表现在画中配景的高度完善与成熟。基本呈现出人物画配景发展史上，其他时代难以企及的史学高度。其演进脉络与历史形态，亦展示了两宋在绘画语言与美学思想高度发达之下的独特研究价值与史学意义。而在人物画配景发展演进历程中，两宋之际的重要画家李唐，以其坚持不懈的执着探索与持久长寿的艺术生命完成了一次人物画配景发展史上的关键转变。然而，其史学价值却为学界所忽略。山水画发展到宋代，呈现出无论技术语言还是美学思想均极为完善与成熟之状态，达到史学巅峰。从形态样式分析与图像归类的角度考证，宋代山水画在置景、布局、表现与观察等领域，均呈现出值得学界深入探究的史学状态。其中典型特征便是，受到宋代理学高度发达背景下的时代影响。

　　本卷之研究还涉及立足社会学、历史学与形态比较学研究领域的个案考察。如立足两宋社会与历史背景之下，对阎次平《四季牧牛图》进行细致的情境寓意考证。从中不仅能够窥见图像背后隐含的历史背景与社会情境，更能在较大程度上代表南宋与之相类似绘画形态所蕴含的普遍性文化学价值。在立足绘画史学发展形态与美术概念演进的角度，对宋代重要画家张择端从美术知识生成与历史概念匡正的角度进行解读。

不仅能够更为清晰地认识张择端这一历史人物的真实身份，且能够从史学概念的文化学研究角度，考察一种美术知识所蕴含的无限解读可能性与延展性。

对于东西方绘画而言，从比较学的角度进行探讨一度成为学界常用研究方法。无论从历史学、社会学、民俗学还是图像学角度，宋画经典《清明上河图》所蕴含的重要史学意义与文化学价值，均毋庸置疑。也常会被视为证明东西方绘画之间存在显著差异的经典案例。目前多数学者认为，焦点透视与散点透视在东西方不同绘画创作体系中的成熟运用，成为东西方绘画关键性区别。而笔者在东西方绘画比较语境下，以全新视角重新考察《清明上河图》，却得出新的结论：时间因素在空间造境中的不同运用与干预形式，才是中西方绘画最为显著之差异。

两宋人物画中配景的发展轨迹及演进形态

在中国人物画研究领域，画中配景基本成为研究边缘，甚至被多数研究者所忽略，致使配景中丰富的图像信息与史学价值未能得到有效解读。本文通过考察中国古代人物画中配景的发展历程与形态特征，尝试探讨人物画中配景的史学价值与文化信息，并从图像形态史学演进的角度，阐释人物画中配景是如何发展至宋代创作高峰期的。

中国人物画，绵延于画史数千年，与之相伴者便是画中配景，这常被学界称作人物画之"背景"，其传承流转从未停歇。换言之，人物画发展多久，画中配景便悄然相伴多久，却很少被专门重视与研究。这显然是学术研究之重大缺憾。此一缺憾背后，便是对人物画中配景所蕴含之丰富艺术与文化内涵的无视与研究不足。鉴于此，本文尝试以人物画背景发展高峰期的宋代人物画为研究对象，探究人物画中配景的史学演进与形态脉络。

一 人物画中配景的早期形态

中国人物画的出现，可追溯至新石器时代。王伯敏认为："青海大通县上孙家寨出土的彩陶盆，内有舞蹈纹……这件陶器的发现，使我们形象地看到了原始舞乐的情景。"① 而1949年发现于湖南长沙陈家大山楚墓的《龙凤人物帛画》，是我国现存最古老的画作之一。王伯敏认为："这是一幅带有迷信色彩的风俗画，描写一位巫女为墓中死者祝福龙凤引道升天。"② 类似的作品还有《人物御龙图》、马王堆一号汉墓帛画、山东临沂金雀山九号汉墓帛画等。上述作品使我们了解那个时代人们的生活状态，有着极高的历史与艺术价值。人物画的第一次创作活跃期可推至汉代，尽管在技术层面还较为稚拙，但从汉代留存的画像石与画像砖看，用"品类群生"形容亦不为过。战国至汉代留存的绘画资料还有帛画、木版画、壁画、漆画等。绘画题材上自王公贵族，下到平民百姓，几乎已涉及人们日常生活的所有领域。汉王延寿《鲁灵光殿赋》形容："千变万化，事各缪形，随色异类，曲尽其情。"王朝闻认为："初步印象可以说明，阳春白雪与下里巴人之间没有绝对的界限。如果把全国的形象加以汇总，然后按照现代人对绘画的风格及流派的界定方式进行分类，结果就会发现，汉画艺术形象几乎包括了现代的所有艺术形式，呈现出一种百花齐放的局面，包含了丰富多彩的风格。"③

从张彦远《历代名画记》所载汉武帝时《五岳真形图》，至魏晋时山水画语言日臻成熟，理论著述亦获极大飞跃。南朝梁姚最《续画品录》"萧愤"条记其"尝画团扇，上为山川"，"咫尺之内，而瞻万里之遥；方寸之中，乃辨千寻之峻"。史料载，以人物画名传后世的顾恺之亦曾作专门山水，其《画云台山记》就是一篇关于山水画的论著。这也说明，顾恺之极有可能是较早凭借全面艺术造诣而尝试将山水与人物融合的艺术家。顾恺之的这种探索显然具有开创性意义，正如同时代的谢安赞其"苍生以来，未之有也"。今天我们所见魏晋时代人物画中山水配景虽在技术层面仍显稚拙，配景中山形"群峰之势，若细饰犀栉"，树木"列植之状，则若伸臂布指"，比例上"或水不容泛，或人大于

---

① 王伯敏：《中国绘画史》（修订版），文化艺术出版社2009年版，第5、6页。
② 王伯敏：《中国绘画史》（修订版），第28页。
③ 转引自蒋英炬、杨爱国《汉代画像石与画像砖》，文物出版社2001年版。

山"的图式形态并未彻底改观,① 但情境营造与艺术风格却已彰显独有的审美情趣与时代特征。如敦煌428窟北周《萨埵那太子本生》、顾恺之的《洛神赋图》、南京西善桥南朝砖印壁画《竹林七贤与荣期启》等。

与此同时,尽管从魏晋时存世不多的作品看,人物画中的配景尚显生拙,却有另一现象值得关注,即:此时的绘画理论已高度成熟。如顾恺之、谢赫、宗炳、王微等人的著述,对于后世影响深远,甚至直到今天仍是探讨中国画创作的重要著作。如宗炳《画山水序》:"且夫昆仑山之大,瞳子之小,迫目以寸,则其形莫睹,迥以数里,则可围于寸眸。诚由去之稍阔,则其见弥小。令张绡素以远映,则昆阆之形,可围于方寸之内。竖画三寸,当千仞之高;横墨数尺,体百里之迥。是以观图画者,徒患类之不巧,不以制小而累其似,此自然之势。如是,则嵩华之秀,玄牝之灵,皆可得之于一图矣。"② 此处,宗炳不仅于宏观层面提及置景造境的观察、透视、比例、空间等表现要求,亦提及具体技法:"竖画三寸,当千仞之高;横墨数尺,体百里之迥。"这显然是建立在实践经验基础之上的理论总结。陈池瑜就认为:"在魏晋南北朝时期,中国的田园诗、山水诗、山水画等得以产生并得到较快发展,成为中国艺术中最重要的样式。"③ 尽管此时或许山水画尚未成熟,但在情景造境上却足以令宗炳老来"足不出户,卧以游之",亦足可使"山水以形媚道",进而"澄怀味象"。④

也正因此,早于山水画发展的人物画,其画中配景也应基本脱离了稚拙状态,进入图式语言的完善期。据载,山水画家宗炳(约375—443)兼擅人物,谢赫《古画品录》记其人物画有《嵇中散》《孔子弟子

---

① 张彦远:《历代名画记·论画山水树石》,载任道斌、王伯敏主编《画学集成》(六朝—元),河北美术出版社2002年版。
② 宗炳:《画山水序》,载任道斌、王伯敏主编《画学集成》(六朝—元)。
③ 陈池瑜:《中国山水画的萌芽与创立》,载黄宗贤《2008年优秀美术论文选》,广西美术出版社2009年版。
④ 宗炳:《画山水序》,载任道斌、王伯敏主编《画学集成》(六朝—元)。

像》《颍川先贤图》《惠特师像》等。① 这愈发佐证了此时人物画中配景逐步成熟的现实可能。而考证画史，更早的山水画家应推顾恺之（约345—407），张彦远《历代名画家》载其"多才艺，尤工丹青，传写形势，莫不妙绝"，并著录其山水画《庐山会图》《水府图》等。② 更重要的是顾恺之在将山水与人物相融合的历史进程中做出有益尝试，并留下可资参考的图像资料——《洛神赋图》。南朝宋刘义庆《世说新语·巧艺》亦载顾恺之为谢鲲（幼舆）画像时，认为："此子宜置丘壑中。"

一身多能的全面绘画技艺，促使宗炳、顾恺之等人在人物画的配景形态演进历程中做出重要贡献。很可惜，或因年代久远、墙壁坍塌、战乱频仍，画迹无存。今仅见《洛神赋图》摹本，成为探究魏晋时期人物画配景形态的重要图证。③

二　隋唐时期人物画中配景成熟的准备期

隋代的展子虔在人物与山水相融合的发展历程中具有里程碑式意义。其《游春图》流传有序，在宋周密《云烟过眼录》、明文嘉《严氏书画记》、詹景凤《东图玄览编》、张丑《清河书画坊》、清安岐《墨缘汇观》及《石渠宝笈续编》中均有记载，画前隔水亦有徽宗赵佶"展子虔游春图"标题。④《游春图》的出现在真正意义上为我们展示了发展到隋朝，人物与山水高度融合的面貌形态。即使将此画置于任何时代，无论画面构成、技法、意境、造型，抑或形式语言都堪为典范。此图以"青

---

① 据谢赫《古画品录》载，宗炳的人物画有《嵇中散》《孔子弟子像》《颍川先贤图》《惠特师像》等，见谢赫《古画品录校注》下。
② 张彦远：《历代名画记》卷五，载任道斌、王伯敏主编《画学集成》（六朝—元）。
③ 对于人物画中的"置景造境"魏晋时已颇为流行，如画史载顾恺之在创作当时一位风流诗人谢幼舆时便在画后加了人物背景，人问其故，顾恺之认为其应置于丘壑之中，实为传神之故。
④ 王伯敏：《中国绘画史》（修订版）。

绿重彩，工细巧整"的形式，表现了春波荡漾、山色葱茏、惠风和畅，一行贵族出游的情境。画中人物与环境配合得相得益彰，实现了人物情景描绘与自然山水的完美结合，达到了置景造境的理想效果，成为我们今天考证隋唐时代人物画中配景史学高度的有力佐证。也恰恰是《游春图》的出现，向我们证明了人物画中配景发展进入逐渐成熟的历史阶段。

图1　（隋）展子虔《游春图》

正因此，也足可证见对于人物画与山水画的融合，画中配景不应从魏晋时《洛神赋图》"人大于山、水不容泛、树木如伸臂布指"的状态突然进入隋朝《游春图》在空间、比例、透视关系都极为成熟的创作形态。其间必定有为数不少的作品，至少具有过渡性意义。元汤垕《画鉴》评展子虔"描法甚细，随以色晕"。王伯敏认为："他（展子虔）的这种手法无疑是从顾恺之那里得来的。"[①] 由此也可见，这是一种有章可循、循序渐进的演进历程。

---

① 王伯敏：《中国绘画史》（修订版）。

图 2 （五代）赵幹《江行初雪图》

相比宋代，唐代画家的社会地位要低得多，即使宫廷画家也多数"见用不见重"。就连当时地位已极高的阎立本教育子孙时都慨叹不已："吾少读书，文辞不减侪辈，今独以画见名，与厮役等，若曹慎毋习"。于是我们看到的唐代人物画大都以表现贵族生活为主。如《游春图》

《明皇幸蜀图》《步辇图》《虢国夫人游春图》《簪花仕女图》等。隋唐时期，中国绘画真正意义上实现了我们所能看到的卷轴本流传。除《游春图》与《明皇幸蜀图》常被绘画史归入青绿重彩的流传体系外，唐代人物画，一个典型特点即是画中很少甚至几乎没有对于背景的描写。当然我们不能因此否认其艺术价值，实际上留白的手法亦成就了中国画自身的鲜明特点。且唐代人物画也并非全无配景，典型者如周昉《簪花仕女图》，画中精心安置了湖石、玉兰、蝴蝶、仙鹤等，与画中人物形成巧妙互动。通过精湛的技艺与典型配景的映衬营造出春和景明、庭院幽深，虽身处富贵，但难掩宫苑妇人空寂孤寥之意境。

此外，常见者便是如吴道子《天王送子图》之类的宗教题材。唐代人物画对于普通百姓的生活关注并不多见，这与两宋形成鲜明对比。因此，亦可证见，自宋代开始中国绘画真正进入了高雅绝尘与大众文艺并行不悖的时代。隋唐则如张彦远所言，"近代之画，焕烂而求备"。① 据《历代名画记》与《宣和画谱》载，张萱除《虢国夫人游春图》，亦曾绘《乳母将婴图》《秋千图》《贵公子夜游图》《宫中七夕乞巧图》等。《宣和画谱》提及周昉"多写贵而美者"，善画"贵游人物"，且作"浓丽丰肥之态"。画面情境多表现富丽、典雅、华美的时代特色。个别者如韩滉虽位居显位，然多喜作农家风俗。唐朱景玄《唐朝名画录》记其"能图田家风俗、人物、水牛，曲尽其妙"。

从可资考证的传世作品看，除展子虔《游春图》，又有"大小李将军"中李昭道的《明皇幸蜀图》，相较于魏晋时如顾恺之《洛神赋图》，可知此时山水与人物的结合已十分成熟，且绘画语言已高度完备。《明皇幸蜀图》画面单线浓墨勾勒，赭石作底，以大青绿层层积色，以达焕烂而求备的金碧效果。山形峭拔，树石穿插有序，云雾画法则以传统的笔法勾勒填粉而成。着白色时外厚内薄，经千年摩擦层层剥落，可使我们更清晰地辨识唐人技艺。此图将山林隽秀、草木华滋、空谷幽鸣、山

---

① 张彦远：《历代名画记·论画六法》，载任道斌、王伯敏主编《画学集成》（六朝—元）。

路崎岖的画境表现得恰到好处,人物与配景的融合,无论空间比例抑或着色赋彩均至相当水准。从技术层面分析,恰如明张丑《清河书画坊》所言"展子虔,大李将军之师也",二李相较展子虔,则色、墨更为浓烈,装饰味与构成感亦更明显,且出现线条之顿挫,应为皴法之雏形,这又向前迈进一大步。唐张彦远《历代名画家》评李思训:"画山水树石,笔格遒劲。"以上诸多进步,实际已为五代两宋人物画中配景迈入画史鼎盛吹响前奏。

三 五代两宋人物画中配景进入画史顶峰

中国绘画发展到宋代,真正进入了画史高峰,此时出现了许多足以彪炳千秋,堪为后世典范的大师。他们在将"以心观景、丘壑内营、借景写情,以情造境"的理念推至画史顶峰的同时,也将人物画中配景的形态演进带入黄金时代。

表1　　　　　　　　中国古代人物画中配景演进形态一览

时间	艺术形态
秦汉	人物与配景的结合尚处于稚拙期。从画像石与画像砖看,配景形态流于符号化与平面式处理,但仍不失生动质朴。存世帛画如长沙马王堆汉墓帛画,画中人物与配景共同营造出神秘的迷信与梦幻情境。
魏晋	山水画逐渐演进为独立艺术门类,技法上细线勾勒、空勾无皴、设色平涂,趋于装饰性与平面化。人物与配景在艺术语言的融合上尚不成熟,很多情况下仍处于"人大于山、水不容泛、树木如伸臂布指"的状态。但从隋代展子虔《游春图》成熟的置景造境看,在顾恺之《洛神赋》与展子虔《游春图》之间,应存在具有较成熟面貌的过渡性作品。
隋唐	1. 在青绿语系中,人物与山水的融合业已成熟,出现理想的比例与空间处理关系。技法仍以勾勒填色为主,线条出现顿挫,山石中出现皴法,成为线条的有益补充。 2. 表现宫苑题材的人物画并未专注于画面配景,但亦尝试置景造境。画面虽仍以主体人物描绘为主,若干作品却出现具有花鸟元素的配景。

续表

时间	艺术形态
五代至北宋	山水、花鸟画作为独立画科已完全成熟。人物画中融入配景已成为普遍现象,几乎很少有不具备景元素的人物画出现。技法成熟、比例协调、空间关系合理,审美风格趋于繁复、宏大、典雅、富丽。
南宋	人物画置景造境的创作旺盛期,在延续北宋的基础上更趋成熟。并注入文人情怀,多为小景,注重人物与配景的精神相融。倾向于作者内心情感的流露,这较之北宋是一种精神层面的提升。审美风格趋于简约、诗意、秀美、含蓄。
元代	文人画渐成风尚,山水与花鸟画开始引领画史。人物画创作渐呈式微之态,画中配景多"逸笔撒脱""不求形似"。
明清	由于商品经济的发展与资本主义萌芽的出现,市民阶层对于人物风情绘画再度着迷。但相较两宋,画面配景多主观随意,常出现"雪中芭蕉"式配景,审美格调也无法与两宋相比。

论及两宋,便无法绕过五代,这并不仅仅因为年代的前后相续,更关键的是两个时期的绘画实际上有着千丝万缕的联系。因此,本文将五代视作两宋之先声,称其为人物画中配景黄金时代短暂的前奏。我们今天所见五代时期最具代表性的人物画大都出自五代南唐画院画家之手,如:卫贤《闸口盘车图》、赵幹《江行初雪图》、顾闳中《韩熙载夜宴图》、周文矩《重屏会棋图》、王齐翰《勘书图》等。以上画作的一个重要特征即环境与人物的配合已自然融洽。冯远、张晓凌主编的《中国绘画发展史》认为:"五代人物画的最高成就,集中体现在南唐画院之中。三位画院待诏顾闳中、周文矩、王齐翰分别以他们的人物画代表作《韩熙载夜宴图》《重屏会棋图》《勘书图》,创造了人物画历史上的又一个经典。同时,他们也以其所创造的经典,宣告了中国古代人物画高峰时代的结束。"[1] 这种说法尽管略显极端,但也从另一个角度说明,人物画在隋唐经历了一个以人物表现为画面主体的高峰时代后,进入了一种徘徊不前的状态。

---

[1] 冯远、张晓凌:《中国绘画发展史》,天津人民美术出版社2006年版。

卷四　从形象到历史

本文认为，之所以形成上述历史情境，其中很大一个原因在于，从审美心理学的角度考察，此时人们的审美再也无法满足于画面仅以单独人物描绘为目的，而没有环境的描写。尤其是在其他类型绘画，如山水画、花鸟画不断得到发展成熟后，再去表现当时人们的生活情态时，仅出现孤立的人物造型，已无法满足世人挑剔的眼光与审美的进步。而此类作品曾一度在唐代蔚然成风，如《虢国夫人游春图》《捣练图》《步辇图》等。至宋代，类似作品几乎难觅。人物画中精湛配景的融入实际已成为绘画演进历程中的必然趋势。

从艺术史图式演进的角度考察，并非唐代不具有配景元素的人物画失却了艺术魅力，而是艺术发展的规律使然。这恰如山水画从宋代的"格物致知""穷理尽性"忽然转向元人的"逸笔撇脱""不求形似"。这种看似显而易见且疾风骤雨式的画风演变，实际隐现着丰富的历史与文化内涵。意大利美术评论家文杜里在形容1500年乔尔乔内所绘《暴风雨》时说："乔尔乔内画了一幅有人物的风景画，取代了有风景背景的人物画。这是一种新的声音，在翘望着现代人的思想和情感的到来。"①

这也恰恰证明了美术史的演进规律，即艺术之所以能够不断推陈出新，恰是由于有不断需要得到满足的观赏者的审美需求与创作者心境的自然流露。于是，我们看到宋代人物画几乎都有配景，这实际已成为人物画图式演变与形态发展不可逆转的趋势。因此，宋代人物画中的置景造境应具有很高研究价值，它实际上改变了人物画发展的步伐，并为之开启了新的可能。

恰如王伯敏所说，"赵幹《江行初雪图》，是一种山水画结合人物的作品，极富情趣"。② 这实际也代表了当时人们对于人物画发展过程中"情趣性""生活化""自然化""真实感"的审美需求。此时，人物画中融入配景已成为画面意境营造的重要手段，并渐成风尚，因此也就自然开启了人物画置景造境在两宋的黄金时代。直到今天，这个黄金时代

---

① ［意］文杜里：《走向现代艺术的四步》，徐书城译，中国文联出版社1987年版。
② 王伯敏：《中国绘画史》（修订版）。

仍旧灿烂夺目，难以逾越。

尽管五代十国的西蜀与南唐，在风雨飘摇中创造了短暂的艺术辉煌，但毕竟艺术发展的规律要求一个完整的时代延续另外一种意义上的繁荣。北宋山水、花鸟画的强势发展，在某种程度上掩盖掉了其他画种的渐变。而当我们蓦然回首于画史时，才清晰地发现，艺术发展的潜在规律，已将人物画在盛唐时期的繁盛悄然截断于历史的长河，却用宋代以人物与画中配景巧妙融合的形式开启了另外一种持久的灿烂。置景造境恰恰成为这个时代人物画的重要标志。"五代十国的小朝廷艺术，在朝不虑夕、醉生梦死的生活状态中，呈递着晚唐的余绪，造成畸形繁荣，但这种余绪已经开始在递嬗中发生变化，新的气质、新的风格、新的形式已经在音乐、舞蹈、绘画、诗歌中普遍形成。"[①]

加之伴随宋代山水、花鸟艺术语言的不断成熟，此时，无论观者还是绘者，其审美心理均不再满足于画面只有单纯人物的存在。于是，山水、花鸟元素便不断被置入人物画创作中，使之更加丰富，进而逐渐形成了宋代人物画高妙且丰富的置景造境形态，由此也开启了中国绘画史上人物与配景完美结合的全新时代。

对于两宋人物画而言，由于山水、花鸟画的高度发展，使得人物画中融入配景水到渠成。笔墨技艺与绘画语言的极大成熟则又使画中配景的进一步传达成为现实可能。相较两宋前后，宋人对于笔法、墨法、水法、皴法、树法，以及用色技术的完善，使得人物画中的配景变得极富时代特色。恰如宋韩拙《山水纯全集》所说，"笔以主其形质，墨以分其阴阳"。宋代绘画严格的规范性与程式性，使得人物画创作中置景造境有章可循。

仅以宋代山水画中的"皴法"为例，从两宋存世画迹看，重要的皴法符号已有披麻皴、斧劈皴、刮铁皴、豆瓣皴、卷云皴、雨点皴、折带皴、骷髅皴、米点皴等。其中很多的"皴法"在两宋人物画配景中均有

[①] 李希凡总主编，本卷主编廖奔：《中华艺术通史·五代两宋辽西夏金卷》（上编），北京师范大学出版社 2006 年版。

非常精彩的运用。王克文认为："皴法的稳定的心理投向在于恰当地表现了人们的视觉观感。"① 换言之，宋人已经在对自然观照与体悟的过程中，在技术层面上实现了对于艺术语言的高度完备。后世画家也只是在两宋画家所创建的图式高度的基础上，于探索中寻觅新的路径。而从审美心理学的角度考察，不难理解，当宋代绘画在以山水、花鸟为代表的各画科技术语言得以极大且全面提高的前提下，相伴而生的便是世人对于表现人们日常生活的艺术题材上，在艺术审美与欣赏喜好上也就有了新的变化与需求。即：不再满足于画面仅有孤零零的人物出现，而是对于与人物活动相关环境情景的全面且完美的展现。

结　语

纵观中国古代人物画中配景的整体发展历程，至宋代进入创作高峰期，实际有着清晰且可供梳理的演进脉络。(1) 虽人物画起源较早，但进入创作活跃期应始自汉代，此时画中虽也有配景，却尚不风行，仍处于稚拙期。(2) 魏晋南北朝时，人物与山水的融合水准已具有相当高度，尽管此时山水画尚未完全成熟，人物与配景的融合尚需完善，却是重要铺垫与基础阶段。(3) 隋代展子虔《游春图》可视为人物与山水融合之典范。无论技术语言抑或情景造境，《游春图》中的配景水平都达到相当高度。但这种状态应有着明显传承体系与演进脉络，并非从魏晋时"人大于山、水不容泛、树木如伸臂布指"的状态急转而至，其间定然有着不少过渡性作品。(4) 唐代人物画大发展，但贵族宫苑题材并未着力于画中配景，而从《明皇幸蜀图》看，此时人物与山水的结合已相当成熟。加之其他画科艺术语言的逐渐完备，实际已为宋代人物画中配景广泛而成熟的应用做好准备。(5) 在中国绘画史上，宋代人物画中配景应是达到了清代之前中国古代人物画中配景发展的顶峰。从绘画本体

---

① 王克文：《南画山水技法》，人民美术出版社1997年版，第21页。

角度考察，此时人物画中配景自身发展的演进，山水、花鸟、人物、界画等艺术语言的全面提高与逐渐融合，创作者自身全方位的艺术修养与造诣，以及相伴而生的观者与绘者同样新鲜的审美需求等综合因素的聚集，最终促成了属于两宋人物画以配景驱动造境意趣的全新时代。

李唐在两宋人物画情景构建及形态演变过程中的史学贡献

李唐，中国绘画史上一位跨越了两宋的重要里程碑式人物。毫不夸张地说，李唐的出现完成了中国山水画史的重要画风转变，成为山水画从北宋向南宋形态转换的历史性人物。或许正是由于其在山水画领域的卓越成就，从而使得他在其他绘画题材与领域中的史学贡献表面看来没有那样夺目。本文尝试从一个被学界研究有所忽略的角度切入，试图探讨李唐在人物画与画中背景相融合的画史演进历程中所作出的史学贡献。

在宋代，李唐是一位颇具传奇色彩的艺术家，他经历了两宋，见证了宋代画院由巅峰的繁盛顷刻间化为灰烬到再度复兴的历史时刻。更见证了"靖康之难"赵宋王朝在看似极度繁盛的境况之下，一夜之间覆灭，进而狼狈南迁的不堪与耻辱。对一位于故国家园饱含深情的艺术家而言，这样的经历无疑使其精神、肉体都经受着不断拷打与折磨。同时，这样的人生历练，也使其不断经历着艺术上一次次华丽的蜕变。

恰如王伯敏所说："研究历史不能把史料当作史学，但也不能从概念出发。研究历史的出发点应该是特定的具体事实，应当运用详尽的材料，从大量的事实中形成观点。……一个时代，如果没有一两位才华出众的大画家，在绘画史上很难占有突出地位。画家是画史的主人翁。"[①] 显然，画史已不断向世人证明，在时代转换与画风重塑的历史进程中，若

---

① 王伯敏：《中国绘画史》（修订版），文化艺术出版社2009年版，"序"第2页。

干伟大艺术家的出现会为艺术的传承发展做出巨大贡献。而李唐恰恰就是这样一位伟大的历史性人物,其于画史之贡献,不仅仅体现于我们所熟知的山水画领域,在人物画与画中背景相融合的历史进程中,其贡献同样伟大。

图1 李唐《采薇图》(局部)

一 跨越两宋的李唐

李唐(1066—1150),字晞古,河阳三城(今河南孟州市)人。徽宗政和年中(1111—1118),48岁的李唐才考入宣和画院为翰林待诏,可谓大器晚成。明代唐志契《绘事微言》中曾记录了李唐是如何在高手云集的徽宗时期被选入皇家画院的:"政和中,徽宗立画院,召诸名工,必摘唐人诗句试之,尝以'竹锁桥头卖酒家'为题,众皆向

卷四　从形象到历史

酒家上着工夫，惟李唐但于桥头外挂一酒帘，上喜其得'锁'字意。"由此可见，经过在入画院前长时间的艺术积累，李唐不仅具备了成为优秀艺术家的才华与技艺，更重要的是他还具备了不同于常人的敏锐的才情与思考的头脑。即使是在考试中，他的这种别致而富有新意的才思也同样能够展现并帮助自己。自此，除南北宋之间短暂的交替时间，终其一生，李唐都服务于宋代皇家画院。李唐是一位极长寿的画家，在其漫长的一生中，以其旺盛的创作精力与勇于革新的艺术精神，在山水、人物画领域均取得了卓越的成就。并在山水与人物画艺术语言的融合上作出了全新的尝试，开创了具有时代革新意义的艺术面貌与创作境界。

在李唐的一生中，有一个尽管短暂却具有极其重要转折意义的历史时期，成为李唐艺术生涯的转折点，这便是靖康之难。靖康二年，即1127年，金兵南下攻入汴京，掳走了徽、钦二帝。赢得了画名，却输掉了江山的一代皇帝宋徽宗最终死于五国城。①"覆巢之下，安有完卵"，天崩地陷中，北宋画院同样无法逃避浩劫。院画家以及画作与匠人都惨遭洗劫，妻离子散，苦不堪言。诗人吕本中在其《兵乱后杂诗》中痛苦地记录了当时悲惨的情景："后死翻为累，偷生未有期。积忧全少睡，经劫抱长饥。""求饱羹无糁，愁浇爵有尘。往来梁上燕，相顾却亲情。"②侥幸逃脱的徽宗第九子康王赵构于建炎初年带着一帮忠臣老将亡命天涯。一路逃亡奔命之下，于河南商丘仓促即位，当时称此地为南京。从此，南宋建立，赵构即宋高宗。即位后的高宗帝，仍觉朝不保夕，坐立不宁，于是一路南逃，直至跨越长江天堑。总算狼狈逃至山明水秀的西子湖畔，凭借长江之险，苟且偷安，并与金人划江而治。据史料记载，从1127年至1138年，赵构为躲避金兵追杀，一直仓皇逃窜于钱塘（杭州）、江宁（南京）、摄州、瓜州（今江苏邗江）、京口（今江苏镇江）、常州、平江府（苏州）、越州（绍兴）、明州（宁波）、秀州、定海（今

---

① 今黑龙江依兰县境内。
② 邓乔彬：《宋代绘画研究》，河南大学出版社2006年版，第282页。

浙江镇海县)、温州、萧山县、吴江县、临安等江南各地,直至1138年后才相对安顿于杭州,可谓狼狈至极。①

得知此事,对北宋皇室与画院有着深厚感情的李唐悲欣交集,也历尽磨难一路南下投奔而来。但此时南宋刚刚建立,画院尚难恢复,起初的几年李唐便流落于临安街头卖画为生,且无人赏识,加之离乡背井,生活极度窘迫。曾作诗自嘲"雪里烟村雨里滩,看之容易作之难,早知不入时人眼,多买胭脂画牡丹"。但恰是由于靖康之难李唐南渡,成为其艺术生涯的重要转折。

图2 (北宋)李唐《万壑松风图》

二 南渡成就了李唐

元宋杞在李唐《采薇图》的跋语中认为李唐"在宣、靖间,已著名"。然而,根据李唐在北宋时可见之画作考证,如以其在北宋时所绘最为著名的《万壑松风图》为依据(图2),可知尽管当时李唐已展现出极高艺术造诣,但却终未能跳出李成、范宽、郭熙之后北宋业已形成的北方山水画创作体貌及模式规范。换言之,本文认为李唐在高手云集的北宋,实际并未能有真正建树,其作品亦未能在北宋形成鲜明且突出的个性面貌。

---

① 何忠礼、徐吉军:《南宋史稿》之《南宋大事年表》,浙江大学出版社1999版,第741—742页。

而恰恰正是在南渡过程中，对艺术创作充满不断探索与革新精神的李唐应是受江南山水秀丽清润、温婉含蓄气息的影响，开始酝酿并最终实现了中国山水画史上的重要历史转变。其画风也一度从北方高山大岭、气势恢宏、苍茫浑厚的全景式构图，如《万壑松风图》，转变为水墨酣畅、淋漓秀润、注重空气感与笔墨意趣的边角构图画风，如《采薇图》（图3）、《江山小景图》《长夏江寺图》等。在技法的探索上，李唐也从北宋时期表现北方高山大岭、气势雄阔山形体貌的刮铁皴，转变为南宋时表现南方秀润山体、淋漓酣畅的大斧劈皴，从而开创了画史上真正属于李唐的艺术时代。

图3　（南宋）李唐《采薇图》

南宋画院在绍兴十六年之后重新恢复建制，年近八旬的李唐终于再度供职画院。当我们今天以冷静的态度回望画史时，仿佛历史就是要在这样一个节点造就一位伟大的艺术革新者。李唐以古人罕见的八十六岁高龄，锐意拓进，终于完美地成就了自己的历史使命，成为两宋间画风转变的历史性人物。宋高宗赵构曾在李唐《长夏江寺图》的题跋上给予他这样的赞誉："李唐可比唐李思训。"我们甚至可以并不夸张地说，南宋画院始终都是在李唐流传下的画风脉络中继承、演进、拓展、完善。不仅如此，即使今天我们所看到最为著名的"南宋四家"中李唐之外，刘松年、马远、夏圭的作品，都极其明显留存着李唐的深刻影响。①

三 李唐于人物画配景演变的历史贡献

回溯李唐一生所创重要作品，我们会发现在李唐的艺术生命中，应是有着两方面的历史功绩，足以使其成为彪炳画史的伟大画家。第一，李唐对于中国山水画艺术语言由北派苍茫浑厚、气势恢宏向南方温润秀美、笔墨酣畅转变的历史贡献。自李唐之后，中国山水画艺术真正实现了由北派山水引领时代风骚到南方山水占据画坛主流的演进与转变。而李唐之后，南派山水潜移默化式的扩张与影响力绵延千年而不绝，至今仍旧魅力不减。第二，李唐在晚年将山水画与人物画艺术语言之间的融合推向了新的历史高度，使二者在同一画面中相得益彰，巧妙配合。完成了人物画中置景造境的新飞跃，实现了人物画中背景从北宋严谨写实到南宋诗意造境的形态转变。

表1　　　　　　　　中国古代人物画中配景演进形态一览

时间	艺术形态
秦汉 （象征性配景阶段）	人物与配景的结合尚处于稚拙期。从画像石与画像砖看，配景形态流于符号化与平面式的象征性处理，但仍不失生动质朴。存世帛画如长沙马王堆汉墓帛画，画中人物与配景共同营造出神秘的迷信与梦幻情境。
魏晋 （装饰性配景阶段）	山水画逐渐演进为独立艺术门类，但技法上，细线勾勒、空勾无皴、设色平涂，趋于装饰性与平面化。人物与配景在艺术语言的融合上尚不成熟，很多情况下仍处于"人大于山、水不容泛、树木如伸臂布指"的状态。但从隋代展子虔《游春图》成熟的置景造境看，在顾恺之《洛神赋图》与展子虔《游春图》之间，应存在具有较成熟面貌的过渡性作品。

---

① 明万历时张泰阶《宝绘录》载吴镇观点："南渡画院中人固多，而惟李稀古为佳，体格具备古人。"文徵明观点："余早岁即寄兴绘事，吾友唐子畏同志互相推让商榷，谓李稀古为南宋画院之冠。"

续表

时间	艺术形态
隋唐 （青绿配景阶段）	1. 在青绿语系中，人物与山水的融合业已成熟，出现理想的比例与空间处理关系。技法仍以勾勒填色为主，线条出现顿挫。山石中出现皴法成为线条的有益补充。 2. 以表现宫苑题材的人物画并未专注于画面配景，但亦尝试置景造境。画面虽仍以主体人物描绘为主，若干作品却出现具有花鸟元素的配景。
五代至北宋 （写实性配景阶段）	山水、花鸟画作为独立画科已完全成熟。人物画尤其风俗画中融入配景已成为普遍现象。几乎很少有不具备配景元素的人物画出现。技法成熟、比例协调、空间关系合理，审美风格趋于繁复、宏大、典雅、富丽。
南宋 （诗意性配景阶段）	成为于物画置景造境的创作旺盛期，在延续北宋基础上更趋成熟。并注入人文情怀，多为小景，注重人物与配景的精神相融。倾向作者内心情感的流露，这较之北宋是一种精神层面的提升。审美风格趋于简约、诗意、秀美、含蓄。
元代 （人物画呈式微之势）	文人画渐成风尚，山水与花鸟画开始引领画史。人物画创作渐呈式微之势，画中配景多"逸笔撇脱""不求形似"。
明清 （主观意向性配景阶段）	由于商品经济的发展与资本主义萌芽的出现，市民阶层对于人物风情绘画再度着迷。但相较两宋，画面配景多主观随意，常出现"雪中芭蕉"式配景，审美格调也无法与两宋相比。

　　清人张庚在其《图画精意识》中生动地形容李唐《采薇图》中人物与配景的相得益彰："两子席地对坐相话言，其殷殷凄凄之状，若有声出绢素。衣褶瘦劲软秀，奕奕欲动。树石皆湿笔，甚简。松身之鳞，略圈数笔，即以墨水晕染浅深。上缠古藤，其条下垂，用笔极细，若断若续，双勾藤叶，疏疏落落，妙在用笔极粗而与线条自和。后幅枯枝下拂，沙水纵横，相间而不相犯。气味清古，景象萧瑟……"李唐这种将山水画中水波烟云、树石山体高超的笔墨语言与艺术造诣巧妙而恰当地融入人物画创作的个人风貌，却在不经意间于一个历史的节点成就了人物画配景发展过程中崭新的时代高度，并引领了画史全新的创作风貌。纵观

中国古代人物画中配景的历史演进步伐，可知中国画在人物与置景相互融合的发展历程，应是经历了几个主要的历史时期，即魏晋之前的象征性配景阶段、魏晋的装饰性配景阶段、隋唐的青绿配景阶段、五代北宋的写实性配景阶段、南宋的诗意性配景阶段、宋之后的主观意向性配景阶段六个历史时期。

当人物画中配景在经历了北宋严谨写实的再现性阶段之后，伴随时代与社会形态的变迁，画史恰恰正处于历史变革的分水岭。换言之，历史呼唤像李唐这样横跨两宋的转折性人物。他的出现极大地推动了人物画的置景造境从北宋再现性写实阶段向南宋诗意性造境阶段的过渡，进而通过南宋众多优秀艺术家的不断发展与完善，最终达到了人物画配景形态演进的历史新高度。需要说明的是，南宋人物画融入配景的诗意性造境阶段，并非脱离客观实际的主观臆造，而是在南宋理学盛行情境下，在遵循"循理""求真"基础上的"心性一理""融情于景"。

对此，我们可以从李唐的《村医图》（图4）、《牧牛图》和《采薇图》得到最好的印证。这种具有风俗画性质，将人物、牧牛等活动的生灵融入李唐自身所一直熟悉并擅长的山水画创作之中，实现了人物画在置景造境上的新经验，也将之推向了历史的新里程。从某种意义上讲，南宋院画家中，之所以有诸多对于风俗画创作具有卓越贡献的艺术家，他们所取得的艺术成就，都不可回避地具有李唐的渗透与影响。我们今天所见马远《踏歌图》、阎次平《四季牧牛图》、李嵩《牧牛图》《货郎图》《龙骨车图》、李迪《风雨归牧图》等一大批经典风俗画作品，无论是技术语言、置景造境、画面布局，情景构建，抑或仅仅是在他们的创作主题上，都在很大程度地延续着李唐的创作生命。回望南宋画史，甚至可以毫不夸张地说，正是由于有了李唐开疆拓土式的革新与画风演进中的奠基作用，才最终实现了南宋甚至中国绘画史上山水画与人物画相融合的新飞跃。

卷四 从形象到历史

图4 （南宋）李唐《村医图》

结　语

综上所述，我们可以这样评赞李唐的画史贡献：第一，由于李唐前半生的大部分时间都是在靖康之难前的北宋度过，因此他能够完整且较好地继承北方山水苍茫浑厚、气势雄浑的艺术特点，并在技术语言上形成了具有典型北方山体风貌的刮铁皴。在具有了这种雄浑的艺术气度与纯熟技艺之后，李唐的人生阅历使得他自己深切体会到，艺术创作需要因时、因地、因人而不断经历全新的蜕变。于是南渡之后，他投入到对南方自然体貌与山水个性的观察与表现之中，最终真正意义上引领了中国山水画从北派苍茫雄浑向南派秀润酣畅的历史转变。加之南宋特殊历史情境与政治环境，促使身为院画家的李唐自觉地尝试将深沉而丰富的人文关怀融入自己所熟悉的天地自然。第二，当李唐具备了这样的艺术经历与创作成就后，技术语言上的极大丰富与艺术创新中的不断成熟终于促使他将人物、牧牛等活动的精灵巧妙而不露破绽地融入山水画艺术语境，使二者的艺术语言巧妙融合，最终实现了人物画中对于配景同样高妙的艺术追求，也开启了人物画从北宋的写实性置景造境到南宋诗意性置景造境的全新时代。因此，从人物画中配景的演进历程看，李唐的出现很好地完成了在两宋之间的过渡与开拓性贡献，具有重要的历史意义。

南宋阎次平《四季牧牛图》的情景构建及图像寓意

牧牛题材发展至南宋,已逐渐成为融山水、树石、人物、动物于一体的成熟绘画样式。这一现象,除再次佐证了宋代画家的全面修养外,亦使我们产生了图像之外有关社会学与历史学的思考。偏安之下,与中原故土的别离在画家内心留下了无尽的悲憾,他们转而醉心于描绘一种静谧空间里的田园牧歌,这是一种内心的慰藉,还是一种带有隐喻意味的讽谏?本文将基于历史情境予以考证,尝试探究图像背后的深层寓意。

阎次平,生卒年不详,河东(今山西永济)人,其父阎仲是南宋绍兴年间(1131—1162)画院祗候。元代庄肃《画继补遗·卷下》中有记载:"阎仲,绍兴间画院祗候,工山水杂画。但存其名,不见其迹。纵见粗俗,似不足传……阎次平,弟次于,皆仲之子,亦占籍画院,写山水、水牛,仿佛李唐而迹不逮意。次于又不及其兄。"据此可知,阎次平与其弟阎次于皆承家学,次平画艺应在其父、弟之上。[①] 兄弟二人皆于孝宗隆兴初补承务郎画院祗候。二人皆善山水,远承荆、关,近学王诜、李唐。阎次平亦善人物,尤善牧牛图。阎次平应尚有一弟阎次安,惜无作品传世,技艺应在次平之下。[②] 据此可知,阎次平至少父子两代均为宋代画院画家,且跨越两宋。

---

① 参见元代庄肃《画继补遗》卷下。
② 郑志才、李慧国:《南宋画史上的"家族现象"探微——南宋画院人物画研究之三》,《美术教育研究》2019年第3期。

南宋阎次平《四季牧牛图》的情景构建及图像寓意

图1　(唐)韩滉《五牛图》
绢本设色，20.8cm×139.8cm，故宫博物院藏

一　宋代牧牛题材绘画浅探

牛与人们的日常生活联系紧密，牧牛已经成为农耕文明的重要象征。《山海经》曰："后稷播百谷。稷之孙曰叔均，始作牛耕。"[①] 除原始社会时期壁画中的野牛形象外，自秦汉魏晋以降，在敦煌石窟及贵族墓室壁画中，牧牛形象便屡见不鲜。至唐代，开始出现如韩滉、戴嵩、戴峄等画牛名家，且有名作传世。韩滉《五牛图》绘有五头神态各异、憨厚质朴的耕牛。传为戴嵩所作《斗牛图》则绘有两头体型健壮的水牛，丰腴壮美。从此类传世作品中均可看出创作者对"牛"这一形象的独特情感，以及投诸这一题材的浪漫情怀。

《宣和画谱》有云："乾象天，天行健，故为马。坤象地，地任重而

---

① 袁珂：《山海经校注》，上海古籍出版社1980年版，第392页。

顺，故为牛。"① 自此，牛之温良恭顺、负重隐忍的形象有了权威的注解与定论。牧牛题材在两宋跳出了"兽畜"门类的范围，成为一种专门的绘画门类，有其独立的创作形式、审美风尚与造境追求。两宋专擅牧牛题材的画家有很多，北宋有祁序、朱羲、朱莹、王凝、甄慧等，南宋则有李迪、阎次平、毛益、李椿、智融等。除专擅者，李唐、许道宁、董源等山水画大家笔下的牧牛题材亦独树一帜。在两宋山水画中，牧牛点景不在少数。从韩滉《五牛图》与戴嵩《斗牛图》来看，唐人追求的是一种方正、大气、端庄的体量感与震撼力。到了南宋时期，牧牛题材风俗画在置景造境时更多是追求一种田园牧歌式的诗意韵味与温婉恬静的

图2 传（唐）戴嵩《斗牛图》

绢本水墨，31.2cm×48.7cm，台北"故宫博物院"藏

① 参见《宣和画谱》卷十三《畜兽叙论》。

美感。这种恬静背后恰恰透露出时人尚文轻武、内心胆怯柔弱的性格特点。同时,看似理想的田园风情背后,更多体现出画院画家在特定历史时期内心真实的渴盼与无奈。

两宋牧牛题材绘画之所以能够发展成熟,应是政治、经济、文化等诸多因素共同作用的结果。综合来看,主要有以下三方面原因:

第一,重文抑武的政治思想。两宋以文治天下,优待文人,文人有着很高的政治、社会事务参与权和主动性。相形之下,武将则远逊之,统治者甚至在设法削弱武将的各种权力。牧牛形象恰恰在很大程度上满足了统治者对于温良敦厚、恭顺任劳这一品格的需求。

第二,鼓励拓垦的重农思想。南宋《农书》有云:"岂知农者天下之大本,衣食财用之所从出,非牛无以成其事耶。"[①] 在古代中国,重农思想一以贯之地传承下来,而耕牛又在农耕文明中必不可少,于是"牧牛图"在两宋受到自上而下的欢迎也是顺理成章的。

第三,统治者田园牧歌式的愚民思想。这一点突出表现在南宋"牧牛图"的创作中。南宋统治者在经历过战火厮杀与统治崩塌后,内心惶惑不安。从1127年开始,宋高宗赵构为躲避金兵而辗转江南各地,直至1138年后才安顿于杭州,颇为狼狈。[②] 对于南宋统治者而言,能够偏安江南已实属不易。恰如《四库全书总目》所言:"考高宗驻跸临安,谓之'行在'。虽湖山宴乐,已无志于中原……"在这种偏安的境遇下,丢掉了大半江山的统治者实际已成为国家与民族的罪人,于是不得不在某种形式上彰显自己的"发愤图强"与"积极进取",极力粉饰与彰显自己治下的太平安乐、祥和富足。于是,南宋画院大量具有田园意味、温婉抒情的牧牛题材风俗画便应运而生。

阎次平的《四季牧牛图》恰恰创作于此时。正如李泽厚所言,这是"一种满足于既得利益,希望长久保持和固定,从而将整个封建农村理

---

① 徐吉军、方建新、方健、吕凤棠:《中国风俗通史》(宋代卷),文艺出版社2001年版,第517页。

② 何忠礼、徐吉军:《南宋史稿》,浙江大学出版社1999年版,第741—742页。

卷四 从形象到历史

图3 （宋）佚名《折槛图》
绢本设色，173.9cm×101.8cm，
台北"故宫博物院"藏

想化、牧歌化的生活、心情、思绪和观念"①。清代厉鹗《南宋院画录》中引有《钱塘县旧志》，其中记载道："南宋渡后粉饰太平，画院有待诏、祗候，甲库修内司有祗应官，一时人物最盛。"无论是萧照的《中兴瑞应图》、李唐的《晋文公复国图》，抑或是刘松年的《中兴四将图》、佚名的《折槛图》《望贤迎驾图》，都是统治者在向依旧追随自己的臣民们证实他们的选择是对的。同时，大量田园牧歌式的牧牛题材绘画应运而生，成为那一时期的典型绘画风格与图式。然而，毕竟"牧牛图"的创作者都是具有独立思考能力和较深自我修养的文人，他们在慨叹"西湖歌舞几时休"时，内心怎会没有失意与伤怀？因此，当我们在解读与品鉴这些牧牛题材风俗画时，能够明显感知到，这种所谓田园牧歌式的平静诗意背后，实际上隐藏着画家内心的无助与不安。

正如南宋多数"牧牛图"一样，阎次平《四季牧牛图》在情景造境上也营造出了一种自我保护与封闭的诗意空间。牧童、黄牛、无尽旷野、静谧山川，带给观者诗意而又惆怅之心绪。"牧童骑黄牛，歌声振林樾"②，这一原本太平年间乡村常见之景，却成为一种与当时历史境遇截

---

① 李泽厚：《美的历程》，文物出版社1981年版，167页。
② 参见清代袁枚《所见》一诗："牧童骑黄牛，歌声振林樾。意欲捕鸣蝉，忽然闭口立。"

然不同的理想之境。江山风雨的萧瑟不安、中原故土的风雪凝寒、血雨腥风中的战马嘶鸣仿佛都被抛至画外，萧萧北风也吹不进诗意江南，打扰不到这份梦幻中的宁静。这种带有某种自我慰藉式的诗意空间与甜美画境，在南宋画家笔下无处不在。

二 情景构建中的人文关切

宋人习惯以细腻朴实的笔触，饱含深情地描绘四时景致。景并不过分彰示，更不喧宾夺主，却于朴实内敛间蕴含着作者在诗意造境背后深层的人文情怀。这样的例子有很多。在阎次平的《四季牧牛图》中，起首《四季牧牛图·春牧图》[①] 中景致的植入便牵动出了诗意的造境空间。画面置景以季节为转移，渐次推进。恬静的和风吹皱一池春水，温柔的春风轻拂垂柳，杂草带着一丝不安，与清扬的垂柳共同彰显着春日的生机与希望。这种生机仿佛能将无尽的家国悲剧暂时抛诸脑后，不使"铁马冰河入梦来"[②]。《四季牧牛图·春牧图》中，两头沉稳的水牛所传达给人们的信息，显然并不仅限于图式的表象。在《佛说水牛经》《佛说群牛譬经》《佛说放牛经》中，有着以牛喻心、喻佛和以牧人喻修行者、以牧牛喻调伏心意和禅观修习的表达。当我们理解到这一点，再去看《四季牧牛图·春牧图》中相对而立、默默无言的两头水牛，便会感受到顾盼之间的温情无限和流露出的人文关切。这种人文关切正是对夏、秋、冬三景层层深入式人文造境的一种有效铺垫。

由于人文情境的介入，从《四季牧牛图·夏牧图》开始，图像的寓意性愈发凸显。画面中，涉水渡河的两头牛相互召唤，涉水而行，背上还各有一牧童。我们无法得知究竟是由于天热难耐才使得牧童与水牛决

---

① 《四季牧牛图》由春、夏、秋、冬四段组成，每段纵35.5厘米，横89厘米，南京博物院藏。

② 参见南宋陆游《十一月四日风雨大作》一诗："僵卧孤村不自哀，尚思为国戍轮台。夜阑卧听风吹雨，铁马冰河入梦来。"

定渡河，抑或是其他迫不得已的原因。在情景铺陈中，江面已延伸至画外，江水暗涌，坡岸老树枝叶掩映，前路不知深浅，必然步步惊险。《四季牧牛图·夏牧图》画面中的不安、焦虑与惊险在南宋"牧牛图"中并非孤例，如李迪的《风雨归牧图》册，二者置景造境极为相似。仅"渡江"这一敏感图式，在南宋绘画中一出现就极易使研究者产生联想。

图4　（宋）阎次平《四季牧牛图·春牧图》
绢本设色，35.5cm×89cm，南京博物院藏

图5　（宋）阎次平《四季牧牛图·夏牧图》
绢本设色，35.5cm×89cm，南京博物院藏

余辉就曾这样认为:"自汴京到临安,乃需渡过诸如淮河、长江及其支流,画中的河,即取'南渡'之意,作者的艺术匠心自然也就隐于其中了……渡口常常是南宋诗人感时伤世诗篇的出发点。当然,'河'这种带有象征性和特定性历史意味的背景……"①

图6 (宋)李迪《雪中归牧图》册(局部)
绢本设色

这也不禁使我们想到了荀子所说的"君者舟也,庶人者水也,水则

---

① 余辉:《宋代盘车题材画研究》,《艺苑》(美术版)1993年第3期。

载舟，水则覆舟"①。如前所述，憨厚的牧牛形象在中国传统文化中一直都与朴实的农民形象朝夕相伴。民间还有"鞭春牛"之习俗，可见牛那种憨厚老实的形象早已深入人心。《诗经·王风》有云："日之夕矣，羊牛下来。"② 正是这同样朴实憨厚的黄牛与百姓，维系着一个风雨中摇摇欲坠的封建王朝。《四季牧牛图·夏牧图》中，统治者眼里近乎愚昧无知的牧牛却甘愿背负着孱弱的南宋"小朝廷"，小心翼翼地顾首相嘱，渡过长江天堑。牛的活动实际正在讲述着人的故事，然而这恰恰只是叙事的开始。

三　叙事背后隐喻的讽谏

研读南宋画院画家在图像背后表达的深层寓意，一直都是后来者的兴趣所在。《四季牧牛图》之所以引起人们浓厚的研究兴趣，很大程度上是因为画面情景造境中层层深入、相互衔接的隐喻性。"南渡"后，"赵宋王孙"委屈求和，苟全于暂时的燕舞莺歌，然而痛心疾首者也不在少数，"和戎诏下十五年，将军不战空临边。朱门沉沉按歌舞，厩马肥死弓断弦"③"暖风熏得游人醉，直把杭州作汴州"……大量此类诗篇饱含讽谏与劝谕之意。而包括李唐的《采薇图》和《晋文公复国图》、萧照的《中兴瑞应图》《光武渡河图》、刘松年的《中兴四将图》、马麟的《道统五祖像》④ 与《道统十三赞》、佚名的《却坐图》《折槛图》《望贤迎驾图》等规谏图更是不在少数。如李唐《采薇图》，其图像中明显的规谏寓意已成为历代评鉴者的共识。如在元至正二十二年即 1362 年宋杞的题跋中有云："且意在箴规，表夷（伯夷）、齐（叔齐）不臣于周者，为'南渡'降臣发也。"又如清代张庚《图画精意识》中有云："唐

---

① 参见《荀子·王制》。
② 参见《诗经·王风·君子于役》。
③ 蒋凡、白振奎编选：《陆游集·关山月》，凤凰出版社 2006 年版。
④ 又名《圣贤图》。

为宋高宗画院待诏，愤'南渡'降臣，写此以示箴规意深哉。"南宋对于儒学仁义之推崇，为历代之盛，而《论语》中也有孔子曾多次评价伯夷、叔齐的记载。《论语·季氏》中云："伯夷、叔齐饿于首阳之下，民到于今称之。"

《折槛图》与《却坐图》的规谏意图更为明显。《折槛图》的故事载于《汉书·朱云传》，画面描绘朱云冒死向汉成帝进谏的场景，佞臣张禹在一旁奸笑，辛庆忌则躬身为朱云求情，情节紧张激烈。《却坐图》的表现内容源自《汉书·爰盎传》，描绘的是爰盎躬身持笏向汉文帝进谏。[1] 马麟的《道统五祖像》与《道统十三赞》则描绘了伏羲、尧、舜、禹、汤、文、武、周公、孔子、颜回、曾参、子思、孟子共13人，借古喻今，期盼当政者可以见贤思齐。此外，李唐的《晋文公复国图》、萧照的《中兴瑞应图》和《光武渡河图》、刘松年的《中兴四将图》等画对于中兴宋室、光复中原的期盼也很明显。由此可见，南宋时期对于中兴图与规谏图的创作应是十分流行的。因此，联系之前所述的牧牛题材的图像寓意与象征意图，笔者大胆推断阎次平《四季牧牛图》实际也是一组隐晦的规谏图。

图7　（宋）阎次平《四季牧牛图·秋牧图》
绢本设色，35.5cm×89cm，南京博物院藏

---

[1] 冯鸣阳：《"帝国映射"与"崇儒教化"：南宋画院人物画政治功能的两种类型》，《艺术探索》2015年第4期。

卷四 从形象到历史

阎次平对于宋室河山饱含深情。不仅表现春风和煦的《四季牧牛图·春牧图》与表现艰难渡河的《四季牧牛图·夏牧图》极易与赵宋王朝的境遇产生联系，《四季牧牛图·秋牧图》中秋风萧瑟、满目荒寒的造境，更似当时南宋时局的再现。我们似乎没有理由怀疑，像阎次平这样一位具有高深造诣的画家，也在试图通过手中画笔含蓄地传递内心对时局的忧虑与关切。有着这种心境的画家不仅阎次平一人，李椿的《牧牛图》在画面布局、构图、情境营造等方面都与《四季牧牛图·秋牧图》极为相似。当我们将画面中牧童与黄牛的故事理解为皇室贵族与普通百姓之间舟与水的关系，针对南宋许多"牧牛图"的图像研究便被很自然地注入了历史学的因素。

值得注意的是，在宋代风俗画中还多次出现"孩童戏蟾""刘海戏金蟾"的形象。① 这样的形象在宋代得以广为流传，应非偶然。与此同时，长沙马王堆汉墓帛画中有月宫蟾蜍形象，现代年画、工艺品、茶具中也有"金蟾"形象。蟾蜍在中国传统文化中具有很丰富的内涵。在原始社会，蟾蜍曾是一种部落图腾，在漫长的封建文化发展历程中，被赋予富贵、丰裕、财富甚至征服的象征意味。因此，在《四季牧牛图·秋牧图》中，牧童手中的蟾蜍形象应是作者的有意安排，于是这种情景造境的隐喻与象征意味也就更为明显。

因朴实憨厚而被视为百姓象征的牛，则处于《四季牧牛图·秋牧图》的另一端，维系着画面平衡。《四季牧牛图》中春、夏、秋的递进承接有序，与两宋遭际如出一辙。宋人试图将儒、释、道思想融于一体，强调复兴儒学，注重涵养心性式的内省与自觉。因而在《四季牧牛图·秋牧图》中，二牛一犊的三口之家被注入了更多象征"仁"的情愫。孔子的"杀身以成仁"显然对南宋文人有着深刻影响，而孝悌又是仁之基础。② 画

---

① 在中国传统文化中，蟾蜍是一种具有深刻意味的艺术形象，很值得深入挖掘。限于本文写作主题与篇幅，这里不再展开。

② "仁"是中国传统文化中一种含义极广的道德范畴，本指人与人之间相互亲爱。孔子将仁视作最高道德标准和境界。他第一次将整体的道德规范集于一体，形成了以仁为核心的伦理思想体系，其中孝悌是仁的基础，是仁学思想体系的基本支柱之一。他提出要为仁的实现而献身，即"杀身以成仁"，对后世产生很大影响。

南宋阎次平《四季牧牛图》的情景构建及图像寓意

图8 阎次平《四季牧牛图·秋牧图》中的孩童戏蟾形象

面中，一头体形健硕的公牛似欲起身离去，却又犹豫不决。善良的母牛与自己的小牛犊依旧卧在原处，仿佛在说："再等等吧，也许牧童快玩够了。"这种情境不正极似南宋文人吗？他们本欲撒手离去，奈何难舍旧主家国，只得慨叹"死去元知万事空，但悲不见九州同"（陆游诗）。

四 层层推进的隐喻与劝谏

如果以上分析尚不具备足够的说服力，我们不妨再看《四季牧牛图·冬牧图》。画面中的主角仍是两头大水牛，现在我们应可确知，《四季牧牛图》中描绘的永远都是两头大水牛，只是分别出现在不同的情景造境中。

图9　（宋）阎次平《四季牧牛图·冬牧图》
绢本设色，35.5cm×89cm，南京博物院藏

《四季牧牛图·冬牧图》中，两牛顶着风雪严寒，坚定地离开了背后的那片树林。而在这片树林中，那个贪玩的牧童依旧不知愁为何物。枯硬的老树、宁静的寒雪、静谧的天宇间只留给世人一片萧瑟荒寒。画中没有了牧童的身影，他最后终于被憨厚老实且被当作黄牛一样看待的百姓遗忘在了萧索寒风里，只有那梦幻般牵于一线的"富贵"（蟾蜍）陪伴着他，系于孱弱的枝头。

有一个不得不引起人们注意的现象是，春、夏、秋、冬唯有《四季牧牛图·冬牧图》中没有出现牧童。四幅作品无论情境造境还是叙事方式，给予人们的感受是一幅赛过一幅的凄凉。画中置景造境的前后顺序、空间转换有着极为明显的过渡与衔接。春景还是暖风和煦、垂柳依依，充满希望的气息。夏天便要涉水渡河，危机四伏、步步惊心。宋室不正是在金人的金戈铁马下狼狈渡河南迁的吗？秋风萧瑟中，无知的牧童仍旧乐此不疲、自娱自乐，殊不知早已是山河破碎、苟且偷安。冬景则把情景造境推至高潮，所谓"牧牛图"，其实画面中只剩头也不回的老牛，早不见了牧童的踪影。他为什么不再出现？他去了哪里？是否即使是老实巴交的老牛（百姓）最终也要将其抛弃？春、夏、秋三景中的水牛之间均有顾盼，唯有《四季牧牛图·冬牧图》不同，两牛并排在一起，坚定地朝着一个方向走向了画面尽头，耐人寻味。隐喻着赵宋王室的"牧童"是否在"西湖歌舞几时休"中终于被自己的"子民"遗落在了冰天雪地里？历史已经给予了人们最后的答案。于是，笔者将阎次平《四季牧牛图》情景造境中寓意的层层推进理解为：仅存的希望、惊险的渡江、肆意的疯狂、无奈的舍弃。

结　语

　　笔者将阎次平《四季牧牛图》的创作环境还原到南宋时期的特殊历史情境下，意图在充分解读牧牛题材背后深层文化内涵的基础之上，结合同时代一系列画院画家的规谏图与彼时文人的复杂心境，阐释了当时绘画中带有隐喻性质的规谏与批评无处不在。阎次平通过画面巧妙的置景造境作为图像寓意的情境载体，试图以田园牧歌为掩饰，却又难抑内心的诉说冲动，选择了一种层层推进式的规谏与批评。其传达目的与同时代《采薇图》《折槛图》《却坐图》以及林升的名诗《题临安邸》并无二致。这种含蓄的讽谏实际透露出宋人尚文轻武、内心怯弱的性格以及宋人内心真实的无奈与不安。在南宋时期极为盛行的"牧牛"图式中，那种静谧天地间的田园牧歌与时代境遇有着较大反差，其画面构成与造境方式的相似，证明了这一艺术样式是特定历史时期的产物。南宋之后，"牧牛图"的全面衰退，恰恰佐证了这一推断。

"张择端"美术知识的生成及概念阐释

一直以来,《清明上河图》在中国的知名度与曝光度,用家喻户晓形容并不为过。于是,它的作者张择端也成为中国历史上最为大众耳熟能详的画家。然而,世人眼中的张择端究竟有几分真、几分假呢?他的艺术水平与历史地位究竟是一种真实的体现,抑或只是一个美丽的传说?又有多少不应是他承载而他在经受,不是他的荣耀而他在乐享,不是他的过失而他在承担呢?本文试图阐述"张择端"这一史学意义上的美术概念之生成因素。

一 张择端,一个不断假想中的概念

中央美术学院尹吉男教授在讲到唐末五代重要画家董源时说:"董源一直是作为一个艺术史的知识概念存在着,这个概念被不断地重构、解释,最终落实在那些被认为是由董源创作的作品上。"[1] 于是,这启发了笔者持续思考美术史上的另一位画家,即宋代最为我们所熟知的张择端。关于这位画家,历史所能留给我们的有限信息可谓少之又少。但他却凭借家喻户晓的《清明上河图》而成为画史上最富遐想力与传奇色彩的"大人物"。换言之,他应是人们常说的"人以画传"的最经典案例。正如邓乔彬所说:"相比之下,张择端还是幸运的。因为他毕竟能'人因

---

[1] 尹吉男:《"董源"概念的历史生成》,《文艺研究》2005年第2期。

画而传'。"①

于是，张择端这样一位历史人物，《清明上河图》这样一种史学现象，留给后人尽情想象的美好与自由的空间诚然很大。一种历史现象若没有了约束，任意的遐想都可以自圆其说。于是，本文意在利用有限的资源与史料，阐述世人眼中的"张择端"究竟是怎样一个美术史概念。

二　历史上真实的张择端

如今我们所能看到的张择端生平记载甚少，较为可信的仅见于金代张著在《清明上河图》画作后面的题跋："翰林张择端，字正道，东武②人也。幼读书，游学于京师。后习绘事，本工其界画，尤嗜于舟车市桥廓径，别成家数也。"③

徐邦达先生在《清明上河图的初步研究》一文中写道："他（张择端）的职位，应该是翰林待诏，我们从郭若虚《图画见闻志》一书里，可以看出北宋时翰林只有待诏……似乎翰林待诏的地位，比图画院祗候还要高一些。"④

在薄松年先生主编的《中国美术史教程》中，薄先生根据藤固《唐宋绘画史》，列举了徽宗时的画院待诏，张择端亦在其中。⑤

令狐彪所著《宋代画院研究》中的《宋代画院画家简明表》共收画家226人，关于张择端一栏见表1。⑥ 在同书中的《历代著录宋代画院画家画目》关于张择端的作品记录可见表2。⑦

---

① 邓乔彬：《宋代绘画研究》，第134页。
② 即今山东省诸城市。
③ 见《清明上河图》后张著题跋。
④ 徐邦达：《清明上河图的初步研究》，该文收入《宋张择端清明上河图研究与欣赏》，香港风光出版社1984年版。
⑤ 薄松年主编：《中国美术史教程》，陕西人民美术出版社2003年版，第193页。
⑥ 令狐彪：《宋代画院研究》，人民美术出版社2011年版，第106页。
⑦ 令狐彪：《宋代画院研究》，第163页。

表1　　　　　　　　　　　张择端生平

姓名	活动时代与职位变迁	擅长	师承	身世	籍贯	备考
		见《清明上河图》后张著题跋				
张择端	徽宗朝画院人，职位不详	界画、舟车、人物、市街	不详	不详	山东诸城	《清明上河图》跋

表2　　　　　　　　　　　张择端作品

画目	件数	著录书目
《清明上河图》（卷）	1	《铁网珊瑚》《石渠宝笈》等
《烟雨风雪图》（卷）	1	《清河书画舫》
《春山图》（轴）	1	《石渠宝笈》初编
《太真春浴图》	1	《梦园书画录》
《武夷山图》（卷）	1	《古缘萃录》

根据以上信息，我们大致可以简要地概括：张择端应是今山东省诸城市[①]的一位士人，后改习绘画，又进入皇家画院，主要活动于宋徽宗时期，成为专业院画家。除此之外，我们鲜见张择端其他信息。换言之，这应是我们所能了解到的历史上几乎所有关于张择端的信息了。

三　关于《清明上河图》的历史记录

《清明上河图》是我们很熟悉的作品，本文主旨并不在于介绍该画的内容，因此不打算耗费笔墨在画面内容上，而是直入正题。对于据考证被认为是张择端所创作版本的《清明上河图》（即故宫博物院藏本）以及与该作品有关的一些信息，我们有必要稍加了解。这样无疑有助于我们了解该画，也就更有利于了解张择端。

[①] 诸城现在是隶属于山东省潍坊市的县级市。

徐邦达先生在《清明上河图的初步研究》一文中对于该作品有较为详细的论述："他（张择端）画这幅《清明上河图》的时间，有在北宋时与南宋时二说。明詹景凤《东图玄览编》里说道：'清明上河图，本南宋院人张择端画……'又董其昌《容台集》中也说道：'南宋时追慕汴京景物，有西方美人之思'；清孙承泽《庚子消夏记》：'上河图乃南宋人追慕古京之盛而写清明繁盛之景也……'"

至此，仿佛我们已有了这样的判断，张择端版本的《清明上河图》①有作于南宋的感觉。那么，这就会让我们产生一种怀疑，张择端应是南宋时人了？但后面徐先生笔锋一转又写道："但是，我们看到此卷后面金、元人的诗跋中，却都说画在北宋末年。如张公药诗：'通冲车马正喧闹，只是宣和第几年。当日翰林呈画本，生平风物正堪传。'还有张世积诗：'繁华梦断两桥空（指汴河上的上下土桥），唯有悠悠汴水东。谁识当年图画日，万家帘幕翠烟中。'"元代杨准题跋中说得则更为明确："'卷前有徽庙（赵佶）标题。……意是图脱藁，曾何几时，而向之承平故态，已索然荒烟野草之不胜感矣。……而是图独沦落至今，逾两百年而未甚弊坏，岂有数耶？'……又李祁跋：静山周氏文府所藏《清明上河图》，乃故宋宣、政间名笔也……"

徐先生在文中进一步补充道："关于宋徽宗的标题，李东阳的跋语中曾经提到：'卷首有祐陵瘦金五字笺，及双龙小印……可惜现在已经佚去。'"最后徐先生的结论是："金、元离北宋较近，张公药等人的话当然比明、清人更为可信些，何况当时原有徽宗标题印记，更是毋庸声辩的了。詹（詹景凤）、董（董其昌）等人都没有见过此卷，大约根据张择端曾做《西湖争标图》（张著跋，明朱存理《铁网珊瑚》抄录），就以为是南宋人了。当然可能张择端也曾南渡到过临安（杭州），不过《清明上河图》，却可以肯定是在宣、政年间画的。"

通过以上信息，我们大致可以相信张择端是生活在北宋末年，甚至

---

① 笔者之所以反复强调张择端版本的《清明上河图》，是由于后来又看到很多版本的《清明上河图》。

有可能是横跨了南北宋。既然如此,那么他就有可能目睹了北宋由繁华到没落的全过程,也必然见证了"靖康之耻"。这就是历史所能留给我们的较为可信的关于张择端的所有信息。①

那么,就是在那样一个金戈铁马、民不聊生的年代,当张择端于宣、政年间创作了这样一幅"集四海之珍奇,皆归市易;会环区之异味,悉在庖厨"②的追忆京华旧梦的作品时,他的内心又会是怎样的呢?

四 学界所认为的张择端

一直以来,学界对于张择端存在两个主要的争议:一种观点认为,他是美术史上举足轻重的重要画家,写实与精细刻画的能力极强,作品具有很高的艺术性与影响力。比如,陈池瑜先生所说的:"也许中国写实性绘画发展到唐宋如人物画、花鸟画、山水画、牛马及屋宇画都极尽技巧之能事,要在不改变绘画材料的前提下,在写实方面和阎立本、周昉、顾闳中、周文矩的人物画,张择端、李嵩、苏汉臣的风俗画,郭忠恕的屋宇楼阁画,黄筌、黄居寀的花鸟画,韩幹、戴嵩的牛马画,王希孟、李成的山水画比高下,或者在原来的创作手法上有新突破,看来不大可能。"③

无疑,在这里陈池瑜已将张择端列入中国美术史上最顶尖的写实高手之列。当然,这绝不是陈池瑜个人的看法,事实上在很多研究者眼中,张择端本身已经代表着中国传统绘画写实能力的最高峰,后人难以企及。比如邓乔彬所言:"以后的《清明上河图》再无法代替张择端所作,其地位是空前绝后的,但他绝不是一个伟大的'孤独者',因为它确实具有承前启后的巨大作用和非凡意义。"④

---

① 徐邦达:《清明上河图的初步研究》,该文收入《宋张择端清明上河图研究与欣赏》。
② 孟元老:《东京梦华录》序文。
③ 陈池瑜:《20世纪中国现实主义美术的新传统及其影响》,载黄宗贤主编《2008年优秀美术论文选》,广西美术出版社2009年版,第95页。
④ 邓乔彬:《宋代绘画研究》,第137页。

徐书城更认为张择端的写实能力已经达到令人拍案叫绝、叹为观止的地步："以高度'写实'的手法刻画桥梁舟车、城郭屋宇、街坊商铺，靡不具备。全卷形形色色的人物竟达五百余人之多。其刻画之精细逼真，令人叹为观止，场面之宏大宽广，使人拍案叫绝，具有极高的文献史料价值。"①

另一种观点则认为，张择端只是在一个特定历史时期出现的典型人物。他的名气在绘画史上尚不能与吴道子、李成、范宽、郭熙、李公麟等人相提并论。如徐建融说："我在这里提出向张择端学习，实际上也是向唐宋画家画（包括画工画和文人正统画）的传统学习，但具体的对象可以是吴道子、张萱、孙位、李成、范宽、郭熙、李唐、李公麟、黄筌、黄居寀、崔白、赵佶、李迪、林椿、刘松年、文同、杨无咎、赵孟坚等大名头，也可以是敦煌莫高窟的画工、两宋图画院的众史、张择端、王希孟等小名头。"②

在这里徐先生很是痛快淋漓地列举了一长串的名字，其中所列的一些画家，本人是并不敢苟同他们的成就或在张择端之上的。但是徐先生仍旧很果断地将张择端列为画史上小名头画家的代表者，甚至很写意地将其列在敦煌莫高窟的画工和两宋图画院的众史之后，这颇值得玩味。尽管徐先生对张择端始终是持着一种肯定态度的，但仍视其为画史上的小名头画家。这究竟是为什么呢？要回答这个问题，我们就要正视这样一个历史事实，画史上对于张择端的记录实在是太少了。不客气地说，学界很大程度上对于张择端的评价是三分史实、七分臆造的。如若不是金代张著在画尾题写下的几十个字，那么其结果就会是：《清明上河图》与宋代所流传下的一些精彩的佚名作品又有何异？事实上，上述历朝历代对于张择端的假想与推测，无一不是凭借于此。

这正如徐建融先生所说的："例如张择端，画史的著录中便找不到他的名头，只是因为他为我们留下了一卷《清明上河图》，所以我们才知

---

① 徐书城：《宋代绘画史》，人民美术出版社2000年版，第69页。
② 徐建融：《宋代绘画研究十论》，上海大学出版社2008年版，第177页。

道，在北宋末年还有这么一位画家。"①

五　历史上《清明上河图》的泛滥

可以毫不夸张地说，"清明上河图"题材可能已成为美术史上唯一的，令人着迷、好奇、费解，甚至啼笑皆非的怪异现象。也许是对于这种风俗性题材的亲切感，也许是对这种长卷式的徐徐展开形式的迷醉，抑或仅仅就是由于中国人爱热闹的心态吧。总之，在从《清明上河图》诞生的那一刻起，也不知它是在什么地方不小心触动了世人敏感的神经，使得它的各种版本，各种形式的临本、摹本、演绎、改编、再造，成了难以抑制的洪水。直到今天，或许还有未来的无数个明天，都将在继续着这种现象。

南宋时，《清明上河图》就有了许多复制本，有的每卷价"一金"，在临安杂卖铺里出售。宋代以后，历代更是出现了不少摹本或类似的作品。元代有赵雍本，明代有仇英、赵浙、夏芷摹本，至清代摹本更多，有戴洪、孙祐、陈枚、金昆、程志道合作本，其他尚有刘九德、沈源、谢遂、罗福旻、许希烈诸本。有的藏在国内，有的在日本、纽约、伦敦等地。②

这些摹本与复制品在起初还是以张择端版的《清明上河图》为依据，但随着时间的推移与条件所限，以及这种复制势头的不可遏制，终于使得临本、摹本，甚至是临本的临本成了母本。更有甚者，仅借着凭空的臆想便能再造一幅全新的《清明上河图》。事实上，如今我们看到的这些历史上流传下来的翻造本很多都产于苏州的假画作坊，属于我们俗称的"苏州样"，而且它们大都是以明清时期苏州城市面貌为依据，与汴京无关，只是构图约略相似而已。

这正如胡建君所言："其影响之甚，有不少市肆酒店将其悬于门楼作

---

① 徐建融：《宋代绘画研究十论》，第177页。
② 王伯敏：《中国绘画通史》，生活·读书·新知三联书店2000年版，第401页。

为招客的幌子,宾馆雅座将之照诸素壁欲令蓬荜生辉。它足涉闾巷、身处高阁。更有甚者,意图仿造,再建'宋城'。一幅古画如此家喻户晓,如此受到后人追捧宠爱,普天之下、万代千秋只恐唯尽于此了。"①

这样泛滥的结果便是:由于各种版本的《清明上河图》与原本就是凭借有限信息不断假想中的"张择端",几个字眼的相互依存与置换性,"张择端"这个美术概念最终成为各种版本《清明上河图》的潜在作者。事实上,正是"张择端"开启了美术史上的一种"清明上河图"现象。而在某种意义上,《清明上河图》则成为风俗画的同义词。

不管是在学术界还是在民间,可以毫不夸张地说,提起风俗画,最先映入脑海中的一定是"清明上河图"这几个字。这或许是"张择端"的不幸,也或许是他的万幸。但毫无疑问,这却是张择端这个人物的尴尬。因为,这早已不是真正的张择端了。那么,如果要问真正的张择端是怎样的?答案就只有画卷后张著的只言片语,除此之外我们没有任何信息可查。事实上,我们所知道的只是后人借此臆造的"张择端"这个美术概念而已。

今天,当我们在"百度百科"中键入"清明上河图"五个字时,会依次弹出以下内容:清明上河图:北宋张择端风俗画;清明上河图:明仇英清明上河图手卷;清明上河图:清院本清明上河图;清明上河图:清明上河图特种邮票;清明上河图:台湾清院本邮票;清明上河图:连体明信片;清明上河图:孙浩元创作小说;清明上河图:李玉刚歌曲《清明上河图》;清明上河图:《清明上河图》与清明上河学;清明上河图:1998年郑少秋主演的电视剧;清明上河图:香港舞蹈团大型舞蹈诗;清明上河图:清明上河图连体银币;清明上河图:横店影视城清明上河图;清明上河图:国产动画片;清明上河图:纪录片;清明上河图:郑春辉木雕作品;清明上河图:清明上河图(淡墨青衫创作网络小说)……②

---

① 胡建君:《清明上河——国宝在线》,上海书画出版社2004年版,第4页。
② 百度百科"清明上河图"词条。

卷四　从形象到历史

或许，以上收录的各种版本的《清明上河图》还不够全，但足以说明很多问题。当我们看到以上内容时，第一感觉或可谓琳琅满目、啼笑皆非了。可转而一想，既然《富春山居图》可以拍成电影，唐伯虎也可以有各种形式的"点秋香"，那么李玉刚唱唱《清明上河图》、郑少秋演一下"张择端"又何足为奇？尽管，今天的各种传媒在某种意义上将快餐与低俗式的演绎传递给了大众，却也从另一个角度说明《清明上河图》与"张择端"这个概念的脍炙人口了。同时，这无疑也是张择端本人的尴尬了。

结　语

历史上所留下的有限资料，以及后世的各种演绎与加工，使得我们在对美术史上若干重要画家的研究中迷失了方向，这在很大程度上影响了我们客观的研究与判断。同时，在以上情况下，有个别脍炙人口的作品经历了后世的不断重构、复制，甚至是恶作剧式的编排，使得与该作品相关的信息与作者最终也只是成为一定意义上的一种"概念"而存在了。

由《清明上河图》看东西方绘画
空间叙事中的时间差异性

　　从跨文化交流的视角，审视东西方绘画在空间造境与情景叙事层面存在的表现差异，可窥见东西方文化之显著不同，这亦成为学界在对比东西方文化形态时重要关注点所在。长卷形式是东方绘画，尤其中国绘画独特布局形态。体现的不仅是中国人特有的观察表现特点，也蕴含着中国人独有的哲学观与宇宙观。由于追求明显不同的绘画语境，加之空间思维与哲学影响等因素共同作用，意欲从宏观层面对东西方两种不同话语体系内的图式进行比较，这显然是一项极繁复且庞杂的系统工作。而本文所欲着眼者，则是从中国绘画独有的，具有典型东方审美意趣与表现形式的长卷绘画入手，以《清明上河图》为例，探讨相较于西方绘画，这一独具东方叙事形态的绘画样式是如何做到在时间因素干预下的空间转换与情景叙事。

　　东西方文化，在跨越不同民族、地域与习俗情境下，产生出诸多值得学界探究与比较的有趣形态。伴随中国绘画形态发展的节奏与步伐，人物画与山水画艺术语言在五代两宋时期呈现出高度融合的史学面貌。这一面貌并不同于魏晋时期人物与山水融合时所呈现出的"人大于山，水不容泛，树木如伸臂布指"状态，如顾恺之《洛神赋》。而是彰显出人物活动与置景造境无论空间关系、构图比例、情景叙事与语言融合度都极高的艺术水准。此时，长卷形式风俗画，因其独特的空间叙事性与富于节奏感的画面构图成为中国绘画一种典型样式，对后世产生了极大影响，并逐渐呈现出东方绘画独具审美品格与情境意趣的表现形态。其中典型者如顾闳中《韩熙载夜宴图》、赵幹《江行初雪图》、卫贤《闸口盘车图》、王诜《渔村小雪图》，以及张择端《清明上河图》等。

作为中国传统绘画特有的表现形态——长卷绘画，是具有典型东方审美与空间造境意趣的构图形式。其中北宋张择端《清明上河图》可视为重要代表。据统计，包括明清时期广泛流传的各式"苏州样"，目前全世界有不少于22种版本的《清明上河图》。这一方面证明在中国这样一个人口大国，对于具有热烈氛围绘画场景之钟爱，亦可证见最原初版本《清明上河图》所拥有的艺术魅力。至今学界已普遍认同明清时所流行的各式"苏州样"，不过是一幅也叫《清明上河图》的绘画作品，其所绘内容已与北宋汴京无甚相关，而图像叙事则更近于明清时的苏州。目前学界普遍共识则认为故宫博物院所藏《清明上河图》（绢本设色，24.8cm×528cm），为张择端所绘，也最能代表风俗画进入五代北宋创作高峰期的真正水准。为避免学术误读与争议，在此特注明本文所述《清明上河图》，即为此图。而作者"张择端"，历史留存信息极为有限。可信者仅见金张著《清明上河图》后题跋："翰林张择端，字正道，东武人也。幼读书，游学于京师。后习绘事，本工其界画，尤嗜于舟车市桥廓径，别成家数也。"

尽管英国哲学家卡尔·波普尔认为，"不可能有一部'真正如实表现过去'的历史，只能有各种历史的解释，而且没有一种解释是最后的解释。"但目前学界仍旧视《清明上河图》为北宋以图证史式史学研究最有力之实证。其原因也正在于尽管作为院画家的张择端因创作身份与创作目的之驱使，其图像最终呈现状态仍旧带有明显皇室赞助者的审美与宣教意图。但此图仍旧较客观地从历史学、社会学、文献学等角度记录了宋代汴京之繁华盛景，也为后世研究者提供了相对可信的图像文本。（图1）

图1　（北宋）张择端《清明上河图》（局部）

而本文所关注者，则是回归于图像创作最原初之动因，即在比较西方绘画空间造境形态下，探讨东方长卷绘画在空间叙事与情景转换过程中是如何铺陈、展承、过渡、衔接并最终完成了独具东方审美意趣的叙事样本。

一　空间造境与观想方式之别

考察东西方绘画在特定画面空间内人物与配景的关系，会发现东西方绘画在处理人与自然关系时有着极为显著之差异。概括讲，中国传统绘画强调"天人合一"与"物我相融"；西方绘画强调"主客分离"与"物我两立"。对此再做强调，难免老生常谈之嫌。然而，本文仍旧不得不以此引论。

恰如张岱年先生在评价中国画的情景叙事形态时所言，"天人合一既是宇宙观，又是人生观，一指天人相通，一指天人相类。"梳理中国美术史中经典作品，整体而言是在不断向我们证明着中国传统绘画追求的是一种主客交融的意象空间，希望人与自然在同一境遇中达到意象性的心灵交汇。也即是中国人常常谈及的"天人合一"。中国人认为，自然与人应是相融于一体的。而填充于自然世界与人类活动之间的，除人为的生命空间，还应有更高层次的意象空间。"静而与阴同德，动而与阳同波。"(庄子语)应是对之较好的注解。

又如,清唐岱《绘事发微》所言,"自天地一阖一辟而万物之成形成象,无不由气之摩荡自然而成。画之作也亦然。古人之作画也,以笔之动而为阳,以墨之动而为阴;以笔取气为阳,以墨生彩为阴。"有了上述带有明显大宇宙观思维形态下的哲学理解,便不难考证《清明上河图》长卷的情景叙事会给予观者如下感受,即:空间的延展性与时间的叙事性可以自然且不生涩地同时展现于同一画卷。而在此叙事情境与空间造境形态下,画中每个人便成为自然界中的一部分,同时画中配景,自然物象、客观世界亦在为人们的活动营造着和谐的叙事空间(图2)。

图2 (北宋)张择端《清明上河图》(局部)

然而,上述"物我相融"的理念在西画中便不容易做到。这是由于西方绘画在创作过程中,习惯于预先构设主体与陪衬、风景与背景的明确界限与区别后,再进行有明显主次之别的描绘。因此西方绘画在情景叙事中画面主体人物与配景已自觉分为不同表现领域。定点透视的空间营造方式，也使得创作者努力抓取某个时间定格之一瞬。而对于观者，在观想图像时，亦是无须移动脚步的。自我体验也是冷静的置身画外，即"物我两立"。作者、画面叙事空间、观者，三者之间便难以同时在"空间"与"时间"中产生心灵体验层面上的互动与交汇。

即使西画家的空间透视法已运用到出神入化之境地，可于画布之上营造出逼真的三维空间，但观者仍旧难以拥有随情景叙事而感同身受的观望体验。逼真写实所给予观者的感觉也仅仅只是伸手意欲触摸的真实感，与空间容纳的立体感；却难以给予画面情景叙事自由的"游动"或"流动"感；更不会予观者以置身其间，穿越时间局限的历史参与感。观者一旦产生试图"走进"西画的情景叙事空间之欲念，便会明显感到在这个三维空间十分局促，甚至会处处碰壁。

以上比较，显然应是中西方绘画在有限的画面空间内，情景叙事过程中，处理人与自然互动关系时最重要区别之一。再科学的透视法也仅能解决物理的空间关系，却无法营造"物我相融"的天人关系。然而，具有独特东方智慧的时空观，则在处理长卷形态绘画时，于更高的哲学与美学层面解决了这一天人关系。这无疑是领先于世界艺术史的。

再看《清明上河图》，其之所以能够独立于世界艺术史，成为不朽，还在于在以空间叙事为目的之图像情景构建过程中，画面空间布局以一种类似电影镜头的自然切换与对接，完成了在现实时间与自然空间中难以同时呈现于观者物理视域范围内的壮美画卷。而如此的长卷形态，其空间叙事明显给予观者一种方向牵引式的"流动"美感与心理体验。画面情景则是在空间转换与情节衔接过程中，关涉到了时间因素的主动性干预。从而才使观者感同身受，仿佛步入画中。更使创作者、欣赏者与画中人物在不同时间与空间中产生类似时空穿越式的互动与交流。伴随艺术史的不断前行，这种图式便成为一种典型，一种唯有在古老东方时空观、哲学观与空间意念共同作用之下方能成就的空间造境样式。

关注于画面情景叙事的空间布局，除在尊重历史前提下，《清明上河图》意欲容纳的繁复情景与叙事空间，应还有着东方审美因素驱使下对于人与自然的独到理解。其画面布局除能够承载繁华世界的造境空间外，还蕴含着整个自然世界的生命律动。正因如此，画中配景便不能被简单视作"背景""场景""环境"的陪衬式描写，亦不可视为对山川河流、屋宇桥梁、舟车树石的单纯描绘，画面时空转换与情节衔接更非任意想象的情景虚拟与空间臆造。也唯其如此，情景叙事方能与画中人物孕育出共同的生命欲念与无限生机。

二 时间因素干预下的空间布局

从整体布局看，《清明上河图》中情景造境在大的空间上似乎让我们感觉不到有明显透视关系的存在。画面用心营造的意境是可以使观者在伴随画面流动式情景转换过程中不自觉步入画中的。这是一种观者、作者、画面内容，在时间流走与空间转换过程中形成的一种互动与对接。对此，我们倘若只是将这种巧妙的空间布局归结为中国绘画"边走边看"式的散点透视；抑或习惯性地将《清明上河图》在置景布局上归纳为城郊、虹桥、市区的图像分割；这种看似简单易行式的研究方法便会又一次使我们流于对《清明上河图》式长卷风俗画的表面解读。

伴随画面节奏之起伏，与空间形式、置景元素的不断转换，加之画中人群的自由穿行与游走，《清明上河图》中情景叙事的空间布局明显存在时间上的自由回旋与空间上的流转余地。相较于不同表现与观想方式的西方绘画而言，这应是东方长卷形式风俗画在置景布局中最为独特的造境特点。概括而言，在时间因素的参与下，《清明上河图》情景叙事在空间造境中应具有以下四个主要特点：（1）情景叙事使观者有感同身受的自由参与感；（2）整体布局不会有明显透视消失感；（3）造境空间中叙事形态的延展性；（4）配景在空间布局中的自由流转与切换。

论及空间造境，便无法回避"透视"这一关键问题。而对于中西绘画的关注，则会使学界容易陷入对于"透视法"应用的差异性讨论。一直以来，也有不少学者试图用一种尽可能简便的方式解释中西绘画中关于透视的差别。例如关于中国画是散点透视的、西画是焦点透视的；中国画是游走式的视点，西画是定点式的视点。诸如此类看似"研究式"的"结论"，却常会伴随研究的不断深入，而日益感到自我立场的不够坚定。

就中国人物、山水画的造境意趣而言，人物画以故事情节的铺陈为主要造境方式，山水则以空间布局为主要造境形态。但有趣的是，如《清明上河图》般风俗画却可通过画中配景将上述二者巧妙相融，成为中国人物画情景叙事之典范。

笔者认为，对于中国画中情景叙事的空间布局而言，总结起来主要存在两种造境形态：(1) 流动式空间造境，多见于长卷形式。(2) 游动式空间造境，常见于方形构图。二者虽仅一字之差，却有显著区别。流动是有着明显方向性的，但游动却未见有确定方向性。《清明上河图》即为明显长卷"流动"式空间造境之典范，画中情景转换亦含有明显时间因素的主动参与感。也正是由于时间叙述性的有效介入，画面情景构建便不存在相互避让的布局矛盾。因而画中人物在情景叙事中，便可自由穿行于画面之首尾。

伴随《清明上河图》长卷的徐徐展开，不断变换的环境与丰富生动的情节会很自然地使观者不自觉"步入"画中，成为画面500多位人物中的一员。这种状态随着画卷的铺展非常自然，丝毫没有刻意牵强之感，观者实际已不自觉进入一种自然"阅读"的状态。即使观者跟随熙熙攘攘的人群，在目不暇接与车水马龙的游走中，"走到"了画面最左或最右，却仍可伴随画面配景中的建筑、街巷、树木、河流的布局而自由回旋与转身。也正是由于长卷形式空间造境中所具有的"流动"性叙事感，才使画面明显具有了时间与空间上的对接与互换。不同的空间分布会予观者以不同的视觉体验，但整体的空间造境又能予观者以合理的视域空间。画面在局部与整体的转换过程中，正是由于时间因素的主动介入，才使得情景叙事趋于合理。这应是中国长卷风俗画中所独有的空间造境魅力，对此，西方绘画的空间叙事恐怕就要望尘莫及了。

卷四　从形象到历史

在西方绘画中，即使如文艺复兴时期尼德兰画家勃鲁盖尔所绘大场景风俗画（图3、图6）。其大俯瞰的画面布局常带有明显游走式观察视角，但在空间延伸与情景叙事的过程中，却仍有着非常明显的透视消失点。一旦观者视线试图"走入"画面，这种明显的透视消失感便会引导观者视线的注视方向。即便情景叙事过程中画家在努力使画面充满着空间变化与情节起伏，但已固化的西方严谨科学的观察与描绘方式，以及透视处理形态，却使观者的视线被引向空间延伸之后画面的消失点。于是，即使西方风俗画中充满着丰富的故事情节与空间描绘，但观者却始终未能体验到自由参与感，仍是以一种置身画外，冷静、客观、独立的视角来观望。

图3　勃鲁盖尔风俗画

反观《清明上河图》的空间透视，一方面，大俯视的长卷叙事形态充满着情景叙事的延展性与连续性，这显然是散点透视。另一方面，画面又常有局部场景的典型性描绘，而这种典型场景的情节聚焦又会将人们的视线最终引向一个固定消失点，则是典型的焦点透视（图4、图5）。因此，认为中国画是散点透视，西画是焦点透视的观点显然并不严谨。散点透视并非中国画之专利，西画也有，如勃鲁盖尔的许多俯瞰式大场景风俗画。而焦点透视也并非西画之专利，中国画中也有，如张择端《清明上河图》画面在看似自由的空间叙事与情景延展过程中，却于局部场景中多次出现透视消失点（比较图3—图6）。

图4 《清明上河图》中的空间透视（1）

图5 《清明上河图》中的空间透视（2）

图6 勃鲁盖尔的作品可视为大场景空间造境形态代表

在一幅绘画作品中，一旦画面中有了明显的透视感，观者的视线便无法自由穿梭与游走，因为透视最终是要将观者视线带入消失点的。于是自由的"游动"与"流动"感也便随之消失。换言之，这种时间与空间层面上的对接与互换也就不复存在了。因此，即使中国绘画长卷式的空间表达充满着东方智慧之下独特的空间处理方式，但焦点透视与散点透视却绝非中西绘画在空间布局与情景描绘时最显著之差异。

最显著之差异应是：中国画在整体的情景叙事过程中，将富有阅读感与延展性的时间因素融入空间造境中，使得时间的流走在固定的空间中得以对接与转换，进而使得画面没有明显透视消失感，而是一种情节叙事的时间阅读感。因此，中国人称观画为"读画"。西方绘画情景造境虽并非完全不具备时间的延展性与叙事感，但画面配景的选取却往往是对典型场景的一种定格、截取、拉近、放大，是将生活中的某一时间片段搬到了画面上，因此不具有明显时间上的承续感与流动感。

三 东方叙事形态中的时间延展性

　　上文已述，以《清明上河图》为典型代表的中国长卷形式风俗画，其画面空间布局由于在时间因素参与下能不断地对接与转换，因而具有明显的叙事性与节奏感。从而能很自然地使观者以一种"阅读"的形式在时间与空间中与绘者的置景造境产生共鸣与互动，仿佛身临其境，好似人（观者）在景中行。由于叙事空间融入了时间的延续性，观者便有了一种类似阅读式的连续性时间运动感与参与感，画面也就不会将观者带入视觉"消失点"。

　　对于创作者而言，则会预先构想情景布局怎样能使观者在建筑、河流、房舍、街道间自由穿行。而观者则往往也会在阅读过程中于应接不暇上演着的市井故事中感受到自己在画面情景布局中，可以自由回转。而西方绘画却是选取时间流动过程中的某一经典片段，因此画中配景是静止的，并不存在明显时间与空间上的对接与转换，也就没有了明显的叙事延展性。因此，作者也就不必考虑观者是否能够在欣赏作品时有无自由穿行、步入空间情境中的观想感受（图6、图7）。

　　因此，时间因素的有效介入才应是中国画长卷形态最为重要之空间叙事特征。恰如《清明上河图》的情景造境，画面如同流动的摄影镜头，将不断上演着的故事情节在时间因素的参与下，于情景叙事中自由铺展、娓娓道来。其空间布局与画面构成，也可用形容中国戏曲之"一唱三叹""峰回路转"来比拟。为加强配景中引导观者视线游走之目的，情节安排与置景布局亦带有明显起承转合意味。宗白华认为，"中国画中的空间意识是怎样？它是基于中国的特有艺术书法的空间表现力。……透视法是用不着了，画境是在一种'灵的空间'，就像一幅好字也表现一个灵的空间一样"。这种观点用于理解长卷形式的宋代风俗画颇为贴切。中国画受到太多东方哲学影响，诸如"大乐与天地同和，

卷四 从形象到历史

大礼与天地同节";"山川草木,造化自然。因心造境,以手运心";等等。于是,中国画的配景布局便能随心境的迁移与律动而行。西方所谓"科学"的透视法非但无益于表现这种心随意动,甚至还会削弱它。这就如同抽象的文字行走在有形的宣纸上,寓于规矩之内,而又跳出规矩之外。

具体到画中情景布局,本文不同于学界对《清明上河图》习惯性的"郊外、市区、结尾"式划分,而试图阐释置景造境在时间因素介入下所产生的起承转合。如:(1)晨雾初开,情景造境从郊外延伸至市区,伴随画卷徐徐展开,一队商旅趁天色微明匆匆赶路,春意蒸腾间,几株枯木静立岸边,一切都似隐于朝阳初开的晨雾之中。(2)天色渐明,淡淡雾气虽尚未散去,观者却能感受到天色渐亮。安静的小桥、停泊的小舟、静谧的树林愈发凸显清晨之宁静与清冷。(3)大幕拉开,伴随画面慢慢推移,出现了郊外的农家,早起的人们正准备开始一天的劳作,而此时晨曦的淡淡薄雾开始散去,前景的河水、坡岸,中景的枯树、房舍,与远景的树林构成一幅具有浓郁空气感的城郊景致。(4)进入正午,随着画面徐徐展开,我们会明显感觉到时间因素在同一画面中的不断介入。从清晨自然过渡到正午,观者的视觉感受也随之被逐渐引向画面高潮;(5)步入城区,平坦的街道、湍急的河流、规整的房舍与慢慢增加的人群都在预示着故事大幕即将拉开,空间叙事也都变得清晰而趋于繁复。(6)高潮迭起,汴河流过,宽阔的河道中,停泊的大船上,人们的活动仿佛也在宣告着进入叙事主线。作者通过一系列对景致的铺陈与气氛的渲染,很自然地以时间的自然流转为线索,逐渐将观众带入了高潮迭起的画面中心。于是视线便进入画面故事的主线,并出现一系列的跌宕起伏,且不断在空间的自由转换中与观者产生各种互动,仿佛身临其境。(7)日暮西山。当终于看到画面最后,画卷收起,观者也仿佛长舒了一口气,感觉自己也像是逛了一整天街,经历了无数精彩,却仍旧历历在目。此时画面情景叙事也明显倾向于喧嚣过后的安静,人群也在逐渐减少,仿佛是在讲述了汴京一整天的故事后而归于平静。画面情境叙事,

图 7 《清明上河图》情景叙事明显，带有从黎明到黄昏的时间过渡性

恰是在时间因素的不断介入下得以有效生成（图7）。

　　显然，《清明上河图》画中情景在时间因素的参与下，使我们明显感觉到画卷从起首的清晨慢慢将观者带入正午，以时间与空间的对接与转换，又将观者带入日暮西山的时段。而这种巧妙而复杂的空间造境意趣，在东方式长卷风俗画中完成得自然而毫不刻意。观者伴随时间因素的主动介入，在不自觉的观画过程中便身临其境，仿佛自己也在伴随长卷的铺展匆匆而行。起首的商队仿佛成为时间的导引者，从天色微明的郊外赶往市区，进入闹市已是正午时分，观者也随之有了目不暇接之感。情景叙事伴随时间的游走，终于被匆匆而行的脚步带入高潮迭起：当画中人物因船的桅杆太高而无法顺利通过桥洞时，观者仿佛也为他们捏把汗，恨不能亲身上阵；当店铺前卸货的骡马群由于人手不够而被催促时，观者恨不能也上前搭把手；当酒肆里的客人举杯畅饮时，观者恨不能也上前小酌一杯；当看到人们围住一位长髯老者听书时，观者也恨不能去听听是哪一段；当不知是哪家达官显贵乘轿外出，而轿前的小厮吆喝行人让道时，观者也恨不能骂上一句"狗仗人势"……

四　人文情境的东西方表达差异

　　如上所述，中国画的长卷叙事空间最能使我们体会到一种律动之美，进而牵引观者使之产生游目骋怀、心驰神往之感。而这一观想感恰是由于作者在画面描绘过程中，将时间观念融入了空间造境。这也正是中国传统哲学中人与自然观在宋代长卷风俗画情景叙事中最好之体现。恰如品读张择端《清明上河图》的置景造境，宛如人在"景"中行，"观者"是可以伴随着画面节奏的"流动"，不断变换着自己的视角，仿佛不自觉间走入画中。

　　实际上，这是与中国传统哲学观一脉相承的。恰如容肇祖所言："盖我国古代的哲学家多以天人观念相比附，相沟通，如墨子的'天志'，董仲舒的'天人之际'，都是如此。清谈家的思想，从万物生于自然而推论出一种自然主义的人生哲学和政治哲学。"因此，情景叙事并不只是在制造一个人们活动的空间，也不只是在营造一个叙事的环境，更不是旨在创造一个突出人物主体的背景，而是在"天人合一"理念下，营造出人与自然共生、共振、共同律动的和谐意境。设置于东西方哲学与人文语境的差异性思考，我们便会领悟到：自然与人原本就应是平等而共生的相互律动，人物画中的情景造境也应是建立在人与自然和谐共处的前提之下。二者之间的关系一旦被刻意分割，便不再有天地共美的理想造境。

图8 达·芬奇《岩间圣母》

反观西方绘画，追求的则是现实空间的逼真幻象，情景叙事很大程度上是截取了现实生活中某个时间片段，成为瞬间的定格，从而忘却了时间的存在。因此，其空间表现具有相对静止性。一个极为明显的差异便是，西方人物画中的配景不仅因为考虑到主体人物布局时需相互避让，且依画面构图需要而被动分割，同时更要无条件避让给主体人物，成为真正意义上的陪衬（图8）。而由于时间的定格与焦点透视的运用，作者亦不会将观者的阅读内心融入画面的创作过程，因此观者始终是置身于画境之外的。恰如美国学者伦纳德·史莱因在《艺术与物理学》中所讲："对西方人来说空间就是一种抽象的虚空，它不会影响存在于其中的物体的运动。"但中国传统绘画的空间则是运动的，画面是在空间与时间之中相互转化的，人的内心感照是可以影响自然万物，使之与自我内心共同律动的。

宗白华说:"中国画这是把'时间'的'动'的因素引进了空间表现里。"

对此,伦纳德·史莱因有自己独到理解,他认为:"直到19世纪80年代之前,西方画家一直孜孜不倦地在画布的空白处填充各种'东西',如天空、山水、人物等。……东方美术界从来不曾确立类似西方的权威性透视原理……他们不是像西方那样,在画幅前方位置上找到一个视点,他们的透视是在画幅之内,即存在于景物当中。"于是,一旦画面的视点,不再立于画幅之外,而是立于情景之中,那么情景造境便成为一件自由的事情。因为人与自然在这种情境中,再也不必彼此孤立,而是默契对视。在这种"对视"语境下,任何透视法在造境中的应用都会感到捉襟见肘。因为严格意义上的透视法所能解决的都是科学的、有局限性且相对孤立的问题。而在东方长卷形式绘画的置景造境中,人、景、境,已全然没有了自然时间与物理空间的局限,而是融为一体,和谐共生,自由互动。

当理解到时间因素在中西方绘画中的不同干预作用,再重新审视中西方绘画情景叙事中对于人与自然关系的处理方式,我们是否可以这样理解:即中西方绘画实际都是在解决着不同的写实关系。西方绘画,从物理学、透视学、解剖学上解决着空间、质感、结构上的真实感,他们是在用自己科学的尺度完成着自己的写实问题。而中国绘画,例如宋代风俗画,解决的则是人的活动、景的存在、意念的体悟,与造境的和谐。这也是一种写实,是天、地、人在同一平等位置上互动的写实,是一种无法、不必,更不应该用科学的界尺来度量的心灵意境上的写实。

这两种体系是建立在不同的认识观、哲学观、表现体系、观察与思维体系基础之上的。严格来讲,并不应区分高低上下。因为正是由于两种不同认识层面上的人与自然观,才共同创造了同样灿烂的东西方文明。只是西方倾向于科学分析,因此看画即是看画。而东方是建立在天地自然与本我内心律动,心灵体验层面上的,因此中国人看画,曰"读画"。如同读书,是在咀嚼,品味,在随着作者心绪的节奏与起伏,产生无限遐思，最终心亦往之，由心感境。

概上所述，东方绘画空间造境是一种主客观交融的意象空间，这在以北宋《清明上河图》为代表的风俗画中表现得较为突出。画面置景造境中人与自然在同一境遇中达到平等、自由的心灵交汇，也就是"天人合一"。这有别于西方绘画人与自然相对立的空间观测与表现方式。由于宋代风俗画情景叙事是在空间与时间之中不断地相互转化与自由交汇，于是人物的活动与配景的存在便可以同时和谐相融于同一画境。作者、观者、画中主体人物与配景元素在宋代风俗画意境营造过程中便充满着"游动"与"流动"的律动之美与心灵感召。这种天人合一、物我两忘、主客相融的美妙空间造境方式，也就成为具有典型东方独特审美意趣与表达方式的人与自然观。

结　语

东西方文化形态在传统图像表达层面，有着典型差异性显现。由于中国传统长卷式绘画追求的是主客交融的意象空间，希望人与自然在同一境遇中达到交汇；而西方绘画在情景叙事时，主体人物与配景则自觉分为主次不同表现领域。西方定点透视的空间营造方式使得作者只是抓住了某个时间定格的一瞬，而观者则是可以立住不动，冷静的置身画外。因此，也便有了学界普遍认为的在处理人与自然关系时中国传统绘画强调"天人合一"与"物我相融"，西方则强调"主客分离"与"物我两立"。究其原因，是由于中国画在整体的情景叙事过程中将富有阅读性与延展性的时间因素融入了空间造境中，使得时间的流走在固定的空间中得以对接与转换，进而使得画面整体上没有明显透视消失感。而是一种在情节叙事上的时间阅读感，因此中国人称观画为"读画"。西方绘画情景造境虽并非完全不具备时间的延展性与叙事感，但画面配景的选取却往往是对典型场景的一种定格、截取、拉近、放大，是将生活中的某一个时间片段搬到了画面上，因此不具有明显时间上的起承转合。也正是由于有了时间因素在长卷绘画形态中的主动参与，才使得情景叙事过程中的每一个片段既能够各自独立，又能够自由流转。而观者在这种不自觉的阅读状态中，在时间与空间中与作者的置景造境产生共鸣与互动，仿佛身临其境，好似人（观者）在景中行。

参考文献

一 古籍

《皇宋中兴两朝圣政》,(台北)文海出版社1967年影印本。

《两朝纲目备要》,(台北)文海出版社1967年影印本。

《小儿卫生总微论方》,人民卫生出版社1990年版。

陈戍国点校:《周礼·仪礼·礼记》,岳麓书社1989年版。

陈元靓撰,刘芮方、张杨溦蓁等点校:《岁时广记》,浙江大学出版社2020年版。

陈自明:《妇人大全良方》,中国医药科技出版社2018年版。

程颢、程颐:《二程遗书》,上海古籍出版社2020年版。

程颐撰,孙劲松、范云飞、何瑞麟译注:《周易程氏传译注》,商务印书馆2018年版。

韩愈撰,马其昶校注:《韩昌黎文集校注》,上海古籍出版社1986年版。

洪迈撰,何卓点校:《夷坚志》,中华书局1981年版。

黄淮、杨士奇编:《历代名臣奏议》,上海古籍出版社1989年版。

焦竑:《俗书刊误》,商务印书馆1958年版。

解缙等:《永乐大典》,中华书局1986年版。

金盈之:《醉翁谈录》,《续修四库全书》本,第1266册,上海古籍出版社2002年版。

康有为:《大同书》,古籍出版社1956年版。

孔颖达:《礼记正义》,中华书局1980年版。

李焘：《续资治通鉴长编》，中华书局2004年版。

李昉等：《太平广记》，中华书局1961年版。

李心传：《建炎以来系年要录》，中华书局1985年版。

厉鹗：《南宋院画录》，浙江人民美术出版社2015年版。

刘克庄：《后村先生大全集》，上海书店1989年版。

刘琳、刁忠民、舒大刚、尹波等校点：《宋会要辑稿》，上海古籍出版社2014年版。

刘一清：《钱塘遗事》，上海古籍出版社1985年版。

陆游：《渭南文集》，浙江古籍出版社2015年版。

马端临：《文献通考》，中华书局2011年版。

孟元老撰，王永宽注译：《东京梦华录》，中州古籍出版社2017年版。

司马光著，郭海鹰译注：《家范》，上海古籍出版社2020年版

司马光撰，王宗志注释：《温公家范》，天津古籍出版社1995年版。

司义祖整理：《宋大诏令集》，中华书局2009年版。

宋慈著，杨奉琨校译：《洗冤集录校译》，群众出版社1980年版。

宋若莘：《宋尚宫女论语》，台湾商务印书馆1986年影印本。

苏轼：《苏东坡全集》，中国书店1986年版。

孙思邈：《备急千金要方》，人民卫生出版社1982年版。

脱脱等：《宋史》，中华书局1985年版。

王明清撰，戴建国整理：《玉照新志》，《全宋笔记》本，大象出版社2013年版。

谢深甫等：《庆元条法事类》，（台北）新文丰出版社1976年版。

徐松：《宋会要辑稿》，中华书局1957年版。

许慎撰，陶生魁点校：《说文解字》，中华书局2020年版，

严可均著，苑育新校：《全宋文》，商务印书馆1999年版。

杨伯峻注：《春秋左传注》，中华书局1990年版。

袁采：《袁氏世范》，天津古籍出版社1995年版。

袁甫：《蒙斋集》，中华书局1985年版。

周煇：《清波杂志》，上海古籍出版社1991年版。

周密撰，吴企明点校：《癸辛杂识》，中华书局1988年版。

周密撰，朱廷焕增补，周膺、吴晶点校：《增补武林旧事》，当代中国出版社2014年版。

周明峰校译：《名公书判清明集》，法律出版社2020版。

庄绰：《鸡肋编》，中华书局1983年版。

庄绰、张端义撰，李保民校点：《鸡肋编》，上海古籍出版社2012年版。

二 专著

徐吉军、方建新、方健、吕凤棠：《中国风俗通史·宋代卷》，上海文艺出版社2006年版。

程郁：《宋代的仕女与庶民女性——笔记内外所见妇女生活》，大象出版社2020年版。

邓小南主编：《唐宋女性与社会》（上、下），上海辞书出版社2003年版。

方建新、徐吉军：《中国妇女通史·宋代卷》，杭州出版社2011年版。

何本方等主编：《中国古代生活辞典》，沈阳出版社2003年版。

黄宾虹：《虹庐画谈》，上海书画出版社2007年版。

李清泉：《由图入史——李清泉自选集》，中西书局2019年版。

刘海年等编：《中国珍稀法律典籍集成》，科学出版社1994年版。

漆侠：《宋代经济史》，上海人民出版社1987年版。

汪圣铎：《宋代社会生活研究》，人民出版社2007年版

王伯敏、任道斌主编：《画学集成》（六朝—元）（明—清），河北美术出版社2002年版。

王育民：《中国历史地理概论》，人民教育出版社1988年版。

王育民：《中国人口史》，江苏人民出版社1995年版。

吴松弟：《南宋人口史》，上海古籍出版社2008年版。

俞剑华注译：《宣和画谱》，人民美术出版社2017年版。

朱瑞熙：《宋代社会研究》，台北弘文馆1986年版。

［美］伊沛霞：《内闱——宋代妇女的婚姻和生活》，胡志宏译，江苏人民出版社2010年版。

［美］巫鸿著，郑岩等编：《礼仪中的美术》，生活·读书·新知三联书店2016年版。

［日］丹波康赖：《医心方》，华夏出版社2011年版。

三　论文

程郁：《从大足石刻观察宋代一些特殊的劳动妇女》，《中华文史论丛》2020年第4期。

杜环：《论政和以后宋代宫廷婴戏题材绘画兴盛的原因》，硕士学位论文，扬州大学，2010年。

方建新：《宋人生育观念与生育情况析论》，《浙江学刊》2001年第4期。

贾贵荣：《宋代妇女地位与二程贞节观的产生》，《山东社会科学》1992年第3期。

李伯重：《堕胎、避孕与绝育：宋元明清时期江浙地区的节育方法及其运用与传播》，《中国学术》2001年第3期。

李海燕：《论传统中国妇女社会地位评价的层次与维度》，《西部学刊》2016年第7期。

李金莲、朱和双：《中国古代历史上的奶妈及其社会地位》，《中华文化论坛》2005年第2期。

李娜：《〈全宋文〉墓志所见南宋特定人群平均死亡年龄研究》，硕士学位论文，云南民族大学，2018年。

刘琴丽：《论唐代乳母角色地位的新发展》，《兰州学刊》2009年第11期。

刘婷玉：《宋代弃婴习俗研究》，硕士学位论文，山东师范大学，2008年。

刘馨珺：《鬼怪文化与性别：从宋代堕胎杀婴谈起》，《学术研究》2013

年第 3 期。

潘钰华：《唐代乳母研究》，硕士学位论文，陕西师范大学，2020 年。

施莉亚：《李嵩〈骷髅幻戏图〉研究》，硕士学位论文，南京师范大学，2012 年。

史泠歌：《帝王的健康与政治——宋代皇帝疾病问题研究》，博士学位论文，河北大学，2012 年。

孙发成：《宋代的"磨喝乐"信仰及其形象——兼论宋孩儿枕与"磨喝乐"的渊源》，《民俗研究》2014 年第 1 期。

吴松弟：《南宋人口的发展过程》，《中国史研究》2001 年第 4 期。

杨巨源：《中国女子裹足小考》，《史林探幽》2003 年第 2 期。

曾育荣、张其凡：《关于宋代人口政策的若干问题》，《江汉论坛》2008 年第 2 期。

张佳沁：《身体解放运动影响下我国女性服饰变迁研究》，博士学位论文，江南大学，2020 年。

郑强胜：《宋代基层社会问题探析》，《中州学刊》2001 年第 5 期。